NIRAチャレンジ・ブックス

東アジア回廊の形成

経済共生の追求

NIRA・E Asia研究チーム 編著

日本経済評論社

はじめに

【本報告書の趣旨】

本報告書は、研究テーマ「東アジアにおける通貨統合：共通通貨ＥＡｓｉａの中のＹｅｎ」の研究成果をとりまとめたものである。

この研究テーマは、二一世紀に臨む日本のあり方について検討しようとする、総合研究開発機構「二一世紀総合研究プロジェクト」の一環として設定されたものであり、もとより、本報告書の趣旨も、「東アジアにおける通貨統合」の実現に向けた取り組みを他の東アジア諸国（地域を含む、以下同じ）の人々に訴えかけようとするものではない。これから述べる背景等のもと、東アジアにおける共通通貨誕生の可能性を視野に入れつつ、そのなかでの日本のあり方を探り、今後日本が目指すべき方向について議論を喚起しようとするものである。同時に、東アジアの人々にその共有する二一世紀を描く時の参考として供しようとするものである。なお、本報告書でいう東アジアの地理的範囲は、日本も含めた北東アジア及び東南アジアの双方を対象とするものとする。

【研究テーマの背景】

今日、情報・交通分野における技術革新などを背景として、モノ、ヒト、カネ、技術、情報の国境を越えた移動が活発化している。いわゆるグローバリゼーションである。そして、二一世紀においてこの潮流はさらに加速されると考えられる。

特に、今後、先進国、発展途上国双方にとって、先進国の資本を発展途上国においていかに効率的に活用するかという共通の課題がますます重要になっていくと考えられる。というのは、先進国においては、歴史的な高齢社会を迎え、増大する年金資金の資産運用が決定的な意味をもつことになっていく一方で、発展途上国については依然として成長の余地が大きいものの資金不足が続くとみられるからである。すなわち、先進国から発展途上国に投資される資本は後者の高い経済成長を支える源泉となり、それと同時に、発展途上国で生み出される高い投資リターンは高齢化する先進国社会を支えるという相互補完が今後の趨勢になると考えられる。この点に関連して、標準的なＯＥＣＤ（経済協力開発機構）加盟国では、全就労者数に対する高齢者数（六五歳以上）の比率は、現在三〇％程度であるのに対し、二〇一〇年以降急増し、三〇年には六〇％近くにまで達するとみられている[1]。その一方で、二〇年に至ってもＯＥＣＤ非加盟国の一人当たり所得は、ＯＥＣＤ加盟国と比較してなお、その三〇％程度以下に止まるとみられている[2]。

現に、国際金融の動向をみてみると、年金資金の資産運用は大きな影響をもってきており、発展途上国への投資をはじめその取引規模が急速に拡大するとともに、デリバティブ（金融派生商品）取引が急増するなど高度化・複雑化している。しかしながら、こうした金融グローバリゼーションは、先進国、発展途上国双方に利益をもたらし、南北間の所得格差についてもこれを縮小させる方向で作用していくものの、国際金融取引の変調によって発生する通貨危機という負の副作用を合わせて内包していることが明白となった。このため、各国の国際通貨制度については、地域経済統合の最も深化した形態である通貨統合か、それとも一国的な変動為替相場制かという選択を迫られることになると考えられる。

こうしたなかにあって、ＥＵ（欧州連合）では既に共通通貨（通貨統合）の導入が決定されている。そして、新規加盟交渉（現在の一五か国から二七か国へ）を近隣諸国との間で進めるとともに共通政策の決定において多数決制の運用を拡充するなど、地域統合のさらなる拡大・深化に向けた動きがみられる。国家連合から欧州連邦へと発展させようという動きさえもみられてきている。また、南北アメリカ諸国など他の地域においても自由貿易圏やインフラ統合など地域経済統合に向けた動きがみうけられる。

翻って、日本について考えてみると、先進諸国のなかで今後最も急速に高齢化していくとみられているが、海外投資先として期待され、密接な経済関係にある他の東アジア諸国は通貨危機に見舞われ、また、同危機が再発しかねないという不安定な状況にある。さらに、これまで専らＧＡＴＴ／ＷＴＯをはじめとする世界的な体制のみを規範とし、他の東アジア諸国との多角的パートナーシップは必ずしも確立されていない。上述した先進国と発展途上国との相互補完的関係の重要性に鑑みれば日本の将来は甚だ心もとないと言わざるをえない。ただし、その一方で、ＡＳＥＡＮ＋３（日中韓）首脳会議（二〇〇〇年一一月）で東アジア・サミット構想や東アジア自由貿易・投資構想について議論がなされるなど地域連携に向けた動きが進みつつあるかにみえるのも事実である。

こうしたことを踏まえれば、二一世紀の出発点にたつ今日の日本がなすべきことは、東アジアにおける共通通貨誕生の可能性を視野に入れつつ、そのなかでの日本のあり方を探り、ひいては、日本の将来について長期的・広域的に方向付けを行うことである。このアジェンダは避けて通れないだけでなく、この方向付けが二一世紀の日本の帰趨を決定すると言っても過言ではあるまい。

【研究の枠組み】

ところで、人々にとって、通貨は、単に取引手段に止まらず、その帰属する共同社会の存立そのものを象徴する。このため、東アジアにおける共通通貨の誕生に関しては、その前提条件として、地域コミュニティ、市町村、都道府県、地方ブロック、国といった多層の共同社会の一つとして「東アジア」が人々に意識されていることが必要であると考えられる。

こうしたことから、研究の着手にあたっては、東アジアへの帰属意識が共有される可能性についての手がかりを得るために、まず、文化・社会、政治、経済に関連して、次の三点について認識を深めた。

第一は、文化・社会の多様性である。東アジアは多様な民族から構成されている。また、宗教に関しても、土着の諸宗教と仏教、イスラム教、キリスト教といった世界的な宗教が混ざり合うなど多様である。さらに、各国それぞれが固有の歴史を有している。これらのことは、食事、住まい、芸能をはじめ文化、人々の考え方、価値観等を多様なものにしている。社会の基礎となる家族の概念についても、血縁に限定、実質的には地縁、社会のなかでの新たな結合（契約）関係の形成といった多様性がみられる。[3] また、社会保障にみるように個々固有の社会的制度・仕組みが展開されている。

第二は、国の大小を問わない国家間平等の尊重である。一九九六年の第一回アジア欧州会合（ASEM）の議長声明に「アジアと欧州との間で対等な立場での対話を強化する。」と明記されたが、この対等な立場は、域外諸国との関係のみならず、域内の国々の間においてもいわば絶対視されている。これは、東アジア諸国が総じてかつて植民地支配におかれていたことと無縁ではない。東アジア諸国が現在の国家として成立してからの歴史も概ね浅い。こうした歩みを総じて共有する東アジアでは、他国との関係においても、平等、主権の尊重が絶対的なものとなり、内政不干渉が大原則となっている。

第三は、経済の相互依存の深化である。東アジア諸国は、市場経済体制を導入し、世界市場の一角を担うという道を選んできた。グローバルな経済活動に参加することが、自国経済の発展につながる唯一の道であるという認識が、政治体制の違いを超えて域内に広がっていった。そして、経済発展のなかで、資本、技術、労働力などの生産要素を相互に補完するという相互依存が深化した。特に、東アジア沿岸部における国境を跨ぐいくつかの局地的な地域では経済圏が形成され局地経済圏として発展している。そこでは、ビジネス、旅行、レジャー、通勤、買物など日常的な往来・交流が国境を超えて進展している。

そして、上述してきた諸事象を洞察し、次のような問題意識をもつに至った。すなわち、東アジアには統合の求心力となりうるような共通の文化・社会といえる基盤は見当たらない。また、共通の政治理念の形成によって帰属意識が共有されていくとは現段階では考えがたい。帰属意識が共有されていく可能性は、今後の局地経済圏の発展、展開のなかにあるのではなかろうか。また、東アジアでは上述した通貨分野のみならずその他の分野でも経済発展を阻害する種々のリスクが増大しているとみられる。これらの分野において地域連携が求められ、そして、これが発展していく可能性もあるのではなかろうか。

こうしたことを踏まえ、本研究テーマでは、経済を軸にして、東アジアにおける共通通貨誕生の可能性を視野に入れつつ、そのなかでの日本のあり方を探ることとした。

【個別研究の概要——八つの個別研究】

具体的には、以下の八つの研究プロジェクトを立ち上げた。

①「交通体系等からみた東アジアの相互依存深化」では、五つの局地経済圏を取り上げ、相互依存や往来・交流の現況、交通ネットワークの整備状況・計画等について検討した。

また、東アジアの経済発展を阻害する問題として、通貨システムの脆弱性、エネルギー需給構造の脆弱化、環境問題の深刻化、地球温暖化問題の現実化、食料需給構造の脆弱化、農工間所得格差の拡大、脆弱な社会の安全網（本研究では、保健・医療分野に着目した）をとりあげた。具体的には、②「東アジアにおける通貨政策の連携とその深化」、③「北東アジアエネルギー・環境共同体構想」、④「食料・農業分野における東アジア諸国の連携」、⑤「保健・医療分野における東南アジア諸国間のパートナーシップの構築」にわけて、それぞれの分野における連携の必要性や連携内容等について検討した。

さらに、経済成長の重要な源泉である技術革新に関連して、⑥「東アジアにおける研究開発拠点ネットワークの構築」という課題を設けて、研究開発分野における連携について検討した。

なお、上記①〜⑥については、それぞれ、日本のあり方を含めて検討し、グローバルな視点にも留意した。

加えて、⑦「欧州市民から見た欧州通貨統合」という課題を設けて、欧州統合過程と市民意識の変化等について検討し、東アジアでの地域連携について検討する上での示唆を得た。

そして、まとめとして、⑧「東アジアにおける連携と日本」において、上述してきた七つの研究プロジェクトの研究進捗・成果を横断的・総合的に整理し、東アジアにおける日本のあり方について検討した。

一方、これら個別研究の推進体制に関しては、①については、「財団法人国際開発センター」に研究を委託し、委託先において有識者によって構成される「交通体系等からみた東アジアの相互依存深化に関する研究会」（主査：赤塚雄三　東洋大学国際地域学部教授）が設けられた。②、④、⑤については、それぞれ、総合研究開発機構において外部有識者によって構成される、「東アジアにおける通貨政策の連携とその深化に関する研究会」（主査：涂照彦《トウツァウエン》　國學院大學経済学部教授）、「食料・農業分野における東アジア諸国の連携に関する研究会」（主査：原洋之介　東京大学東洋文化研究所長）、「保健・医療分野における東南アジア諸国間のパートナーシップの構築に関する研究会」（主査：中村安秀　大阪大学大学院人間科学研究科教授）を設けた。③については、総合研究開発機構エネルギー・環境研究チームが研究にあたった。⑥については、「株式会社都市学研究所」に研究を委託し、委託先において有識者によって構成される「東アジアにおける研究開発拠点ネットワークの構築に関する研究会」（主査：権田金治　早稲田大学空間科学研究所教授）が設けられた。⑦については、総合研究開発機構においてワークショップの開催、国立政治学研究財団（フランス）への研究助成を実施し、同時に、東京大学大学院経済学研究科　廣田功教授に論文執筆を依頼した。⑧については、①～⑦の研究と並行しつつ、拓殖大学国際開発学部　吉田恒昭教授からの研究指導、また、上述した委託先、研究会主査・委員、論文執筆者、④の事務局総括にあたった蜂巣賢一　総合研究開発機構客員研究員、東アジア回廊構想の発案者である星野進保　総合研究開発機構特別研究員（前　同機構理事長）からの示唆・助言等をも得て、総合研究開発機構ＥＡｓｉａ研究チームが研究にあたった（二〇〇〇年一二月時点）。

【本報告書の構成】

本報告書は、前掲⑧の研究プロジェクトの研究成果を収めた「第Ⅰ部」と、①〜⑦の研究プロジェクトそれぞれの研究成果を収めた「第Ⅱ部」によって構成される。なお、上述したように、⑧の研究プロジェクトは、①〜⑦の研究プロジェクトの研究成果に基づくものであり、したがって、「第Ⅰ部」での記述内容の一定部分には「第Ⅱ部」の関連箇所が含まれている。

【注】

（1） OECD *Maintaining Prosperity in an Aging Society*, 1998.
（2） OECD *The World in 2020*, 1997.
（3） 総合研究開発機構『東アジアの〈人と社会〉に関する研究』一九九九年。

目次

はじめに……i

第Ⅰ部　東アジアにおける日本のあり方

第一章　東アジア経済の現状……3
第一節　経済発展の道のり……3
1　相互依存の深まり……3
2　国境の希薄化……6
第二節　局地経済圏の広がり……9
1　人々の往来・交流の広がり……9
2　交通ネットワークの充実……12
3　深まる局地経済圏間の結びつき……15
第三節　高まる地域経済連携への要請……20
1　外資導入・輸出指向型経済の脆弱性の増大……22
2　経済発展に伴う需給構造の脆弱化……27
3　経済発展のなかで対応の立ち遅れた問題……32

第二章　東アジア地域経済安全保障の確立に向けての道筋……39
第一節　戦略的な視点……39
1　欧州統合の経験……39
2　局地経済圏の連結……44
第二節　連携の進め方……46
1　交通・情報通信分野での先行協力……47
2　多様性の尊重……52
3　北東アジア経済圏と環黄海経済圏との連結――エネルギー・環境分野……56
4　地域経済安全保障の求心力――通貨分野……59
5　成長基盤の強化――研究開発分野……61
第三章　日本経済の対応のあり方……65
1　信頼が得られる経済政策運営、経済・市場の構築……66
2　東アジア地域公共財の創出・提供……67
3　長期的視点に立った連携への参画……68
4　成熟国としての地域全体の視点を踏まえた連携分担……69
5　経済共生を目指した国際協力……71

第四章　東アジア回廊の形成……73

第Ⅱ部　東アジアにおける連繫・連携と日本

第一章　交通体系等からみた東アジアにおける相互依存深化の進展……87
はじめに……87
第一節　局地経済圏の現状……89
1　ＩＭＳ-ＧＴ（Indonesia Malaysia Singapore-Growth Triangle）……90
2　大メコン圏……92
3　華南経済圏……94
4　環黄海経済圏……96
5　北東アジア経済圏……98
6　局地経済圏相互の接続の可能性……100
第二節　東アジアの相互依存深化を支える交通ネットワーク……103
1　五つの局地経済圏における交通ネットワークの現況……103
2　東アジア交通ネットワーク整備の課題と方向性……114
3　東アジア交通ネットワーク整備のあり方……121
4　日本のあり方……122

第二章　東アジアにおける通貨政策の連携とその深化……127
はじめに……127
第一節　通貨政策における国際協力に対する時代的要請……129
第二節　通貨危機再発の可能性……132
第三節　通貨政策における国際協力の手がかり……136
1　従来の東アジア経済の枠組み――トライアングル……136
2　通貨政策の国際協力に対する示唆……137
第四節　外貨準備の活用……139
1　外貨準備、対外債務の現状……139
2　外貨準備の活用に関する取組み……140
3　外貨準備協力機構構想……141
第五節　東アジア経済の新たな枠組みと通貨政策における国際協力……146
1　新たな枠組みの視点……146
2　新たな枠組みに向けた道筋と為替安定メカニズムの展開……149
3　新たな枠組みの展望……156
第六節　日本のあり方……157
第三章　エネルギー・環境分野における北東アジア諸国の連携……165
第一節　東アジアのエネルギー・環境問題における北東アジアの特殊性……165

第二節　北東アジアのエネルギー情勢と展望……166
1　日本、中国、韓国のエネルギー需要……166
2　日本、中国、韓国のエネルギー源別消費状況……170
3　北東アジアのエネルギー供給源……173
第三節　北東アジアにおけるエネルギー・環境協力の必要性・意義……176
1　北東アジアのエネルギーセキュリティ……176
2　北東アジアの環境問題……180
3　日本にとってのエネルギー・環境協力の意義……183
第四節　エネルギー・環境分野における連携……185
1　石油市場安定化に向けた連携……185
2　天然ガス利用促進に向けた連携……189
3　環境問題改善に向けた連携……195
第五節　協力をサポートする仕組み――北東アジアエネルギー・環境フォーラム……202
第四章　食料・農業分野における東アジア諸国の連携……207
第一節　食料需給構造の脆弱性……207
1　食料消費の多様化……207
2　生産構造の硬直性……209
3　貿易構造……213

第二節　農工間所得格差問題と雇用問題……216
第三節　グローバリゼーションと国内政策の整合性……221
1　グローバリゼーションの進展……221
2　グローバリゼーションと国内構造調整問題……223
第四節　連携としてのリージョナル・フード・セキュリティ……225
1　連携の考え方……225
2　連携の必要性……227
3　東アジアの食料・農業問題を協議するための常設機関の設立……236
第五節　東アジアの食料・農業分野の連携における日本のあり方……238
第五章　保健・医療分野における東南アジア諸国間のパートナーシップの構築……245
はじめに……245
第一節　インドネシアにおける通貨危機の影響……247
1　通貨危機がもたらした健康への影響……249
2　社会的弱者への対策……253
3　健康保険の制度……256
第二節　東南アジアへの展開……259
第三節　東南アジアにおける連携の意義と必要性……263
第四節　東アジアにおける地域連携……265

第五節 日本の役割……267
第六節 グローバルな視点から見た域外との関係……272

第六章 東アジアにおける知的クラスターの創出と連携……277
第一節 技術革新拠点としての知的クラスター……277
第二節 東アジアにおける知的クラスター創出の可能性……282
第三節 東アジアにおける知的クラスター創出にむけた課題……288
第四節 知的クラスターの形成における連携の重要性……293
第五節 知的クラスターの連携の進め方と課題……297
第六節 日本の役割……304

第七章 市民から見た欧州統合――統合過程と市民意識の変化……309
はじめに……309
第一節 欧州統合の要因と市民の意識……311
1 第一次大戦と「欧州意識」の誕生……311
2 第二次大戦以後の「欧州意識」の広がり……315
3 「超国家的統合」の開始と市民意識……318
第二節 域内交流の進展と市民意識の変化……333
1 独仏交流の進展……333

2　独仏和解と市民意識の変化……340
第三節　市民意識の現状と欧州統合の課題……342
1　市民意識と「欧州アイデンティティ」……342
2　「欧州主義」の強化……348
第四節　欧州統合の歴史的経験が語るもの……352
おわりに……357

第Ⅰ部　東アジアにおける日本のあり方

第一章　東アジア経済の現状

東アジアがこれまで辿ってきた経済発展の道のりを考察し、これを踏まえつつ、東アジア経済の現状について検討してみよう。

第一節　経済発展の道のり

1　相互依存の深まり

東アジアでは、第二次世界大戦後、一九五〇年代を通じて、多くの国々において、製品輸入を国内工業生産に切り替えるという輸入代替工業化戦略がとられた。具体的には、国内産業の育成が経済政策の基本となり、対外的には保護関税がとられた。

その後、国内市場の狭隘《きょうあい》等に直面し、先進国市場への輸出拡大を目指す輸出指向工業化戦略に移行した。輸出産業への投入財について関税率が引き下げられるなど輸入の自由化が行われ、また、外資導入も積極的に図られた。アジアＮＩＥｓ（韓国、台湾、香港、シンガポール）（以下、「ＮＩＥｓ」という）が先行となって一九六〇年代半ばから始まり、ＡＳＥＡＮ４（インドネシア、マレーシア、フィリピン、タイ）の参入に伴い八〇年代に入って以降本格化した。

そして、日本以外の東アジアの国々から海外直接投資国が出現することによって、東アジアにおいて新たな国際分業が形成された。世界に開かれたなかで、相互依存の深まりを通じて各国経済が一層拡大し、人々の生活水準についても著しい向上がもたらされた。以下、やや詳しくみることにしよう。

まず、円高（一九八五年以降）を背景として日本からＮＩＥｓへの海外直接投資が進展した。これによって、日本がそれまで世界（米国）から導入し・改良した技術がＮＩＥｓに移転され、ＮＩＥｓの世界市場への進出が容易となった。ちなみに、八六年から九〇年までの五か年の日本からこれら国々への海外直接投資額はその直近五年と比較して三・八倍に拡大している(1)。ここでは、東アジア経済の枠組みとして、世界（米国）―日本―ＮＩＥｓというトライアングルが描かれる。

次に、ＮＩＥｓは、自国通貨の切り上げに直面（一九八七年以降）すると、日本からの資本導入（対日貿易赤字）が続く一方、他方では海外直接投資国に移行し、日本が演じた役割（中間媒介としての役割）を対ＡＳＥＡＮ４、中国において演じることとなった。また、九〇年代に入って中国の改革開放政策が加速した。これらによって、ＮＩＥｓが世界（日本）から導入した技術が海外直接投資を通じてＡＳＥＡＮ４、中国に移転され、これらの国々の世界市場への進出が容易になった。同時に、域内において資本、技術、労働力、土地などの生産要素を相互に補完するという相互依存が深まった。各国の経済構造も転換した。ここでは、東アジア経済の枠組みとして、世界（日本）―ＮＩＥｓ―ＡＳＥＡＮ４、世界（日本）―ＮＩＥｓ―中国というトライアングルが浮かび上がってくる。

この新たなトライアングルの形成を反映して域内貿易循環（輸出面でみれば、日本→NIEs→ASEAN4・中国→日本）も進展した。具体的には、通貨危機直前の九六年のNIEsからASEAN4・中国への輸出額は九〇年と比較して三・〇倍となり域内貿易の著しい拡大をもたらした。[2] 日本からみても、九六年の輸出先に占めるNIEs・ASEAN4・中国のシェア（四二・八%）は八五年と比較して一八・四%ポイント上昇し、このうち、NIEsが一二・〇%ポイントを占める。[2] また、九六年の輸入先に占めるNIEs・ASEAN4・中国のシェア（三八・八%）も九〇年と比較して九・〇%ポイント上昇し、このうち、ASEAN4・中国が八・〇%ポイントを占めた。[2] こうしたなか、域内貿易比率（日本、NIEs、ASEAN4、中国）は九〇年の三八・二%から九六年には四八・一%まで上昇した。[2]

ところで、米国との貿易関係についてみてみると、日本、NIEsそれぞれの輸出額に占める米国のシェアは九〇年においては三一・五%、二七・〇%であった。これらは、九六年には二七・二%、一九・二%へとそれぞれ低下した。[3〜7] また、米国の輸入額に占める日本、NIEsのシェアも九〇年においてそれぞれ一八・〇%、一二・二%であったが、九六年には一四・四%、一〇・四%へと低下している。[3] 新たなトライアングルが当初のトライアングルを凌ぐようになったのである。ちなみに、日本の輸出先に占めるNIEs・ASEAN4・中国のシェアは九一年以降米国のシェアを上回っている。[3]

東アジアは、上述した相互の接近の過程において、著しい経済発展を達成してきた。NIEs、ASEAN4、中国の一〇年間（八七〜九六年）にわたる実質経済成長率（各国・各年の単純平均）は七・七%を記録した。[4] また、これら諸国の国内総生産の合計は一〇年間で（八六年と九六年との比較）

三・四倍となった。日本の国内総生産と比較してみても、その三六％から五四％にまで上昇した[4]。

そして、人々の生活水準も著しく向上した。まず、一日一人当たりのカロリー摂取量（八六～九六年）をみてみると、この間、フィリピン、タイで一三％程度、中国で一〇％程度増加するなど向上した。マレーシアの水準は日本と同程度になった[8]。平均寿命（出生時平均余命）（八七～九七年）も向上した。例えば、インドネシア、フィリピン、タイでは、五歳程度伸長し、それぞれ、六五歳、六八歳、七二歳となった[8]。また、乳児死亡率（出生一〇〇〇人当たり）（八七～九七年）についても、インドネシアで大幅に低下する（七二・〇─五五・二）など改善した[8]。さらに、一人当たりの商業エネルギー消費量（八七～九七年）についても、この間、韓国、シンガポールで二・五倍程度、フィリピン、タイで二倍程度増加するなど向上した[8]。

2　国境の希薄化

東アジアでは、国家主権の尊重がいわば絶対的なものとなっているが、経済相互依存の深まりのなか、次の二つにみるように経済的には国境が希薄化してきた。

(1)　経済圏（局地経済圏）の形成

上述した新たなトライアングルの形成と並行して、現実の必要（実利）に基づいて国家間の協定等を伴うことなく（これが先行することなく）、沿岸部の国境をまたぐいくつかの局地的な地域で経済圏（局地経済圏）が形成されてきた（**図1－1**八頁参照）。具体的には、①世界（日本）─シンガポール─A

SEAN2（マレーシア、インドネシア）というトライアングルに呼応するIMS—GT（Indonesia Malaysia Singapore-Growth Triangle）（シンガポール、マレーシアのジョホール州、インドネシアのバタム島）、②世界（日本）—台湾・香港—中国というトライアングルに呼応する華南経済圏（香港、台湾、中国の広東省・福建省・海南省）、③日本—韓国—中国というトライアングルに呼応する環黄海経済圏（日本の九州・山口、朝鮮半島の西岸部、中国の北京市・天津市・遼寧省・河北省・山東省）がそれにあたる。これらの局地経済圏では、経済の相互依存が深まり（IMS—GTでたとえるならば、シンガポールの資本・技術、ジョホール州、バタム島などの労働力・土地）、国境を越えた経済取引が拡大し、また、人々の往来・交流も進展してきた。そして、これらの局地経済圏の発展にも触発されて、大メコン圏（カンボジア、ラオス、ミャンマー、タイ、ベトナム、中国の雲南省）や北東アジア経済圏（日本の日本海沿岸部、朝鮮半島の東岸部、中国東北部、極東ロシア）の発展に向けた取り組みが進んできた。なお、局地経済圏の地理的範囲については種々の見方がある。

⑵　通貨危機の伝染

一九九七年七月初めにタイで起こった通貨危機は、またたくまに近隣のフィリピン、マレーシアを巻き込み、さらに、インドネシア、韓国へと伝染した。そして、為替レートへの引き下げ圧力は、シンガポール、台湾・香港・中国にも波及した。同時に、各国の株式相場が暴落し、東アジアは文字どおり危機的状況に陥った。

例えば、通貨危機が伝染し、アジア通貨危機によって最も深刻な打撃を被ったインドネシアでは、貧困人口が約二七〇〇万人増加した（九六年：約二二五〇万人、総人口の一一・三%、九八年：約四九五

図1−1　東アジア沿岸部における局地経済圏

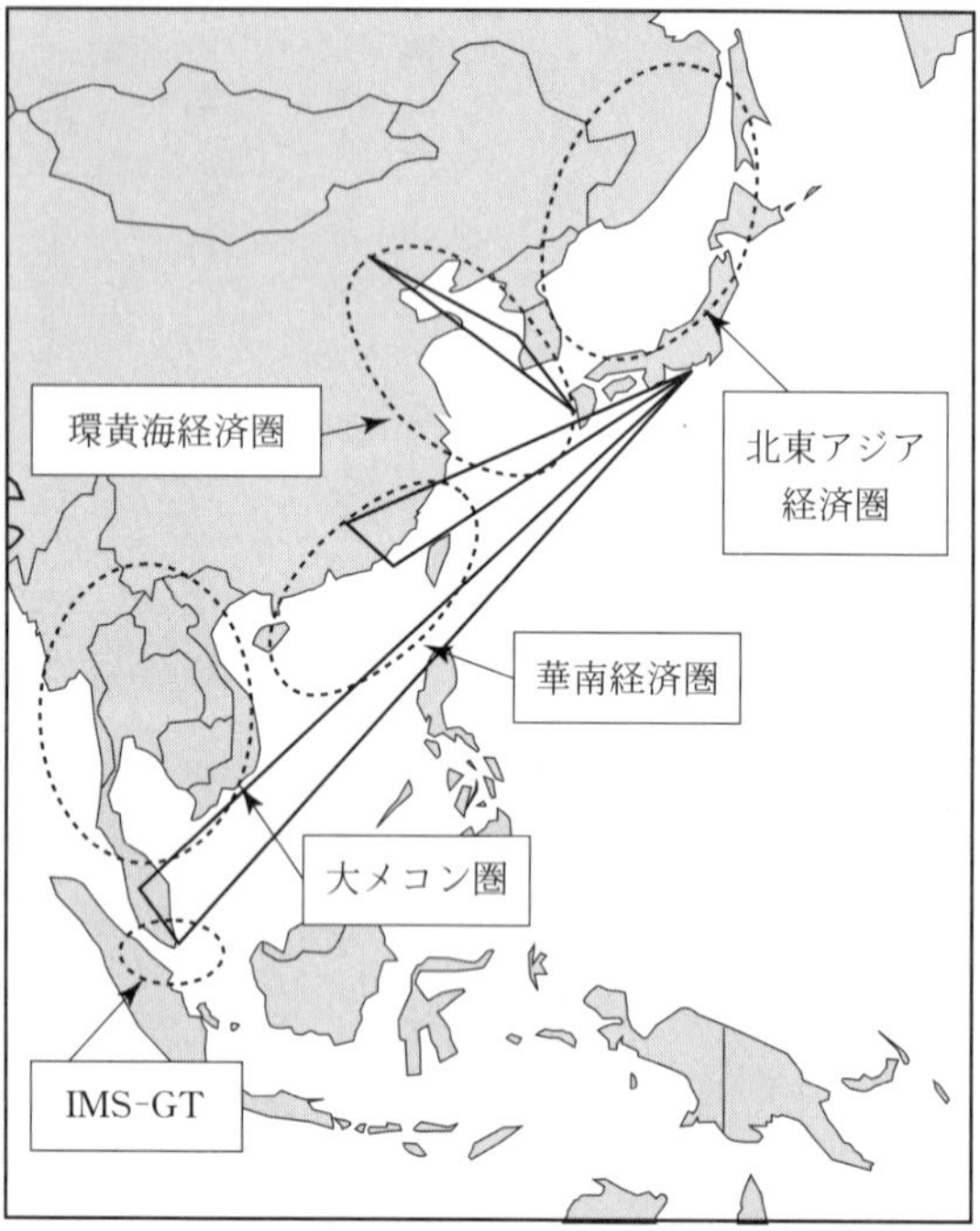

〇万人、総人口の二四・二％）。また、人々の食事摂取量の減少に伴い栄養失調による死亡例が報告されるようになった。さらに、保健医療システムの財政基盤の脆弱性が露呈し、貧困層、失業者、乳幼児、妊婦、障害者、老人などの社会的弱者層の保健医療サービスへのアクセス低下が生じた。

この通貨危機によって、東アジアでは、相互の経済関係が緊密になっており、一国を超えた地域全体としての危機抑止の取り組みが必要であることを認識させられた。

以下、第二節では国境を越えた取引・往来・交流が進展してきた局地経済圏の現状について、また、第三節ではその必要性を認識させられた地域全体としての危機抑止について、やや詳しく述べてみたい。

第二節　局地経済圏の広がり

1　人々の往来・交流の広がり

局地経済圏それぞれの最近の動向をみてみると、相互依存の深まりのなかで、ビジネス、旅行、レジャー、通勤、買物などそこに生活を営む人々の国境を越えた日常的な往来・交流が広がっていることがわかる。

●IMS－GT

この局地経済圏は、シンガポールの製造業がその製造ラインをジョホール州、バタム島に移設したことに始まる（人口：約六〇〇万人）。既に、バタム工業団地への進出企業は九〇社近くに達し、近隣のビンタン工業団地への進出企業も三〇社を超えている（九八年九月時点）(9)。現在、ジョホール州、バタム島において、それぞれ港湾、空港の整備が進められており、従来のシンガポールを中核とする一極集中的な局地経済圏から分散型のものへと展開しつつあると考えられる。

こうしたなか、九八年のシンガポール、マレーシア両国からインドネシアへの旅行客数は約二〇〇万人を記録し、それは九四年と比較して四〇%程度増加した(10)。また、毎日四万人規模の人々がジョホール・バルからシンガポールに通勤しているといわれている。反対に、シンガポールからジョホール・バルへの買物客も頻繁に往来しているという。さらに、今後労働者の移動が活発化する可能性もある。ジョホール州では海外直接投資受入の進展によって労働力不足が深刻化しており、その対策として、インドネシアからの労働力の受入について検討されている。

●華南経済圏

この局地経済圏は、今日、縫製からIT関連機器に至る様々な産業を擁する世界有数の生産基地へと成長した。GDP規模でみて中国の六〇％に達する（人口：約一億四千万人、GDP：約六〇〇〇億ドル〈九九年〉）(11)。また、その地理的範囲も広がってきている。従来、香港・台湾からの海外直接投資は、香港に隣接する広東省、台湾の対岸に位置する福建省、広東省の南に位置する海南省が主たる投資先であった。現在、これらは、著しい成長がみられる広東企業、福建企業の投資とも相俟って、広東省・福建省の後背地である湖南省、江西省、広西壮族自治区においても展開されてきている。

人々の往来・交流も進展している。例えば、広東省の九八年における外国人出入国数は一億人を超え、八五年と比較して三・一倍となった(12)。そのうち九六％を香港、台湾が占める(12)。こうした傾向は上述した他の省・区についてもみることができる(13)〜(17)。ちなみに、中国本土で働く香港住民は九五年時点で約一〇万人に達している(18)。また、中国と台湾間の人の移動への制限を緩和する動きがみられる。なお、この局地経済圏の将来については、沖縄県、台湾、福建省（アモイ）からなる蓬莱経済圏との連繋についても視野に入れておくことが適当であろう。

●環黄海経済圏

この局地経済圏（人口：約二億六千万人、GDP：約九九〇〇億ドル〈九八年〉）では、近年、韓国から中国二市三省への海外直接投資が急速に増大している。九八年の同直接投資額は九二年と比較して一三倍となり、日本から中国二市三省への海外直接投資額の七五％程度にまで伸びた[19]。また、九州では圏内からの輸入が拡大しており、九八年の北九州港―大連港のコンテナ輸送量は九〇年と比較して七倍以上になった[19]。こうしたなか、特に、これまで必ずしもリンケージが強くなかった圏内都市間で人々の往来・交流が急速に深まっていることがうかがわれる。例えば、福岡―大連間の航空旅客数は九四年から着実に増加し、また、中国では北京と各都市を結ぶルートに加えて大連―瀋陽―青島の三都市間の航空ネットワークが充実してきている[19]。一方、九州―韓国間では、飛行機、高速船、フェリーといった多様な交通モードが発展し、人々の幅広い往来・交流がみられる。例えば、九州の若い女性たちが買物・食事・エステといった目的で日帰り旅行として韓国を訪問している。韓国から九州への観光客も温泉・テーマパークなどに関して増大し団体旅行から個人旅行へのシフトもみられる[19]。制度面においても、中国から日本への団体観光旅行が解禁され、韓国における対日文化開放も進展している。さらに、北九州―大連間の環境協力など地方自治体間の交流についても大きな進展がみられる。

●大メコン圏

構成国がメコン河を共有するこの局地経済圏には、莫大な水力資源（ミャンマー、ラオス、雲南省）、豊富な森林資源（ミャンマー、ラオス）、豊富な耕作地（カンボジア、ミャンマー）、豊富な人的資源（ベトナム）、急速に向上した工業力（タイ）といった多様性が満ちており、相互補完関係の構築に適している（人口：約二億四千万人、GDP：約一九〇〇億ドル〈九六年〉）。こうしたなか、タイから近隣諸国への輸出入額が八年間（九一～九九年）にわたって年率約二五％で増加するなど域内貿易は著しい伸びを示している[20]。また、人々の往来・交流についても、九八年の域内の越境旅行客数が九四年と比較して三倍以上になるなど大きく進展している[21]。タイとラオスとの国境地域では、タイ側からは日用品、ラオス側からは農産品といった日常的な取引が活発化しているという。そして、制度面において人々の往来・交流の促進に向けた取り組みが進展している。既に、タイ、ラオス、ベトナムの間において国境手続きの簡素化についての合意がなされた。

●北東アジア経済圏

この局地経済圏は現時点では発展水準が低いものの、極東ロシアは豊富な天然資源を有し、中国東北部は豊富な人的資源を有し、北朝鮮は北東アジアの要に位置し天然の良港を抱えている。資源輸入国である日本と韓国には豊富な資本と技術が存在している。局地経済圏全体でみれば経済発展に必要な条件が揃っており、相互補完関係構築の潜在性は著しく大きい。このような恵まれた条件のもと、昨今、国境地域を中心として人々の往来・交流の活発化の兆しをうかがうことができる。

例えば、豆満江開発エリア内の中国・琿春—北朝鮮の国境地点では物流が活発化している。それと同時に人の流れが二年間（九七～九九年）で約二倍となり、出入国者数は年間一五万人となった。[22]また、琿春—極東ロシアの国境地点においても同期間において人の移動が七倍以上となり、年間四万人の移動が生じた。[22]一方、日本の日本海沿岸部と圏内他地域との間では、姉妹・友好都市や学術協定の締結など地方自治体、大学の交流が進展している。また、韓国と北朝鮮の間では和解に向けた動きが進み始めており、これによって上述した環黄海経済圏との融合化も展望される。

2　交通ネットワークの充実

各局地経済圏それぞれについて、さらに、経済活動を支え同時に人々の行動の足ともなる交通ネットワークの現況・整備計画をみてみると、次の二つのことが注目される。一つは、従来の海運・航空・水運に加えて、面的広がりをもつ陸上のネットワークが充実しつつあることである。もう一つは、各局地経済圏をまたいでＩＭＳ―ＧＴから北東アジア経済圏につらなる南北約七〇〇〇キロについて鳥瞰図的にみるならば、各局地経済圏の交通ネットワークが相互に接続しつつあることである（第Ⅱ部第一章　**図1―6、図1―7**　一一八、一一九頁参照）。

●ＩＭＳ―ＧＴ

現在、シンガポールとジョホール・バルとの間には三本目の架橋が計画されている。また、シンガポールとマレーシア北部の都市（バタワース）との間に国際バスが運行されている。さらに、シンガポールからクアラルンプールを経てバンコク（大メコン圏）へと至るマレー鉄道が域外との物流・人の流れを担っている。このように、圏内における輸送の拡大に加えて、シンガポールからクアラルンプール、さらに、バンコクへと至る交通ネットワークが充実しつつある（第Ⅱ部第一章　**図1―1**　一〇四頁参照）。

●大メコン圏

インドシナ半島を東西に横断するルート、同半島の中央部を南北に縦断するルート、雲南省とベトナム北部を結ぶルートなど基幹道路整備について工事・事業調査等が進展している。ベトナムでは、主要な南北軸としてホーチミンからハノイを経由して中国南寧方面につながる国道の改修工事が行われている。また、鉄道に関しても、タイからそれぞれカンボジア、ラオス、ミャンマー、中国雲南省を結ぶルートについて事業調査・構想等がなされている。既に中国とベトナムとの間では鉄道の乗り入れの再開が実現している。一方、近年、インドシナ沿海部の輸送需要が伸びつつある。具体的には、タイのバンコク港、レムチャバン港、ベトナムのホーチミン港、ハイフォン港等からシンガポール港（IMS―GT）、香港港（華南経済圏）へのフィーダー輸送が生起・増大している（第Ⅱ部第一章　図1―2一〇六頁参照）。

●華南経済圏

広東省を中心に沿岸部については、高速道路はほぼ整備されている。鉄道に関しては、従来の香港、広州、北京を結ぶ路線に加え、九七年には新たに東に並行して、深圳から九江（江西省）を経由して北京に抜ける京九深鉄道が開通した。空港に関しては、ハブ空港として新香港国際空港が九八年にランタオ島北部において新たに開港している。従来、この地域の交通ネットワークは、珠江デルタの水運と香港・台湾を拠点とした海運・航空が中心であった。

今日、中国国内の交通インフラ整備が進むに連れ、そのネットワークも陸海空を合わせた複合的なものに広がりつつある。そして、北京を中心とする華北地域（環黄海経済圏）、上海を中心とする華東地域の交通ネットワークとの連繋が深まりつつあり、また、その途中に位置する内陸諸都市と華南地域との物流も徐々に増えつつある（第Ⅱ部第一章　図1―3一〇九頁参照）。

●環黄海経済圏・北東アジア経済圏

朝鮮半島南部の韓国と中国との間の陸路が分断されてきたこと、また、日本が島国であることから、交通ネットワークは海路・空路を中心に発展してきた。港湾に関しては、北東アジア地域最大のコンテナ港である釜山港をはじめ主要港湾が数多く点在している。釜山港はまた日本海側を中心とする日本の地方港湾との航路が多くトランシップハブ港としての機能を果たしている。空港に関しても、新たに、韓国において仁川国際空港（二〇〇一年開港）が整備された。その一方で、道路に関しては、北京から遼寧省を経由して北朝鮮に向かう東西のルートと遼寧省・大連から吉林省・長春向かう南北のルートが基幹路線として機能している。後者のルートについてはさらに北方のハルビンへと建設が進められている。また、中国東北部から極東ロシア沿岸部、北朝鮮へのルートが開拓されている。

さらに、鉄道に関しては、既存の鉄道の輸送能力が限界に達している北京―上海間一三〇〇キロに高速鉄道が整備される計画がある。それに、韓国高速鉄道計画（ソウル―釜山）の進捗に加え、韓国―北朝鮮間鉄道（京義線）の分断部分の連結に向けた動きが進展している。将来的には、韓国―中国間をはじめ圏域内の鉄道ネットワークを利用した輸送が進展していくことは十分に認められる（第Ⅱ部第一章 **図1-4、図1-5** 一一一、一一三頁参照）。

3　深まる局地経済圏間の結びつき

上述した交通ネットワークの充実によって、今後、局地経済圏における人々の国境を越えた日常的な往来・交流が一層進展し、また、局地経済圏相互のつながりも緊密になっていくものと考えられる。そして、近未来に、人々のこうした往来・交流が隣接の局地経済圏へと広がっていくということもあながち空想ではなくなっていると言えよう。

局地経済圏相互のつながりの緊密化については、既に、これをうかがわせる事例が観察される。具体的には、大メコン圏と、この局地経済圏とＩＭＳ―ＧＴの中間に位置するＩＭＴ―ＧＴ（Indonesia Malaysia Thailand-Growth Triangle）との間におけるマレー鉄道を利用した鉄道ランドブリッジの形成がそれにほかならない。

一九九九年六月、バンコク近郊のコンテナ・ターミナルとマレーシアの首都クアラルンプールに近いマラッカ海峡のクラン港を結ぶ定期コンテナ貨物列車の運行サービスが開始された。運行距離は約一五〇〇キロ、運行時間は六〇時間であり、当初は週二便で始まり、現在は週七便に増加されている。通関業務は三時間で終了し書類のチェックのみである。現在、複線区間の延長工事が行われており、また、大型コンテナ（冷凍車）の導入も予定されている。タイとマレーシアとの間の越境貨物の内容をみてみると、一般雑貨四〇％、電子部品二〇％、自動車部品一〇％、食料品一〇％、建設資材一〇％となっている。こうした定期コンテナ貨物列車の運行サービスは、大メコン圏（バンコク経済圏）とＩＭＴ―ＧＴ（タイ南部、マレーシア西海岸地区）両者の間での水平分業の進展に寄与しているものとみられる。このような地域間の経済活動の緊密化により、将来的にはＩＭＴ―ＧＴを介して大メコン圏とＩＭＳ―ＧＴとのつながりが深まっていくものと予測される。

こうした鉄道ランドブリッジの形成の背景として、交通インフラが整備されていたこと、他の代替輸送機関に対する比較優位（海運では所要日数五～七日、海運と比較して運賃は一五～三〇％安）があったこと以外に、次の三つのことを指摘することができる。第一は、関税率引下げが進展し越境取引の採算性が向上したことである。第二は、コンテナ輸送を中心とする技術革新である。これによって道路、鉄道、航空、海運といった複数のモードを組み合わせることが容易となった。複合一貫輸送が可能となったのである。第三は、民営化というインフラ・マネジメント革新（市場指向型の経営）である。

両国とも公共部門の民営化が政策課題となっており、両国の国鉄は、市場の要請に基づいた経営・運営を指向するようになってきた。加えて、民営化されたクラン港からその営業拡大を補完するサービスの提供を強く要請されていた。東アジアでは、交通インフラの充実のもと、ＡＦＴＡ（ＡＳＥＡＮ自由貿易地域）の発足や中国・台湾のＷＴＯ加盟（二〇〇一年予想）などによって越境取引の採算性が高まっていくとみられる。また、ＩＣＴ（Information Communication Technology「情報通信技術」）の発達に伴ってコンテナの輸送管理や顧客への情報提供の高度化が可能となり、さらに、市場原理の追求に伴い民営化も進展していくものと考えられる。これらの点を重くみれば、上述した事例は他の局地経済圏間でも十分おこり得る先駆的な事例であると考えられる。

ところで、人々の往来・交流については、ＩＣＴ革命によっても大きく促進されると考えられる。ＩＣＴ革命による情報通信技術の高度化とその普及は、今日、既に、人々が世界中から様々な情報を簡易、迅速かつ低コストで入手できるようになるなど、日常生活に大きな影響をもたらしている。そして、ユニバーサル・サービスとしての地位をインターネットが電話にとってかわる日も遠い将来のことではないと言われている。このインターネットの普及は、翻訳技術の発達による言葉の障壁の低下と相俟って、国境を越えた人々の情報交流を加速することになるだろう。

こうしたなか、人々においてこれまで接する機会の少なかった文化など様々な情報に触れることによって諸外国への知的好奇心が高まり、ホームページだけでは体感することができない現地での生の体験への欲求が強まっていくものとみられる。その一方で、ＩＣＴ革命は、交通ネットワークの利用を含めて、出国準備、出入国手続き、外国での活動において人々の利便性を高め、また、現地での体験をより深みのあるものにすることもできる。

★福岡市、北九州市の韓国・中国との交流の進展★

日本に関連して、環黄海経済圏の一翼を担っている福岡市、北九州市の韓国・中国との交流の進展についてみてみたい。（以下、財団法人　九州経済調査協会『アジア経済危機後の環黄海都市ネットワーク戦略』二〇〇〇年：総合研究開発機構助成研究、に基づくものである。）

まず、福岡市については、福岡空港の九八年の輸入額に占める台湾・マレーシア・中国・韓国・シンガポールからの割合は四割を超えている。また、地場企業の八六年から九八年にかけての韓国・中国への海外進出件数は七〇件に達し、海外進出総件数（地場企業）の四割近くを占めた。人々の交流面においても、「アジアフォーカス・福岡映画祭」、「アジア太平洋フェスティバル」、「福岡アジア文化賞」など種々のイベントが開催されている。また、九九年の滞在留学生数は九〇年と比較して三倍程度となり、九八年現在、その内訳をみると五六・一％を中国人留学生が占める（全国平均より一四・四ポイント高い）。さらに、九七年の外国人観光客は九〇年と比較してに二・四倍の四四万人に達した。そのうち台湾からの観光客が四六％を占める。

次に、北九州市については、北九州港の九八年の輸入額に占める中国・韓国・インドネシア・タイからの輸入額の割合は六割を超えている。また、地場企業の八六年から九八年にかけての韓国・中国への海外進出件数は六〇件に達し、海外進出総件数（地場企業）の五割弱を占めた。さらに、アジア太平洋インポートマート内に設置されたビジネスサポートセンターへの入居企業・団体総数（二七企業・団体）のうち半数近くを韓国・中国の企業・団体が占めている。人々の交流面においても、北九州市内に滞在した外国人観光客数は、近隣東アジア諸国において積極的なプロモーション活動が展開されるなか、九八年には一二万人を超え九〇年と比較して三〇倍以上となった。

このような相互の緊密化に、地方が自主的に日本と他の東アジア諸国との交流をリードしている姿をうかがうことができる。

★ ＩＣＴ革命による人々の越境交流の加速 ★

外国旅行を例にとって、二一世紀初頭には実用化されるであろう技術・システムを視野に入れて、身近に迫っているＩＣＴ社会がどのような形で人々の越境交流を加速させていくのかについて具体的に展望してみよう。

まず、出発準備に関しては、旅行先の詳細な情報について、個人の観光体験を紹介した種々のホームページに加えて、翻訳ソフトを利用した現地のホームページからの入手が多くなっていく。また、航空チケットについても、ホームページ上の競売サイトから購入し、代金についてもホームページ上の手続きで電子決済によって支払いを済ませることとなろう。

さらに、出発に関しては、搭乗便など自己のフライト情報を航空会社に転送しておけばチケットレス・チェックインが、また、パスポートに記載されている情報を携帯電話に入力しておけば簡易出国審査（いわゆる顔パス）も可能となる。そして、搭乗中において、座席に設置されたインターネット端末から最新の現地情報を入手する旅行者を多々見かけることとなろう。

現地に到着した後も、手荷物にＩＣチップをつけておけば受け取り時の間違いは無くなり、言葉の障壁についても携帯電話に普通に話しかければ現地の言葉に翻訳してくれることとなる。そして、宿泊地に向かうバスの乗車に際しても代金読取機に携帯電話を近づければ電子切符(チケットレス)を購入でき、降りる場所に近づけば携帯電話がその旨を知らせてくれることとなる。

また、観光についても、見物をしながらインターネットを通じて興味ある情報を随時入手することが可能となる。現地語で表記された説明についても、携帯電話の画像取込み機能でデータとして取り込み、文字読み取りソフトと翻訳ソフトを通じて簡単に読めるようになる。また、現地での生の体験を画像データとして家族や友人に送る人々の姿（ビデオメール送信）を多々みかけることとなろう。さらに、現在位置をＧＰＳ（全地球無線測位システム）を利用してインターネット上の地図で確認することができるため、現地の交通機関の利用、ショッピングセンターやレストランの場所を見つけることも容易となる。

そして、帰国後、現地から送信しておいた画像データと現地の地図からオリジナル観光マップを作成し、旅行時の発見を添えてホームページに掲載するなど、旅行者によってそれぞれ個性のある多様な観光情報が発信されることとなろう。これは、他の人々の外国への関心を高めるのみならず、旅行先の人々に旅行を通じた異国文化への感想を伝えることにもなろう。

以上述べてきたように、ＩＣＴ革命は、外国旅行という一つの側面だけをみても、その簡易性・利便性を高め、人々の行動範囲を拡大し、異国文化交流を大きく進展させることになると考えられる。ＩＣＴ革命は、人々の国境を越えた往来・交流を飛躍的に増大させるという果てしない可能性を秘めている。

第三節　高まる地域経済連携への要請

東アジア経済を構成するいくつかの分野についてそれぞれの現状をみてみると、東アジア諸国は持続的・安定的な経済発展を確保するための地域的な経済面に関する安全保障、つまり、地域経済安全保障を連携して確立していくことが要請されている。今後、各国の経済発展、グローバリゼーションの進展によってこの要請はますます高まってくるものと考えられる。

この東アジア地域経済安全保障に関しては、概ね、次の三つの視点に整理される。第一は、東アジア経済が外資導入・輸出指向型を導入し、その結果として内部に抱え込んだ脆弱性の増大についてである。具体的には、海外直接投資受入国における対外債務の累積、外資導入と輸出における競合関係の深まり、急速な工業化に伴う農工間所得格差の拡大などがそれである。第二は、経済発展に伴う基礎物資の需給構造の脆弱化についてである。具体的には、エネルギー消費の増大、食料消費の多様化によるそれぞれの需給構造の脆弱化がそれである。第三は、経済発展のなかで対応が立ち遅れた問題についてである。具体的には、環境問題の深刻化と地球温暖化問題の現実化、脆弱な社会の安全網などがそれである。

また、グローバリゼーションが進展するにつれて各国単独による対処がより困難になりつつあるが、しかし、これに背を向けることなく、むしろ、東アジアに経済発展の恩恵を与えてきた「世界に開かれた地域」というその根幹を維持、発展させていくためにも東アジア地域経済安全保障の確立への要請は一層強まっている。

さらに、この確立は世界経済の発展に対して貢献するものであろう。国際機関の機能の補完、国際市場の安定、地球規模の問題の緩和などにおいて寄与し、また、開かれた東アジア経済の発展は世界経済の成長を促進するであろう。

1　外資導入・輸出指向型経済の脆弱性の増大

(1)　対外債務の累積化、外資導入と輸出における競合化

東アジアでは、日本―ＮＩＥｓ―ＡＳＥＡＮ４・中国というトライアングルが形成されてきたなか、日本、ＮＩＥｓにおいて海外直接投資先への資本財、中間財の輸出が増大し外貨準備が累積する傾向にある。他方、一般に、ＡＳＥＡＮ４・中国では外資の流入による持続的な輸出競争力の向上等によって国際収支の天井が高まり、これによって、国際収支難に直ちに陥ることなく、むしろ国際収支の赤字が一時糊塗《こと》される形で対外債務が累積する傾向にある。この過程で、後者の国々、つまりＡＳＥＡＮ４・中国は通貨危機に陥りやすいという不安定性を抱えることになる。また、同じく直接投資の受入国であるＡＳＥＡＮ４・中国は外資の誘致や商品の輸出に関して競合関係にあり、この関係が深まると、この不安定性が増幅され、通貨危機の発生と伝染は避けがたくなる。タイで起こった通貨危機が、他のＡＳＥＡＮ諸国を巻き込み、切り下げ圧力として中国に波及したことはこの点を裏づけるものであろう。

一方、直接投資国の間においても競合関係が避けられなくなる。韓国は他のＮＩＥｓと異なり通貨危機に見舞われたが、その背景の一つとして、台湾との比較において中国市場への進出（海外直接投資）が立ち遅れ、その産業構造が十分に改善されないでいたことが考えられる。

通貨危機に陥りやすいという不安定性は経済発展が進められるほど高まっていく。また、金融グローバリゼーションによる資本流出入の巨大化、高速化によって増大していく。その一方で、外貨準備

の累積をポジティブに受け止める、直接投資受入や輸出を競い合うといった一国本位的な考え方に立つかぎり、これを抑制することはできない。また、上述した不安定性は東アジア経済の特性に基づくものであり、国際機関による対応策にも自ずと限界があろう。

ところで、日本では、今後、高齢化の急速な進展によって、これまで以上に、労働力不足による国内生産への制約が高まってくる。このため、海外直接投資を通じた東アジアの労働力の活用、つまり地域全体を巻き込んだ広域生産体制の整備が必要となる。これは、グローバリゼーションのなかで、国際競争力の維持・向上のために求められているものでもある。ここでは、ＮＩＥｓとの国境横断的な企業提携も含まれる。

また、年金、保険など高齢者の生活を支える社会システムの再構築がさらに重要なものになってきている。今後、受給額が積立金の資産運用成果によって規定されるという確定拠出型年金制度（日本版４０１Ｋ）の活用が広がっていくとみられている。この制度は人々が転職による不利益を被らないというメリットを有するものでもある。このため、高齢化のなか限られた人的資源を有効に活用するという観点からも、この制度の普及が促されていくものと考えられる。そして、依然として成長の余地が大きい東アジア発展途上国が投資（資産運用）の対象となり、そこで産み出される高いリターンが個々人の老後生活に結び付く。この点が極めて重要となる。そこでは、日本の金融機関とＮＩＥｓのそれとの連繋の深まりも想定される。また、民間の貯蓄型保険商品についても長期間にわたって予定利率が固定されていることについて少なからず非合理性が認められ、今後は、変額型保険商品が普及していくと考えられる。したがって、民間保険市場においても東アジア発展途上国等はその重要性が増大するものと認識される。

そして、広域生産体制の整備、確定拠出型年金制度等の活用、このいずれにおいても海外投資の資産保全等の観点から通貨の安定が極めて重要な政策課題となる。特に、上述した年金、保険については、資産運用リスクを個々人が負うこととなり、人々にとって通貨の安定は自己責任原則を遂行していく上での前提条件となろう。東アジアの安定した通貨システムは高齢社会における人々の所得基盤の土台となるものであり、その構築に向けて他の東アジア諸国と連携して取り組んでいくことが必要となっている。同時に、上述した広域生産体制の整備を促進し、またこれに見合う貿易・投資関係（枠組）を構築していくことも必要となっている。つまり、日本は、これまでのように一国的な視点に自ら限定し外貨準備の累積に満足していては、また、専ら多角的自由貿易体制の維持・強化のみを指向していては豊かな高齢社会を実現することができなくなっているのである。

このように、東アジアでは、域内において偏在する外貨準備の地域全体的な視点にたっての活用が、また、競合関係の緩和、産業構造調整の方法として、自由貿易圏の形成や投資協定の締結など貿易・投資の促進、国際分業の下での国際競争力の向上といった地域全体としての対処が必要不可欠となっている。なお、外貨準備の活用はＩＭＦの機能を、貿易・投資の促進はＷＴＯ体制を、それぞれ補完・強化することができるであろう。

(2)　農工間所得格差の拡大

外資導入・輸出指向型経済として高度成長を既に十数年にわたって達成してきている東アジアの国々では、中心的な都市と地方・農村との間において、所得や生活水準に歴然たる較差があり、それはかつての日本とは比較にならない大きなものである。農村部やそこから流入した都市貧民層の貧困問題は依然として深刻である。

戦後、日本は、農村の広範な兼業化によって農業の過剰労働力の解消に成功し、都市に巨大なスラムを形成することもなく、都市と農村の生活水準の均衡化に成功した。この背景に、高度成長期以前に地方市場がある程度の規模で形成されていたことに加えて、東西冷戦のなかで強力な国内産業保護政策と固定為替レートの維持が長期にわたって許容されたという幸運があったことは否定できない。

一方、これらの国々では、海外との交易が容易な特定の地域に企業立地が集中した。また、外資導入による加工・組立産業を中心とした経済発展であるため他の産業への連鎖は非常に限られたものとなった。労働市場全般からみると、地方市場への広がりがないことから、農村部における非農業部門へのアクセスは非常に限定されたものになっている。こうしたことから、これらの国々では、概ね農村人口の急激な流出はみられない。また、農村での兼業機会もあまり拡大していない。さらに、財政の制約のもとで農産物の高価格支持は不可能な国が多く、一部の国で行われていた生産資材に対する国家補助も廃止される動きさえみられる。大都市を中心に食料消費の多様化が進展しているが、零細な水田農耕を主体とする東アジアの支配的な地域では、水稲作からの転換による生産の多様化はあまり進んでいないのが現実である。しかし、グローバリゼーションがあらゆる面に浸透しつつあり、内向きの経済運営のもとで時間をかけて問題を一つ一つ解決していく余裕はない。むしろ無秩序で急激なグローバリゼーションは、農地の耕作放棄と潰廃、農村労働力の脆弱化をもたらすこととなる。

いずれの面からみても、農工間の所得格差の縮小は極めて困難な状況にあり、今後これが大幅に改善されるという見通しはたちにくい。また、所得格差はこれから高度経済成長を迎えようとしている他の国々にも拡散していく可能性すらある。これらは将来、各国の経済発展や社会的・政治的安定、ひいては東アジアの経済発展の上にも影を落とす要因となりかねない。ちなみに、深刻な所得格差は国内市場の発展を妨げ国際市場への過度の依存をもたらし今回の通貨危機を誘引した一つの要素になったともみられる。

ところで、この通貨危機に関しては、タイで一時的とはいえ大量の失業労働力が農村に吸収される等、農業・農村の社会の安全網としての機能が東アジアでは依然として高いことも示された。このことは、グローバリゼーションがもたらす不安定化に対して農業・農村の健全な発展が極めて重要であることを物語っている。

経済発展による農工間所得格差の縮小が困難であるとすれば、農村内部においても農村工業の開発や農業生産の多様化を通じて独自に就業機会と所得の確保を図る努力が必要となる。農村工業の開発といっても、それ自体極めて困難な課題であるが、今後、域内市場において食品の加工度向上へのニーズが高まることは確実であり、その加工工程の一部を農村内部に取り込む余地は十分にあるはずである。この農村工業化を進めるためにも、農業生産の多様化が不可欠であるが、消費の多様化は今後も確実に進み、そこには大きな市場機会が存在すると考えられる。今後、域内の工業化の進んだいくつかの国では農業者の高齢化に伴う労働供給の問題から国内の農業生産が縮小することにならざるを得ないとみられるため、食料消費内容において高い類似性を持っている域内での食料貿易量が高まる可能性がある。日本では、既に農業就業人口の五割以上を六五歳以上の高齢者が占めており、野菜および果物において生産農家の高齢化や労働力不足の進展等を背景として国内生産が減少傾向で推移している。[23] これらの国々にとっても急激な変化は好ましくないとしても、長期的な安定供給確保の視点に立った発展途上国との合理的な補完関係、協力関係の構築が必要となっている。また、東アジアの国々でも有機農産物への需要が高まり大きなマーケットに成長する可能性がある。

このように、今後の域内の消費動向等を踏まえれば、農業生産の多様化や農村工業の開発の余地は小さくないと見られ、その方向に向けて各国の努力とともに、これを促進する域内諸国の協力・連携が必要となっている。

2　経済発展に伴う需給構造の脆弱化

(1)　エネルギー市場

東南アジアには、石油生産量は近年頭打ちにあるもののエネルギー輸出国であるインドネシア、マレーシアが存在している。その一方で、北東アジアでは、石油・天然ガス資源をほとんどもたない日本・韓国が先進経済国として大量のエネルギーを消費している。そして、中国が近年その経済発展に伴ってエネルギー消費を大幅に増やしエネルギー純輸入国になろうとしている。ここでは、今後、エネルギー需給構造が一段と脆弱なものになっていくと考えられる北東アジアに着目して考察していくこととする。

北東アジア諸国の二〇一〇年における年間石油純輸入量については、日本は二・五億トン程度、韓国、中国はそれぞれ一・四億トン、一億トン程度になると見込まれる[24]。韓国と中国を合わせた年間石油純輸入量は、一九九五年時点で日本の約四割程度であったものが[25]、二〇一〇年には日本と同程度の量に達することになる。日本の石油供給の中東依存度は八六％（一九九八年）であるが、東南アジア諸国の石油生産量の伸びが今後も期待できないことから、韓国（六七％：九七年）、中国（四六％：九九年）の中東依存度がさらに高まることが予想される(24)。しかしながら、中東の政情は不安定であり、また、マラッカ海峡は飽和状態にある。このため、石油の供給途絶への対応、その市場の安定性の向上がこれら三か国の共通課題となっている。また、石油への依存度が高い日本、韓国にとってこれを代替する資源の開発・利用は重要課題である。

特に、一九九九年から二〇〇〇年にかけての石油価格の高騰は、次の二点を通じて、こうした課題への取り組みの必要性を改めて浮き彫りにした。一つは、OPECの動向が石油市場に与える影響が依然として大きいことである。もう一つは、その一方で、金融グローバリゼーションの進展に伴い、投機的石油取引が拡大し、わずかな需給の乱れが価格の大きな変動につながりかねない状況になっていることである。

石油供給途絶への対応策としては石油備蓄保有がある。また、石油市場を安定化させる仕組みとして、OECD加盟国による枠組であるIEA（国際エネルギー機関）の石油備蓄に関する国際連携システムがある。しかし、このシステムについては、発展途上国の石油消費の増加により、その効果は限定的なものになりつつある。このため、発展途上国を含む世界規模の国際連携システムが必要となっている。一方、北東アジアでは、中国の石油備蓄体制は未整備であり、こうした状況がそのままあてはまるものの、その中国では既に備蓄保有についての検討が始められている。備蓄原油の協調放出など北東アジア諸国間における連携によって各国それぞれの備蓄機能（効果）を増大させることが可能となる。また、これによって北東アジア全体としての混乱の抑止力が拡充すると考えられ、日本、中国、韓国は連携して北東アジアの石油備蓄システムを構築していくことが必要となっている。なお、この備蓄システムはIEAの機能を補完・強化することができるであろう。

　ところで、石油を代替する資源に関しては、大気汚染をはじめとした環境問題の深刻化、地球温暖化問題の現実化により、近年、化石燃料のなかでは環境への負荷が相対的に小さい天然ガスが世界的に注目を集めている。北東アジア諸国は、一次エネルギー供給に占める天然ガスの割合は日本で一一%、中国で二%、韓国で八%にすぎないという現状（一九九七年実績）[26]（欧州のOECD加盟国平均は二〇%）[26]にある。しかし、天然ガスは、発電、採暖、炊事における利用が可能であるうえ、自動車燃料として利用する技術も進んでおり、広い範囲で石油を代替することが可能である。このため、環境問題が深刻化している中国を含め、いずれの国でも天然ガスの供給確保が重要な課題となっている。

　その一方で、北東アジア（中国）およびその周辺（ロシア、中央アジア）には豊富な天然ガス資源が未開発のまま残されている。ちなみに、旧ソ連の天然ガス確認埋蔵量は中東を上回り世界の三九%に達するとみられる[27]。こうしたことから、北東アジア諸国はそれぞれ近隣の天然ガス資源を開発していくことが重要になっている。また、これによって、すなわち、天然ガスの供給先等の多様化によって、これまで調達してきた液化天然ガス（LNG）の契約条件を有利なものにしていくことも期待できる。ただし、天然ガス開発には多額の投資が必要であり相当程度のリスクも存在する。また、一定規模の天然ガス市場の存在も必要である。日本、韓国は、大陸内陸部で生産される天然ガスを利用するためには、いくつかの国境を越えたパイプラインを通じて輸入する必要がある。ちなみに、欧州では、天然ガスの利用のために各国が共同してパイプライン網を整備してきた。こうしたことを踏まえれば、北東アジア諸国は、天然ガス資源の開発・利用のために、資源、資本、技術、市場を相互に補完するなど、連携していくことが必要となっている。

(2) 食料市場

東アジア諸国は食料需給の面でも大きな問題に直面しようとしている。それは、一方では「緑の革命」による反収向上が限界に達したことに加え、政策の変更や自然災害もあり、半島・島嶼部の国々で米の自給率が再び低下していることである。他方では日本、韓国、マレーシア等工業化の進んだ国々で食料消費の多様化（肉類の消費増加と米消費の減退傾向）によって、食料需給のミスマッチ、食料自給率の低下が起こっていることである。

米の自給率の低下についていえば、反収向上のための灌漑施設の増強や資材の増投等に対する政策的支援が後退しつつあることに加えて、工業化の中で都市周辺の優良農地が大量に潰廃されており、今後の生産増強への見通しは必ずしも明るくない。このため、米貿易はタイ、ベトナム等の輸出国とインドネシア、マレーシア等の輸入国に二分されつつあるが、米市場は、東アジア地域の消費量に対して取引量の規模が極めて小さい非常に脆弱な市場である。また、日本では、米は再び過剰基調を強め、米価の低落が専業的米作農家の経営を直撃しており、米需給の均衡化と主業的農家の経営安定の同時達成を図る方向での政策の見直しが必要となっている。そこには、米の需給均衡の達成と併せて一時的な不足に対してどう備えるかという問題がある。

このような状況のもと、東アジア諸国は、短期的な供給変動に対して、想定される供給減少に対応できるだけの備蓄米を各国それぞれ独自に保有するということも考えられる。しかし、ある程度の数量を確保するための備蓄コストは莫大なものであり、かつ品質の経年劣化に伴う価値低下も大きな負担となる。むしろ、近年東アジアでも各地で気象災害が頻発するようになってきていることを踏まえれば、地域としての保険機能をもつ共同備蓄を構築することの方が効率的であり、東アジア地域全体としての協力体制の構築が必要となっている。

一方、食料需給のミスマッチは上述した三国に限った問題ではない。その他の諸国でも経済発展のなかで都市部における所得の向上を背景とした食料消費の多様化が進展している。消費水準の高いインドネシアなどの国でも米の一人当たり消費量は横ばい傾向にある[28]。仮に東アジアの国々でこれからも高い経済成長が続くとすれば、遠からぬ将来、この地域の米需給は全般的に過剰基調となる可能性もあり、この場合、米の輸出国の経済発展そのものにも大きな影響を与えかねない。また、この米需給の中長期的な動向は、米の輸入国によってもおろそかにできない問題である。輸入国といえども米は基幹作物であり、国際価格の中長期的な低落傾向は農業保護費用の増大を招くだけでなく、政治的安定を脅かす問題でもあるからである。東アジア地域として情報の蓄積、共有化を図りつつ、中長期的な観点から需給と価格の安定化を目指した協力関係の構築が必要となっている。

その一方で、畜産物消費の拡大を反映して飼料穀物輸入の急増と食料自給率の低下傾向が始まっている。九〇年代後半のＡＳＥＡＮ諸国および韓国の米以外の穀物輸入量は二四〇〇万トンとなり、日本のそれの九割に達している[28]。東アジア諸国ではトウモロコシなど畑作物の生産拡大の余地は限られており、飼料穀物の輸出国であったタイと中国も既に輸出余力を失い、東アジア全体が北米大陸への依存を深めつつある[28]。さらに、近年米国産のトウモロコシは気象変動の影響もあって収量変動が激しくなっている[28]。このため、将来東アジアの飼料穀物需要が大幅に拡大した場合、この地域の穀物需給は大きな不安材料を抱え込むことになりかねない。グローバリゼーションのなか、今回の東アジアを襲った通貨危機は、図らずもこうした脆弱性の危うさを教えてくれた。インドネシアでは、鶏肉や鶏卵の生産が三割も減少するなど輸入飼料に依存した畜産経営が危機に陥った[28]。

日本は、米消費の減退と飼料穀物の輸入増大等から食料自給率が大幅に低下し主要先進国の中で最低の水準となっている。そして、この問題は、上述したように既に日本だけの固有のものではなく、程度の差はあれ東アジア諸国に共通したものになりつつある。

食料自給率の低下は、米を主食としてきた東アジアの国々が経済発展の過程で当面せざるをえない共通の課題であり、東アジア諸国は、食料の安定供給確保に向けて地域全体として取り組む時期にきている。また、世界の穀物在庫水準が以前に比べて極めて低水準になっていることに鑑みれば、こうした取り組みは、世界需給の安定を図るためにも求められているものであろう。

3　経済発展のなかで対応の立ち遅れた問題

(1)　環境問題の深刻化・地球温暖化問題の現実化

環境問題は東アジア全体にみられる深刻な課題であるが、上述したように、北東アジアでは環境への負荷が相対的に小さい天然ガスの開発・利用がエネルギーの安定供給確保の観点からも必要になっている。ここでは、環境問題への対処とエネルギー問題へのそれが密接な関連を有していることを重くみて、北東アジアに限定してみていくこととする。

北東アジアでは、急速な経済発展を遂げている中国の大気汚染問題が非常に深刻な状態にある。SO_2汚染や酸性雨の影響を受ける範囲は、中国全土の約四〇％に達し、なかでも酸性雨は、農作物、森林、人体の健康に関し、GNPの二％にも達する損失を与えているとされている。(29) また、こうした汚染は、偏西風に乗って韓国や日本にも影響を与えているという指摘もある。

こうしたなか、中国政府は環境問題の深刻性を十分に認識しており、規制の強化や天然ガス利用の促進といった対策を進め、確実に成果を上げてきている。しかし、中国の多くの国有企業は改革の火中にあり資金繰りが苦しく、また地方政府の財政状況も厳しいため、環境対策投資が行われにくい状況にある。さらに、天然ガス開発には多額の投資が必要であり、相当程度のリスクも存在することは既に述べたとおりである。中国で今後ますますエネルギー消費が増大すると見込まれることに鑑みれば、同国は海外諸国からの資本や技術の導入がいっそう必要になっていると言えよう。

また、韓国も今後エネルギー消費が増加することから、中国と類似のことがいえる。韓国のSO_2排出量は減少傾向にあり、自律的な改善が期待できるものの、依然として環境問題は重要な課題となっている。

日本は、一九七〇年代から環境対策に取り組んできており、SO_2などの大気汚染問題については、ほぼ克服したといえるレベルに達している。しかし、比較的最近取り組みの必要性が明らかになった地球温暖化問題（CO_2対策）については、十分な準備ができていない。日本は、九七年に行われた気候変動枠組み条約第三回締約国会議（以下COP3）で、二〇〇八年から一二年の五年間平均で温室効果ガス（CO_2など）排出量を一九九〇年比六％削減することをコミットした。しかし、今日、省エネルギーの推進、新エネルギーの導入といった国内対策だけでこのコミットメントを達成することは容易ではない状況にある。国内対策で削減目標を達成できない国は、排出権取引、共同実施、クリーン開発メカニズム（CDM：Clean Development Mechanism）という京都メカニズムを活用して、海外から排出枠もしくは排出クレジットを確保することが極めて重要となる。

例えば、CDMとして行われるプロジェクトでCO_2排出量が削減されれば、これに見合う排出クレジットがホスト国である発展途上国と資金や技術を提供する先進国の両者に与えられることとなる。日本はかなりの部分をこの京都メカニズムに依存することになると予想される。また、同時に近隣諸国の天然ガス資源の開発・利用の推進が重要な課題となっている。加えて、地球温暖化問題が一段と現実化しているなか、今後国際的規制がより厳しい方向に向かう可能性がある。日本は、ＣＯＰ３における削減目標への対応という短期的な視点に止まらず、長期的視点にたって他の東アジア諸国と連携してＣＯ$_2$排出量の広域的削減体制の整備に取り組み、これを通じて国際的貢献を果たしていくことが必要であろう。なお、現在、地球温暖化問題に関し温室効果ガスの排出削減義務を負っているのは、東アジアでは日本だけであるが、地球温暖化がグローバルな問題であることに鑑みれば、中国、韓国にとってもこの問題は決しておろそかにできないものである。

こうしてみると、北東アジア諸国は、事情は異なるものの、環境面で大きな課題を抱えており、それぞれ、国内対策だけではこれに対処することができなくなっていることがわかる。域内において広域的環境問題について協力関係を構築していくことが必要となっているのである。

(2) 脆弱な社会の安全網

アジア通貨危機を経験した国々では、同危機によって社会の安全網を整備する必要性が強く認識された。そして、財政基盤の脆弱性、伝統的に存在しているコミュニティや家族制度との関連等、課題が山積している。これらの国々における社会の安全網の整備は、他の東アジア諸国にとっても、相互の経済関係が緊密になっているため、社会的安定の確保等経済的にも重要なものである。

アジア通貨危機によって最も深刻な打撃を被ったインドネシアでは、現在、健康保険の普及が大きな課題となっている。通貨危機直前の時点において、なんらかの医療保障にカバーされていた国民は全体の一五％にすぎない。政府はこれまで健康保険の普及について専ら国民の自助努力と市場原理に委ねてきた。しかし、社会の圧倒的多数を占める農民、自営業者、インフォーマル・セクターに従事する人々の多くは現金収入が不安定であり、また、こうした人々の健康保険についての関心も概ね低い。インドネシア政府がうたう国民皆保険の実現に一歩でも近づいていくために、都市部の産業労働者に対する健康保険の導入を早急に進めることが重要となっている。これは国民一般に対する健康保険の導入よりもコストが低くすむ可能性が高く、また、保険加入者（産業労働者）らの医療機関への地理的アクセスも良好な場合が多い。他方、農村部の多くの人々については、給与からの天引きといった保険料の効率的な収納方法は適用できず、また医療機関のほとんどない状況において健康保険に加入しようとする自発的なインセンティブも期待できないという状況にある。このため、農村部における医療供給態勢を整備し、また、地域の実状にあった効果的な保険料収納システムを考案することも急務となっている。

日本と韓国は、こうした複雑な状況の下で健康保険の全国的導入を推進し、国民皆保険を実現した経験を有している。両国は、人口学的、社会経済的条件等において共通点の多い東南アジア諸国での健康保険の普及に対して、多くの知的支援が可能であると考えられる。また、日本にとっても、健康保険制度の導入・改革について精力的な検討が行われている他の東アジア諸国との意見交換は、有益であると考えられる。すなわち、日本は、一九六一年に国民皆保険が実現したが、現在、これをとりまく環境は人口構成など当時のものから大きく変化した。日本の健康保険制度は、老人医療費負担のその財政への圧迫によって、既に自律的かつ効率的な運営が難しいという構造的問題を抱えている。

そして、人々の、将来の生活、万一の際の給付水準に対する不安が助長され、その改革が大きな課題となっている。今後、改革を進めていくにあたって、他の東アジア諸国との意見交換は、その選択肢が広がるなど、示唆を得るところが大きいであろう。

ところで、通貨危機に直面した東南アジア諸国は、同危機によって価格の上昇のみならず供給量の低下という問題をかかえた医薬品について、予防接種ワクチンを例にとれば、数千万人規模の人口がないと自国生産しても採算がとれないといった事情にある。こうしたなか、各国による共同開発の機運が高まっている。また、国境を越えた人的交流が著しく活発になっており、国内だけに限局された感染症対策が成り立たなくなってきている。さらに、地域住民の健康増進をめざす保健活動には、プライマリヘルスケアの理念に基づいた住民参加が重要であり、地域保健医療活動を支えるコミュニティの存在が必要であるが、東南アジア諸国の農村部においてはかなり共通点をもったコミュニティが存在している。一つの小地域での成功例を他国に応用することが可能である。加えて、東南アジアは域内に種々の経済発展段階の国々を抱えているという特徴を有しており、ひとつの国での成功例が、他国にとって有意義な先例となることが期待される。いわゆる南南協力プログラムを実行する条件に適合した地域であるということができる。

このように、東南アジア諸国間においても、各国の保健・医療水準を向上させていくうえで、連携の必要性が高まっていると考えられる。

【注】

（1）　経済企画庁調査局『アジア経済２０００』二〇〇〇年。

（2）IMF *Direction of Trade Statistics*, 2000.
（3）OECD *ITCS SITC/CTCI-Revision3 1990—1999*, 2000.
（4）日本貿易振興会（ジェトロ）『1991年ジェトロ白書・貿易編　世界と日本の貿易』一九九一年
（5）日本貿易振興会（ジェトロ）『1992年ジェトロ白書・貿易編　世界と日本の貿易』一九九二年
（6）日本貿易振興会（ジェトロ）『1997年ジェトロ白書・貿易編　世界と日本の貿易』一九九七年
（7）日本貿易振興会（ジェトロ）『1998年ジェトロ白書・貿易編　世界と日本の貿易』一九九八年
（8）World Bank *World Development Indicators 2000*, First edition April 2000.
（9）Singapore Technologies Industrial Corporationからのヒアリング。
（10）Pacific Asia Travel Association 資料。
（11）中国国家統計局『中国統計年鑑』二〇〇〇年。
（12）広東省統計局編『広東統計年鑑』中国統計出版社各年版。
（13）『福建省統計年鑑』一九九九年。
（14）『海南省統計年鑑』一九九九年。
（15）『広西統計年鑑』一九九九年。
（16）『湖南省統計年鑑』一九九九年。
（17）『江西省統計年鑑』一九九九年。
（18）在香港日本国総領事館ヒアリング。
（19）（財）九州経済調査協会『アジア経済危機後の環黄海都市ネットワーク戦略』総合研究開発機構報告書、二〇〇〇年。
（20）タイ関税局ヒアリング。
（21）Pacific Asia Travel Association資料。

(22)（財）環日本海経済研究所『図們江地域の輸送回廊実現に向けて』ERINA REPORT Vol.34, 二〇〇〇年。
(23) 農林統計協会『図説　食料・農業・農村白書　平成一一年度』.二〇〇〇年。
(24) 総合研究開発機構『北東アジア　エネルギー・環境共同体への挑戦』二〇〇一年。
(25) Asia Pacific Energy Research Center *APEC Energy Demand and Supply Outlook Updated September, 1998*,1998.
(26)（財）日本エネルギー経済研究所計量分析部『エネルギー経済統計要覧２０００』二〇〇〇年。
(27) BP Amoco *Statistical Review of World Energy*, 2000.
(28) FAO *FAOSTAT*.
(29) 中国国家発展計画委員会能源研究所『ＮＩＲＡ研究報告書「北東アジアのエネルギーと安全保障の研究——中国のエネルギー需給の展望と課題——」』総合研究開発機構、二〇〇〇年。

第二章　東アジア地域経済安全保障の確立に向けての道筋

前章において、東アジア経済の現状に関して、局地経済圏の広がりと地域経済安全保障への要請の高まりについて述べた。それでは、今後東アジア諸国がこの後者の要請の高まりに応えていくうえでどのような道筋を描くことができるのだろうか。

第一節　戦略的な視点

1　欧州統合の経験

欧州統合は、現在の東アジアとは異なる歴史的要因に規定されており、欧州のその経験は東アジアがそのまま模倣しうる「モデル」ではあり得ない。しかし、地域連携が最も進展している欧州の経験は東アジア地域経済安全保障について検討するにあたって看過することができないものであろう。

(1) 統合開始の背景

統合開始をめぐる次の二つの経緯は注目される。第一は、エリートの役割に関連することである。欧州統合が、少数の政治家や官僚の強力な政治的意思によって推進されたことは疑いないが、この側面だけを強調することは、市場を通じた相互依存関係の深化だけを強調するのと同様に一面的である。また、人々が、広い意味で統合を受け入れる態度であったか否かが重要な役割をもったことも軽視できない。いくら経済の相互依存関係が緊密でも、政治的意思が欠如しているとき、自動的に統合に帰結するものではないことは、一九世紀末から第一次大戦前の歴史が示している。逆に、両大戦間期には政治的意思は出現したが、経済的相互依存関係は後退し、しかも人々は偏狭なナショナリズムに支配されていた。一九五〇年代には、経済の相互依存関係はふたたび強まり、人々の態度も変化していった。エリートの統合への強力な意思は、この二つの条件と相俟って初めて結実したのである。

第二は、統合の基盤に関連することである。古い文化的基盤の共有（キリスト教、ギリシャ・ローマ文化など）は、仮に統合の有利な条件であり得るとしても、その不可欠な条件ではなかった。共通文化的基盤が自動的に統合の思想を生み出したわけではない。むしろ、統合は、二度の大戦を契機とする欧州の危機を前に、平和の確保、欧州の再興・繁栄、自由・民主主義の確立という新しい未来を共有するという意思によってはじめて誕生した。そして、平和の維持と米ソに対抗する欧州の再興の手段として欧州統合が必要であるという意識（欧州意識）は広く人々にも共有されるところとなった。特に、人々において統合支持の最大の理由は平和と近隣諸国との和解の促進にあった。統合に対する人々の意識の変化も、二度の大戦の悲惨な体験を経て実現され得たのである。ただし、欧州統合について国民国家を超える試みとして捉え、ナショナリズムと国民国家の対立面だけを強調する見方があるが、現実の統合は二度の大戦によって危機に瀕した国民国家の再建ないし救済の手段として機能したのである。

⑵　統合の試練

【人々の意識の変化】

欧州意識の共有によって個々の具体的な統合についても人々の支持を集めたかというと、そうではない。フランス世論を手がかりに考察してみると、五〇年代初め、世論は欧州統合に対して原則的に同意しながらも（具体的内容を欠如した原則に対する支持）、個々の具体的な統合に向けた動きについては動揺していたのである。例えば、シューマン・プラン（独仏和解構想）について多数派は「わからない」と答えている。フランスの人々は次の二つの点に大きな不安を抱いていた。一つは、独仏関係の進展であり、もう一つはイギリスの統合への不参加である。独仏和解に向かう動きは人々から共感よりも不安感をもって迎えられた（人々は英仏中心の統合を想定）。五〇年代半ばの世論調査は、フランス人がドイツ人の「危険性」に対してなお大きな不安を抱いていたことを示しており、人々のかなりの部分は依然としてドイツを危険な国家とみなしていた。ただし、和解そのものに反対ではなかった。欧州石炭鉄鋼共同体の設立（五二年）など統合が実際に動き出し、通商関係の発展や社会的文化的交流が進むにつれて、ドイツに対する不安が徐々に薄らぎ、人々の意識が少しずつ変化したことをうかがわせる。しかし、世論に劇的な変化はなく、対独和解を望みながらも、その実現には長期間を要するとみていたのである。それは和解に対する期待と現実のドイツに対する不信感という矛盾した態度の表れであった。ちなみに、文化的共通性がドイツに対する不安や警戒心の緩和に貢献したわけではない。

しかし、五七年の世論調査ではドイツを「全然信用しない」人の割合は急速に低下し、そして、ドイツに対する意識は六〇年代において決定的に変化した。世論調査において緊密な友好関係の相手国としてドイツがイギリスを上回り、ドイツは「最良の友好国」としての位置を占めつづけることとなる。

当時の状況についてみてみると、経済の相互依存関係が深まっている。五八年にはドイツはフランスの最大の輸入先となり、さらに六一年には最大の輸出先となった。次いで六二年には、今度はフランスがドイツの最大の輸出先かつ輸入先となり、独仏間に特別の通商関係が定着した。経済関係の緊密化は貿易の発展だけでなく、投資や労働の分野でも展開された。アルザス地方、ロレーヌ地方といった国境を跨る「地域経済圏」を構成する国境地域では、ドイツからの投資、ドイツへの越境労働が進展した。

一方、こうした経済相互依存の深化と並行して社会・文化分野の交流が進展していった。これらの分野の交流は、人々の日常生活と密接に結びつき、それだけに加盟国の国民の相互理解を深め、人々の意識の変化に重要な影響をもった。具体的には、外国旅行、国際結婚、外国留学、外国語の修得、消費財の広域流通が進んだ。また、「姉妹市町村」協定、学生交流、スポーツ交流など様々な形態の交流が拡大した。経営者団体、労働組合、農業団体、消費者団体など各種の職業団体は早くから交流を行っている。そして、従前から、語学教育の普及、大学間協定の締結、「歴史家専門会議」の設置、歴史教科書の検討など文化交流、歴史教育の改善が行われてきた。

社会的・文化的交流は、官民協力のさまざまなネットワークや地域経済圏を基盤に、統合の初期から着実に発展していった。これらの活動は、人々の相互理解を促進し、具体的な統合を容認する意識の進展を支えた。また、経済統合の進展と相俟って、人々の欧州意識の強まり、欧州への帰属意識の醸成を支えた。

【多様性の尊重】

それでは、上述した相互理解の本質はどのようなものだったのだろうか。

欧州で実施された交流計画が強調したように、相互理解の意味は、共通性の発見よりも「相互の違いの確認」にあった。人々において統合が支配的な制度、文化、価値観への同一化に繋がるのではないかという不安があったなか、相互理解への出発点には、それぞれの固有な制度、文化、価値観などの違いを相互に認め合うという多様性の尊重があった。

これは、統合は多様性そのものに基づいて進むものであるという考え方でもある。多様性は統合の阻害要因どころかむしろ前提条件、推進力であった。それ以上に、多様性がなければ統合自体が無意味であったと言えるかもしれない。というのは、異質な社会や文化をもつ諸国民が共通の利害や目的のために結びつくことが統合の原基的な意味であり、異なる社会や国民が交流するから、統合は人々の生活を豊かにし洗練させることができるからである。EUが、効率性の観点から見れば非合理な「多言語主義」の立場を堅持するのも、このような多様性に対する配慮のあらわれにほかならない。

また、多くの知識人が最近再び欧州統合に積極的に参加し始めたことの背景には、グローバリゼーションによって欧州の重視する多様性原理が否定されることへの危機感がある。統合は多様性を基礎に生み出されただけでなく、統合に伴う収斂も支配的な制度、文化、価値観への画一化を強制するものではなく多様性の尊重を原理としていた。また、人々の意識においても、国民国家と欧州は二律背反の関係にはなく、上述した欧州への帰属意識も国民国家への帰属意識と共存するものであった。

2　局地経済圏の連結

東アジア地域経済安全保障の確立について検討するにあたって、欧州統合の経験から、次のような手がかりが得られるのではなかろうか。

第一は、いわゆる指導者層における意思についてである。欧州では危機を前に統合の意思がうまれた。今日、東アジアにおいて、通貨危機を契機として、また、グローバリゼーションの潮流のもと、地域の連携が必要であるという新たな意思が萌芽しつつあるのではなかろうか。ＡＳＥＡＮ＋３（日中韓）首脳会議（二〇〇〇年一一月）において、東アジア地域の協力を進める「東アジア・サミット」を開催してはどうかという議論がなされ、これについての検討に合意がみられたことは上述したことを裏づけるものとして注目したい。なお、日本においても、九九年に策定された経済計画「経済社会のあるべき姿と経済新生の政策方針」によって、地域経済統合に対する従来の消極的な姿勢が積極的なものへと大きく転換されている。

第二は、人々の往来・交流の重要性についてである。従来、欧州統合はエリートの作業であるとみられていた。その欧州にあっても、人々は統合において重要な役割を演じており、往来・交流を通じた人々相互の間の親近感、理解なくして統合が進展しえなかったことがうかがえる。

第三は、東アジアの多様性についてである。東アジア地域の連携については、従来、一般に、文化・宗教・歴史等が多様であるが故に難しいとされてきた。しかし、このことを徒に悲観的にみる必要はないと考えられる。むしろ、東アジアの深遠な多様性は、人々の往来・交流を通じて、ややもすれば画一化をもたらすグローバリゼーションのもとにあって、その生活を豊かなものとし、また、東アジアに対する親近感を促進し、さらに、往来・交流そのものを促進するという見方もできるのではなかろうか。

第四は、東アジアにおける国の大小を問わない国家間平等の尊重についてである。これについては、多様性の尊重に基づく人々の相互理解に向けた出発点に東アジアは既に立っているという見方もできるのではなかろうか。また、今日人々において、グローバリゼーションの進展によって、それぞれ誇りと愛着をもつ文化、価値観、制度等が支配的なものへの同一化を強いられるのではないかという懸念、不安がみられる。人々の往来・交流を通じた相互理解の深まりは、これを和らげるとともに、東アジアに対する親近感をいっそう促進させることともなろう。

ところで、欧州では連携において欧州石炭鉄鋼共同体という共同体の設立が先行した。しかし、欧州統合の契機は大戦の悲惨な体験であり、上述した東アジアでの連携の要請の背景とは異なる。そして、東アジアには、現在、冷戦の残滓により国交がない国々が存在し、政治・経済体制についても様々なものが混在する。また、経済発展水準の差も大きい。特に、東アジアは、かつて植民地支配におかれ、現在の国家として成立してからの歴史も浅いという歩みを総じて共有する。人々は、地域連携に対して、自国の主権が脅かされるのではないか、また、自国が他国に呑み込まれてしまうのではないかといった警戒感、不安を持つ。東アジアでは、こうしたこと、また、上記の第二、第三、第四、を踏まえれば、人々相互の親近感と理解の促進のために、その往来・交流の加速に先行的に取り組んでいくことが現実的であると考えられる。その際、現実の必要（実利）に基づいて形成され人々の国境を越えた往来・交流が進展している局地経済圏に着目し、また、この広がりという趨勢を活用していくことが実際的であろう。具体的には、地域経済安全保障の確立のために必要となる具体的な連携を展開していくにあたっては、局地経済圏における人々の往来・交流の加速と局地経済圏の連結に先行的に取り組んでいくという戦略的な視点をもつことが必要である。これによって、人々相互の親近感と理解の深まりを通じて、上述した具体的な連携そのものも進展し、ひいては、地域経済安全保障の早期確立が実現されよう。

また、東アジア地域連携の必要性を強く認識させられた契機が通貨危機であったことも改めて指摘しておきたい。通貨は、人々にとって、国家の存立そのものを象徴するものであり、一般に、この分野での連携は後段階のものとされてきた。しかし、アジア通貨危機はこの点を大きく変えた。むしろ、通貨分野における連携への継続的な取り組みは地域経済安全保障の求心力を高めていくものであると認識される。そして、人々相互の親近感と理解が深まると、この分野での連携そのものも進展していくことが確信される。

第二節　連携の進め方

東アジアでは、上述した戦略的な視点にたって、地域経済安全保障の確立に向けて協力・連携を次のように進めていくことが考えられる。

１　交通・情報通信分野での先行協力

⑴　東アジア自由貿易圏への始動

東アジア地域経済安全保障の確立のために必要となる連携のうち、既に、先に述べたＡＳＥＡＮ＋３首脳会議で東アジア自由貿易・投資構想がとりあげられ、また、二国間、多国間において自由貿易圏の形成や投資協定の締結など貿易・投資の促進のための取り組みが活発化している。この背景には、域内産業構造調整の方法として自由貿易圏の形成等が求められていること、世界的にも米州自由貿易地域をはじめ数々の自由貿易圏の形成に向けた取り組みが進展していることがあげられる。そして、この東アジア自由貿易圏の形成については次のような具体的な展望をもつことができる。

通貨危機に直面した国々を対象に考えてみると、既に、ＡＳＥＡＮ諸国ではＡＦＴＡの早期実現（ＡＳＥＡＮ４＋シンガポール、ブルネイは二〇〇二年までに完了。その後、ベトナムは〇三年までに、ラオス・ミャンマーは〇五年までに、カンボジアは〇七年までにそれぞれ完了というスケジュールで拡大）やＡＳＥＡＮ投資地域枠組み協定（域内及び域外からの投資促進）が合意されている。また、日本とシンガポールとの間では自由貿易協定や投資ルールの策定を含む広範囲の分野にわたる経済連携について交渉が進められている。この経済連携については日本とシンガポールの双務的な自由貿易協定もさることながらＡＳＥＡＮ全体のバランス等を踏まえて広くＡＳＥＡＮ諸国を対象にするものへと拡大されていくとみられる。

韓国においても同じく産業構造調整の必要性に直面している日本との自由貿易圏の形成に向けた動きがみられる。また、同時に、台湾を参考にして、黒字創出型の国際収支構造の構築に向けて、中国や北朝鮮との経済関係を緊密化させていくことも自然の流れである。中国のＷＴＯ加盟はこうした構造を構築していくうえでの重要な契機であり、また、日本と韓国間の投資協定の締結や企業提携の進展は韓国の対外投資力の向上を促す上で重要なステップと考えられる。黒字創出型の国際収支構造が構築されていく過程のなかで、日本・韓国自由貿易圏、さらに日本・韓国・中国自由貿易圏の形成に向けた動きがいっそう高まっていくものと考えられる。また、韓国・北朝鮮自由貿易圏の形成への関心の高まりも予想される。

中国については、既存投資資本の中西部への展開を促す意味で、香港、台湾、韓国からの海外直接投資の進展が同地域開発の成否の鍵になるものと考えられる。その一方で、日本—香港—台湾—中国という安定的なトライアングルが形成されている。こうしたことを踏まえれば、日本、香港、台湾、韓国、中国の間において経済的には自由貿易圏の形成や投資協定の締結に向けた構想が自然発生的に生じても少しもおかしくないであろう。

最後に、上述したＡＦＴＡの拡大、中国のＷＴＯ加盟は、ＡＳＥＡＮ諸国、中国それぞれにおいて産業構造調整をもたらし、相互間の貿易や投資を促進していくうえでの環境整備としても重要なステップであると考えられる。そして、中国のＷＴＯ加盟に伴う関税率の引き下げ等が完了し資本取引の自由化が予想される二〇〇六年前後は、相互間の貿易や投資を促進していくうえでの、一つの境目とみなされてもよいであろう。こうした多数の自由貿易圏が重畳的に形成されることによって東アジア自由貿易圏へと進んでいく。

(2) 輸送基幹路の構築

上述したそれぞれのエリア（例えば、日本・韓国）での自由貿易圏の形成は、局地経済圏における相互依存の深まり、人々の往来・交流の広がり、局地経済圏相互のつながりの緊密化をもたらすものであり、地域経済安全保障の確立に向けて先行的に取り組んでいく意義は大きい。ただし、自由貿易圏の形成に関しては人々の警戒心・不安もみうけられる。

一方、交通ネットワークの整備は、貿易・投資を促進するのみならず、人々の往来・交流の利便性を高めるものでもある。それぞれの自由貿易圏の形成に向けた取り組みにおいて次のような方法をとることが実効的であろう。すなわち、まず、交通ネットワークの協力整備を先行させる、これによって、貿易・投資、人々の往来・交流、相互の親近感・理解の醸成を加速させる、そして、自由貿易圏の形成へと進める、これによってこの交通ネットワークを利用した経済活動、人々の往来・交流をさらに加速させる、というものである。ＡＳＥＡＮと中国との首脳会談（二〇〇〇年）において、シンガポールと中国雲南省を結ぶアジア縦貫鉄道計画が承認されたことは注目される。

ところで、局地経済圏の連結という視点に立って、交通ネットワークの整備状況を改めてみるならば（第Ⅱ部第一章　**図1―6**一一八頁参照）、現時点では、ＩＭＳ―ＧＴから北東アジア経済圏につらなる南北約七〇〇〇キロにおいて、陸上の面的広がりを支える輸送基幹路についていくつかのミッシングリンクが存在している。そして、その構築に当たっての整備優先交通インフラとして、①大メコン圏の東西・南北基幹インフラ、②華南経済圏と大メコン圏とのリンケージ、③北東アジアの要に位置する北朝鮮とその周辺部とのリンケージが指摘される。また、域外とのリンク、開放性という観点からみれば、①シベリア・ランドブリッジの再生、②ユーラシア・ランドブリッジを通じた中国内陸部

（西部地域）や中央アジアとのリンクの重要性が指摘される。

これらの点を踏まえれば、東アジア諸国は、交通ネットワークの先行整備において、それぞれのエリアでの協力と併せて、同時並行的に、域外諸国からの協力も得つつ、輸送基幹路の構築、域外とのリンク、ひいては東アジア輸送回廊の形成に一体的となって取り組んでいくことが求められる。これは、東アジア自由貿易圏の形成の前提条件とも考えられるであろう。

東アジア諸国は、この輸送基幹路、域外とのリンクの構築のために、まず、各国の交通ネットワークの将来計画について相互に情報を共有し、計画相互に有機性をもたせていくことが必要である。そして、構築そのものも協力して加速していくことが求められる。交通インフラの整備に要する資金については、協力して、また、国際開発金融機関などからの協力を得つつ確保していくことが必要である。この点に関しては、民間部門からの参画も重要であり、民間部門のインフラ投資上のリスクを低減させるための制度を協力して確立していくことの意義は大きい。国境をまたがる交通インフラの整備において関係国が協力して事前調査を実施することによって民間部門からの参画を促進することも考えられる。

また、ソフト面における幅広い協力も重要である。陸上・海上・河川・航空ネットワークのＩＣＴ化や、出入国管理の効率化、通関業務の迅速化などについて協力して取り組んでいく必要がある。さらには、交通ネットワークに関する様々な基準やシステムの調和を図ることも視野に入ってくるであろう。

(3) 情報通信技術の活用

ＩＣＴ革命は貿易・投資の実体面にも大きなインパクトを与えている。例えば、ＩＣＴを活用して商品の規格・設計データを海外と容易に共有することができるようになっており、これによって、海外での新たな生産・開発が可能となってきている。日本の中小企業（アパレル分野、ソフトウエア分野など）では、外国企業等と協力して生産拠点を構築し、日本からこの拠点に対して仕様書等を提示し、ここで生産・開発されたものを輸入するという国際的協業を模索する動きが進展している[1]。自由貿易圏の形成に向けた取り組みにおいてＩＣＴの活用は重要な課題であり、この国際的協業の形成への支援など協力して取り組んでいく必要がある。東アジア諸国は、それぞれのエリアでの協力と併せて、情報・通信分野のグローバルな性格を踏まえ、同時並行的に、域外諸国からの協力も得つつ、ＩＣＴの活用に一体的となって取り組んでいくことが求められる。

そして、この協力については、人々の往来・交流の促進もその対象に入れることが重要である。人々のＩＣＴの活用を進める上での当面の課題として、情報通信インフラの整備と制度・法律環境の整備を指摘することができる。

情報通信インフラに関しては、多くの発展途上国では、ＩＣＴを活用するために必要な通信ネットワークが十分には整備されていない。その一方で、後発の利益に鑑みると多大な固定通信回線への投資を行う必要はなく、地上波や衛星回線を利用することで、先進諸国と同様またはそれ以上のネットワークを形成することが可能である。インターネットへのアクセスをユニバーサル・サービスとして捉え、遠隔地における無線設備の整備とその通信方式の統一に協力して取り組んでいく意義は大きい。

制度・法律環境に関しては、メディア・リテラシー（パソコンやインターネットを扱う能力・スキル）

を身に付けさせるための教育制度の整備、国境を越えた電子商取引に対応できる課税制度の整備、複数混在する電子決済手段の標準化、様々な手続きのワンストップ化を可能とする電子政府の導入等の重要性があげられる。このうち課税制度の整備については、国境を越えた瞬時に行われる経済活動はその物理的拠点を必要としないため、どの国・地方の法制度を適用するのか（法制度の競合問題）、あるいは適用自体が可能なのかといった論点が指摘されている。

2　多様性の尊重

(1)　食料・農業分野

上述した自由貿易圏の形成においては食料・農業分野の取り扱いが重要な課題となる。この分野における連携のあり方については次のように考えられる。

すなわち、市場経済はその基盤となる生産を離れてはありえない。その生産は土地、人、資本を三大要素とし、土地を離れてはありえない。自然・生態系を利用する農業はまさにその典型である。このため、工業、商業、金融業とは異なり、農業は移動が不可能な土地の制約を最も強く受け、グローバリゼーションになじみにくい。そして、このグローバリゼーションは、東アジア諸国が抱える農工間所得格差の拡大、食料需給構造の脆弱化という問題をより困難なものとしている。しかしながら、グローバリゼーションは今後さらに加速していくこととなろう。そして、食料・農業面においても、食料消費の多様化や流通面における技術革新の進展を背景として、グローバリゼーションは進展していかざるをえないであろう。東アジアでの食料・農業分野における地域連携は、グローバリゼーションの利益を享受しつつ、同分野における問題に対処し、同時に、ナショナルな特殊性を容認するものとして探求していく必要がある。農業は多様な土地、自然を基盤としており、多様性、特殊性を相互に承認し、理解することを基本として、共通の利益に向かっての連携の道を探らなければならない。

こうした考え方は、欧州統合において、人々の相互理解への出発点に多様性の尊重があったこと、多様性は統合の推進力であったこと、統合に伴う収斂も画一化を強制するものではなかったことからも、その妥当性が裏付けられるものであろう。そして、食料・農業分野のみならず他の分野にもわたる地域経済安全保障全体の確立を加速していくうえでも必要となるものであろう。

以上を踏まえれば、食料・農業分野については、まず、貿易の自由化にこだわらず、地域農業の現状と変化の方向についての情報を恒常的に把握、蓄積し、農業生産の多様性、特殊性の相互理解を深めるために組織的に議論を積み重ねていくことから開始されるべきである。具体的には、このための常設機関を設立し、併せて、この機関において、食料・農業分野における地域連携の必要性を踏まえ、次のような点について検討を深めていく必要がある。

まず、穀物需給の安定化については、東アジア諸国の主食であり共通の関心事項である米と、輸入依存度の高い小麦・飼料穀物とに分けて考える必要がある。米需給の安定化に関しては、短期的な供給変動に関連してASEANにおける共通備蓄の仕組みの拡大の可能性、また、中長期的な市場動向に関連して商品協定の締結の可能性についての検討があげられる。小麦・トウモロコシについては東アジア諸国が競合関係にあるため、域内需給見通し、域外供給見通し、国内生産計画などについて相互に情報交換することが有意義であり、域内の生産地域での生産増大も地域全体の検討課題である。

一方、畜産飼料の高い輸入依存度を緩和するためには、飼料自体の多様化、国内・域内飼料の活用が重要である。循環的資源利用という観点からも、国内生産能力を十分にもった農産物の利用が有効であり、米の活用の真剣な検討、実用化への共同の取り組みが求められる。

次に、農業生産の多様化およびその生産基盤の強化については、消費の多様化に伴う域内での貿易量の高まり、有機農産物需要の高まりなどに対し応えられる生産・供給体制の構築が必要である。農民への信用供与、市場情報の提供、生産・流通基盤の充実など多くの問題がある。有機農産物等の認証基準、衛生管理や安全性基準に関する法的整備も必要である。農業生産基盤に関しても、新たな開発は困難が予想され、国際的な取り組み・協同行動が必要であるとともに既存地域の再開発や既存投資のメンテナンス、水田の乾田化、排水施設の整備による水田生産力の向上などが重要なテーマとなる。

また、今後の農村地域の就業機会と所得の確保については、食品加工度の向上へのニーズの高まりやＩＣＴ技術の発展などを踏まえ、農村内部において、流通加工部門と結びついた形で独自にこれを開発する努力が重要である。その際、農業部門の複合化は、雇用機会の増加、余剰労働力の利用による付加価値の創出、所得機会の増大を通じ農村そのものの活性化につながり、極めて重要な課題となる。

さらに、環境問題、持続可能な農業生産への取り組みも重要である。消費の多様化が進み、域内の相互依存が深化するにつれ、商業機会の出現により現地の生態系が損なわれる例がみられる。持続可能な農業生産のための資源管理が重要である。また、化学肥料・農薬の多投、農業生産の単作化等農業生産の持続可能性を脅かす問題が出てきており、農法や生産システムの開発等持続可能な農業生産の発展のための取り組みが必要である。

(2) 保健・医療分野

社会の安全網のあり方は、各国それぞれの社会・文化的背景等に大きく依存しており、保健・医療分野での連携に際しても、食料・農業分野と同様に多様性の尊重が重要である。

東南アジア諸国における健康保険の普及に対する日本、韓国からの知的支援に関しては、理念的なものと技術的なものとに大きく分けられる。このうち理念的なものについては、ホスト国の政治家、政策担当実務者、学者などを介して、日本や韓国、あるいは他の国々において、どのような理念、理想、政治的合意に基づいて健康保険制度が構築されているかを効果的に伝える作業がなされるべきであろう。一方、技術的なものについては、ホスト国における健康保険制度構築に関しての方向性がついてから行うことが効果的であると考えられる。したがって、理念的な知的支援の後に行うべきものである。具体的には、日本や韓国からの健康保険実務者の派遣、あるいはホスト国の将来の実務者を日本や韓国に招聘して、健康保険実務を研修してもらうことが重要であろう。

また、東南アジア諸国間における連携に関しては、既に連携に向けた動きをうかがうことができる。例えば、基本医薬品の安定供給確保に向けた模索に加え、医師や看護婦に関する資格の相互認定を行い域内での専門職の移動を認めるという方向で動きつつある。実際、エイズ対策については、タイが九〇年代に実施したソーシャル・ワクチン対策などの成功例を他の東南アジア諸国で応用する試みがすでに実施されている。マラリア対策についても、メコン・プロジェクトとしてメコン河をはさむ国々の協力によりこれに成功した例などがあげられる。今後、人々の往来・交流を加速していく上で、資格の認定、感染症対策に関するこうした東南アジア諸国の取り組みは、東アジア全体での連携に対して大いに資するものと考えられ、北東アジア諸国もこれに参画していく必要があろう。

3　北東アジア経済圏と環黄海経済圏との連結――エネルギー・環境分野

上述した五つの局地経済圏を横断的にみてみると、北東アジア経済圏の発展水準が概ね低い。その一方で、極東ロシアの豊富な天然ガス資源の北東アジア域内全体での活用によって、同経済圏の発展のみならず、その環黄海経済圏との結合を促進させていくことができよう。具体的には、天然ガスパイプライン・ネットワーク（例えば、極東ロシア―中国東北部―中国華北部、北朝鮮・韓国・日本）を構築していくことが考えられる。この二つの局地経済圏の結合において北東アジアの要に位置する北朝鮮が果たす役割は極めて大きいが、北朝鮮はエネルギー供給が深刻な状況にあると考えられ、こうした取り組みは北朝鮮が地域全体の連携にみずから参画する契機になることが予想される。こうしたことを踏まえれば、北東アジアにおけるエネルギー・環境分野の連携に先行的に取り組んでいくことの意義は大きい。

ただし、天然ガスパイプラインの共同利用は人々相互の相当程度の親近感・理解の醸成を要するものとみられ、現時点では、北東アジアにおいてパイプライン・ネットワークが一足飛びに構築されるとは考えにくい。エネルギー・環境分野においては、これを視野に入れて、連携の実績を積み重ねていくことが求められる。こうした観点において、資源の確保を目的とし国家の安全保障に直ちに結びつく石油、天然ガス分野とは異なり、人々の連携への理解・支持が得られやすいとみられる環境分野における取り組みがまず注目される。

環境分野における連携については、大気汚染が深刻な問題となっている中国の環境改善が切り口となろう。中国では、現在、一次エネルギーの七〇％以上を環境への負荷が大きい石炭に依存しており、当面石炭がエネルギー消費の中心となる。石炭のクリーン利用に関して連携の余地は大きい。また、同国では今後急速に電化が進むと予測され、これに併せて、ウィンドファーム（風力）事業に代表される再生可能エネルギーを普及していくことについても同様である。このような電化を進めることは、送電ネットワークに組み込むことが難しい遠隔地の農村電化という観点からも意義が大きい。さらに、同国では、世界銀行等の資金援助を基に省エネルギー公司を設立し中国企業に対して省エネルギー投資を行い、削減されたエネルギーコストでこの投資資本を回収するというモデルプロジェクトが大きな成果をあげている。中国企業は設備導入費用を負担する必要がなく、資金繰りの苦しい企業が多い中国に適しているといえる。省エネルギーに関しては民間ベースでの連携の余地が大きいとみられる。

また、環境分野での取り組みが、資金や技術を提供する側にとっても、より有意義なものとなるようにするために、ＣＤＭの活用について連携の道筋を探っていく必要がある。上述した再生可能エネルギーの普及は経済性の面で難しいという問題があるが、ＣＤＭの利用によってこの問題が緩和されることが期待できる。ＣＤＭは、発展途上国にとっても利益のあるメカニズムであり、モデルプロジェクトを積極的に展開するなどその仕組みが機能するよう北東アジア各国が協力していくことが重要である。

次に、石油備蓄については、中国で備蓄保有についての検討が始められているが、備蓄基地の整備には、石油タンクや港湾施設の建設、貯蔵原油の買い入れ等において、相当の時間とコストを要する。中国が十分な備蓄基地を整備する以前に石油の供給途絶や価格高騰が生じることを想定して、日本の余剰石油タンクを中国に貸し出すことが考えられる。これによって、中国は自国の備蓄基地の整備を待たずに計画的に備蓄を保有していくことが可能となる。この場合、危機時の対応の即時性を増進させるために、中国の日本向け輸出原油と中国が日本で保有する備蓄原油とを交換することが考えられる。また、韓国の参加も得た北東アジア諸国の連携のもと、これを北東アジア向けの物流基地として複数の産油国（ＯＰＥＣ諸国）に貸し出すという多国間連携も考えられる。そして、中国が一定の備蓄基地を整備する頃には、韓国の備蓄体制の増強も完了していると予想され、こうした取り組みは、備蓄原油の協調放出という北東アジア石油備蓄システムの構築にもつながっていこう。

ところで、天然ガスパイプラインルートについては、サハリンから新潟あるいは千葉へ至るライン、東シベリアから北京へ至るラインは未だ計画段階であるものの、将来的に西シベリアや中央アジアへのアクセスを可能とする中国国内の東西ライン（新疆から上海まで）は既に整備段階に移されている。この東西ラインに関して、将来の天然ガスパイプライン・ネットワークの構築を視野に入れて、北東アジア諸国が連携実績を積み重ねていく意義は大きい。その際、中国の環境改善とともに天然ガスパイプラインの採算性の向上をもたらす需要創出（燃料転換）についても連携の視野に入れる必要があろう。一方、天然ガス田の開発については、国際石油資本（メジャー）を含めた共同開発によって開発リスクを分散することが可能となる。北東アジア諸国は連携して取り組んでいく必要があろう。

なお、中国での電化の進展にあわせて北東アジアにおいてクリーンで合理的な電力システムを形成していくことが重要な課題となっている。シベリアの余剰水力や小規模ガス田で発電される電力を有効活用するための送電網の広域化は二つの局地経済圏の結合を促進し、その意義は極めて大きい。

これまで述べてきた連携テーマの詳細を検討し、実践へと進めていくためには、各国の専門家・研究組織とつながりをもった多国間にわたる組織・枠組みが必要であり、このための場として、「北東アジアエネルギー・環境フォーラム」を設立する必要がある。

4　地域経済安全保障の求心力――通貨分野

通貨分野での連携の目的は、通貨危機の回避と通貨の安定、この二つに大きく分けられる。前者の通貨危機の回避については、各国の外貨準備（域内の外貨準備高は世界全体の四〇％以上を占める）[2]の活用がその主たる内容となる。現に域内において、相手国が外貨資金不足に直面した場合に融通するという双務的な二国間金融協力が多数の国々で進められている。これによって域内金融協力ネットワークが構築されることとなる。

しかしながら、この金融協力ネットワークには次の二つの課題がある。一つは、外貨資金不足に直面した特定国に対して域内の外貨準備を即時・集中的に振り向けるといった機動的な対応が必ずしも十分ではないこと。もう一つは、外貨準備が特定国に偏在しているため、偏在する外貨準備を各国間で衡平に活用することが必ずしも容易ではないこと。通貨危機の再発が皆無とはいえない以上、こうした課題の事前解決に取り組んでいく必要がある。具体的には、このネットワーク構築・発展の次のステップとして、「外貨準備協力機構」といった共同機構を設立することである。ここでは、各国からその保有する外貨準備高に比例して事前に外貨準備の提供を受け、これを原資に自国通貨の為替レート切り下げ圧力を集中的に受けたその国への金融支援等を機動的に実施する。共通意思としての金融支援等が実施されうることで、市場の為替投機が未然に抑制されるというデモンストレーション効果が期待されよう。また、このメカニズムは、大幅な黒字を創出し外貨準備高を徒に累積させていくこと自体を自己抑制させる方向で作用することが期待される。

ただし、同協力機構の設立にはいくつかの事前準備が必要である。特に、通貨危機の未然回避のために、東アジア経済の枠組みを踏まえた各国間のマクロ経済政策の対話が不可欠である。各国の経済統計の整合性、経済発展水準の多様性、域外とのマクロ協調政策のあり方などがその主な内容の例示となろう。経済基礎データの設定、統計基準の共通化、危機発生を事前に警告する基準の開発、東アジア全体のマクロ経済政策についての調査・分析など、為替市場のモニターを含めて、域内における政策対話を有効ならしめる専門的な常設機関の整備・充足化が重要な課題となる。

ところで、通貨危機に直面した国々では、危機によって増大した不良債権が十分に解消されておらず、その国に対する信認が必ずしも回復していない。このため、外資流入・流出が不安定になりやすくなっている。東アジア経済の安定という視点から、域内諸国の連携を通じて、これらの国々が不良債権処理のために必要となる資金を確保するにあたって、その信用力を補完することが必要不可欠となっている。その点で、域内各国から外貨準備の部分的提供を受け、これを原資として信用供与するという機能を整備する意義は大きい。ここでは、域内の産業構造調整や産業協力に関するグランドデザインの策定、債券の発行量や流通量の調整を通じた域内の債券市場の育成もその一環として考えられる。上述した専門的な常設機関の整備に関連して、不良債権基準の共通化を含めて、この機能整備についての検討を併せて深めていくことは緊要な課題である。

他方、通貨の安定については、まず、ドルへの過剰依存を改善することが先決であろう。貿易・資本取引の決済通貨において域内通貨の利用を高めていくことがそのステップとなる。次に、上述した自由貿易圏の形成によって、この実効性を確保・向上させるため、為替安定メカニズムの構築が求められる。具体的なメカニズムとしては、欧州通貨制度（為替相場メカニズム、市場介入に対する金融支援、共通通貨単位の設定）を参考とした共通通貨バスケット・リンク制が考えられる。この点については、金融グローバリゼーションの進展によって為替相場が不安定になりやすくなっていることや、東アジア諸国間において経済発展水準等が多様であることなどを踏まえ、許容変動幅を大きく設定し、また、参加国の条件を緩めるなど柔軟性をもたせることが望まれる。さらに、「外貨準備協力機構」の機能を踏まえ、このメカニズムにおいて同機構に金融支援など特定の役割を担わせることが適当である考えられる。そして、多数の自由貿易圏が重層的に形成されることによって東アジア自由貿易圏へと進んでいくなかで、それぞれの為替安定メカニズムが相互に関連し、東アジア全体にわたる為替安定メカニズムがもたらされることになると考えられる。この為替安定メカニズムにおいて、「外貨準備協力機構」が金融支援等を行うなど中核的な役割を担うことも考えられる。これらの積み重ねによって、東アジアの新たな通貨システムが形成されることになろう。

5　成長基盤の強化――研究開発分野

これまで東アジア地域経済安全保障の確立のために必要となる連携に関して述べてきた。こうした連携が進展しいわゆる東アジア経済統合が浮かび上がってくる過程のなかで、域内諸国のバランスある経済成長を確保するために、その重要な源泉である技術革新に関連して研究開発分野での連携について関心が高まってくると考えられる。

ところで、近年、技術革新を生みだす拠点として特定の都市（圏）が世界的に注目を集めている。

ＩＣＴ革命のメッカとして有名な米国のシリコン・バレー、電子・機械・デザイン産業の集積地であるイタリアのミラノ等がそれにあたる。ここでは、限られたスペースのなかで、企業家・技術者達が新しい市場の開拓を目指して知的・親密なネットワークを形成し消費者・顧客ニーズの動向等を踏まえつつ研究開発にあたっている。従来の産業集積地域とは異なる新しいタイプの技術革新拠点（クラスター）として「知的クラスター」と呼ぶことができる。そして、グローバリゼーションやＩＣＴ革命が進展していくほど、生の濃密な情報が行き交うこの知的クラスターの重要性が高まってくると考えられる。

東アジアで今後この知的クラスターが形成される可能性について、その前提条件（人口・産業の集積、大学等の核となるＣＯＥ(Center of Excellence)（国際的にも優れた研究機関）の集積、サイエンス・パーク・インキュベータ等の技術革新を促進するための支援機関の存在等）に基づいて考察したところ、東アジアの大都市（ジャカルタ、シンガポール、クアラルンプール、バンコク、マニラ、台北・新竹、ソウル・仁川、北京・天津、香港・深圳・珠海・広州、上海、西安・重慶・成都、日本の首都圏、中部圏、関西圏、北九州圏）については概ねその潜在性が高いとみられる。ただし、現時点では、東アジアにおいて技術革新の主体となる研究開発型の中小企業が必ずしも育っているとは言いがたい。

このため、東アジアでは、今後、知的クラスターの形成に向けて研究開発型の中小企業の育成・創出が重要な連携課題になると考えられる。具体的には、最初の段階として、中小企業の育成を念頭に置いたＣＯＥのレベルでの連携が考えられる。ここでは、都市（圏）毎に実用化を視野に入れた研究課題を設定し東アジア域内のＣＯＥを結集するといった連携を模索する必要があろう。そして、その次の段階として、中小企業の創出を念頭に置いたサイエンス・パークやインキュベータのレベルでの連携が考えられる。ここでは、インキュベータに入居している起業家の交流や、起業家連携による市場の掘り起こしなど、知的クラスターの形成を促進させるための相互乗り入れを実現させることが必要となろう。

【注】

（1）http://homepage1.nifty.com/itoh/asia/idea.html

（2）IMF *International Financial Statistics* '99&'00.

第三章　日本経済の対応のあり方

日本は前章で述べた東アジア地域経済安全保障の確立に向けた連携に関してどのように対応すべきであろうか。既に日本経済は東アジア経済と密接不可分なものとなっている。また、その将来についても、高齢化、グローバリゼーション、地球環境問題への対処をはじめ、その持続的・安定的な経済発展のために他の東アジア諸国との連携が不可欠のものとなっている。日本は、これらを踏まえ、東アジア地域経済安全保障の確立に向けて真に当事者の一員として最大限努力していく必要がある。

具体的には、東アジアでの連携に関連して今後日本が直ちに行動にあたるべき内容（第一節以下にて記述）については次の五つに整理された。すなわち、①信頼が得られる経済政策運営、経済・市場の構築、②東アジア地域公共財の創出・提供、③長期的視点にたった連携への参画、④成熟国としての地域全体の視点を踏まえた連携分担、⑤東アジアの経済共生を目指した国際協力、である。日本は、地域経済安全保障の確立に向けて、この五つの基本的な視点に基づいて、東アジア経済の発展とともに各国の経済が同時に発展していくという経済共生を真に衡平な立場で、つまり東アジア諸国の一員として追求していく必要がある。

1　信頼が得られる経済政策運営、経済・市場の構築

東アジア経済において大きな比重を占める日本経済の動向は他の東アジア諸国に決定的な影響を与える。日本は、この点を十分に自覚し、これら諸国から信頼が得られる経済政策運営にあたることが求められている。また、日本の経済・市場そのものについても、同様に、これら諸国から信頼をもたれるものでなければならない。

①　日本の外貨準備の累積は、通貨危機を誘発する他の東アジア諸国における対外債務の累積の裏返しであるともみられる。輸出はポジティブ、輸入はネガティブという発想から脱却し、大幅な貿易黒字額、過大な外貨準備の累積額そのものを問題として直視する。また、円安は他の東アジア諸国での通貨危機を誘発しうる。円相場の他の東アジア諸国に与える影響を十分踏まえて経済政策運営にあたる。

②　他の東アジア諸国はもとよりグローバルな市場から信認される安定感のある経済を構築する。財政構造を健全なものとするとともに、対外協力性と安定性を合わせ持つ総合性のある金融政策の運営にあたる。東アジア全体の将来を睨み、これとの調和に目を配ることによって公共事業についても自ずと自制される。また、国債を海外投資家にその運用対象として供することを通じて財政の自律性を高める。

③　その社会的行動も合わせた企業に対する消費者の評価活動、また、これに基づく消費者と企業との協働を通じて、倫理的にも望ましい経済・市場を構築する。例えば、東アジアからの農林水産物

等の輸入については、現地の生産条件や自然環境への影響等を軽視し環境破壊につながったものも少なくない。相手国の生産条件や自然環境へ悪影響が出ないよう十分に配慮することは輸入企業としての責務である。

④　知的クラスターの形成を念頭において、個々人の創造的な発想を尊び国籍の内外を問わない進取性のある経済・市場を構築する。この一環として、他の東アジア諸国の人々に対する入国管理手続きを欧米諸国の人々に対するものと同一レベルのものとする。また、日本への留学生が卒業後日本で就職できる体制を整備する。

2　東アジア地域公共財の創出・提供

地域経済安全保障の確立に向けて、東アジア各国・人々がそれぞれの国際性を有する公共財を相互に利用していくことが必須となる。日本は、東アジアの人々の利便に供するという考え方に立って、こうした公共財の開発・整備・運営等にあたる必要がある。

①　日本国内の主要交通ネットワークは東アジア輸送回廊の一翼を担うとの認識に立つ。そして、他の東アジアの人々との往来・交流の加速という視点に立って、その運営面を含めて交通ネットワークを充実させる。この観点において、現在課題となっている首都圏空港の逼迫した状況の改善が急務である。

②　他の東アジア諸国の人々との往来・交流の先導、広がりという側面において地方都市間の交流が極めて重要である。国際交通ネットワークの充実とともに、地方都市自ら他の東アジア諸国の人々

にとって魅力あるサービスを提供する。その際、文化、伝統など異なる特徴を有する近隣の複数地方都市が連携することによって、個々の魅力が相乗的に高まることになろう。

③ 規制緩和等を背景として国内で余剰となっている石油タンクを中国に貸し出す。また、これを北東アジア諸国の連携のもと産油国に貸し出す。賃貸料は低く抑える。

④ 米の飼料としての活用については既に日本において研究を開始しており、今後米生産の拡大の余地が大きいと見込まれるカンボジアなどではこれが実用化されれば、輸入飼料穀物との価格差の問題はクリアーされる可能性がある。実用化を地域全体の課題として認識し、情報の共有をはじめ他の東アジア諸国の試験研究機関との連携・協力を推進する。

3　長期的視点に立った連携への参画

長期的な視点に立脚して国益を捉えることが、他の東アジア諸国との連携によって得られるべき利益を現実のものとしていくことにつながる。日本は、徒に短期的視点に固執せず、長期的視点にたって連携に参画していく必要がある。

① 円ブロックにこだわっていては豊かな高齢社会を実現することはできない。円の国際化に向けて、共通通貨バスケット・リンク制の創設を視野に入れつつ、他の東アジア諸国のニーズに則りこれら諸国の円の利用を支援するとの視点にたって連携する。

② 自由貿易圏の形成について、東アジア経済の枠組みを踏まえて、日本を含めた東アジア全体の産業構造調整という視点に立つ。東アジア自由貿易圏の形成を睨みつつ、他の東アジア諸国と連携し

て、二国間・多国間の自由貿易圏を形成する。

③　中国が天然ガスパイプラインの整備に取り組みはじめている現在、それを第三者の立場で眺めるという態度をとるべきではない。将来にわたる消費見通しに基づく天然ガス調達計画を関係諸国へ提示し、天然ガス資源の開発と利用について、真に当事者の一員として、連携に参画する。

④　同じく米を主食とする国として、将来の米の需給と市場の安定、需要に見合った生産構造の構築という共通の課題について協力して取り組む。

⑤　東アジア発展途上国の農業生産の多様化に向けた取り組みを支援するとともに、そのなかで、高齢化が進む日本が将来必要とする農産物の安定供給の基盤を確保していくことは重要な連携課題である。野菜等の安定供給確保に関して、これら諸国と合理的な補完関係、協力関係を構築する。

4　成熟国としての地域全体の視点を踏まえた連携分担

日本は既に成熟の域にある一方で、他の東アジア諸国は未だ概ね発展途上にあり、連携に際しての立場は大きく異なる。これら諸国との連携にあたっては、日本は、より大きな課題・制約等を抱えるこれら諸国の視点、相互補完の重要性等を勘案した地域全体の視点を踏まえて、真に衡平・適正な立場・役割に自らをおく必要がある。

①　EUに次ぐ世界第二位の外貨準備保有国であるが、外貨準備高に比例して外貨準備を負担するというルールの形成を睨みつつ、域内金融協力ネットワークの構築・発展にあたる。また、域内マクロ経済政策対話において、その重要事項である朝鮮半島の和解に関して、輸出先市場とみなすのでは

なく、韓国ウォンの安定、韓国貿易収支の黒字化が基礎となるという視点をもつ。さらに、共通通貨バスケット・リンク制の創設を視野に入れて他の東アジア諸国と相互に国債（現地通貨建）を保持する。

②　日本の天然ガス需要を速やかに拡大させていくことによって北東アジアにおける天然ガス開発が加速されることとなる。ⓐ現在限定されている国内利用者の範囲を広げていく上で、また、パイプラインによる輸入を促進するうえで不可欠な国内幹線ガスパイプライン、ⓑ欧州の家庭用、工業用の価格が日本の三～五割程度の水準となっていることをも踏まえた供給者間の価格競争を促進するための制度、このハード、ソフト両面にわたるインフラを二一世紀型社会資本として整備する。

③　東アジアにおいて地球温暖化問題に関して温室効果ガスの排出削減義務を負っているのは日本だけである。これを衡平なものとしてとらえ、そして、東アジアにおいて、先進国、発展途上国双方にメリットがあるＣＤＭを積極的に推進するために、発展途上国がその獲得する排出クレジットを効果的に利用できるよう追求する。具体的には、中国とのＣＤＭを活用したプロジェクトの実施によって中国において余剰となる石炭をその取得した排出クレジットとセットにして日本が輸入する。

④　ロシア・東シベリアの水力資源を利用した中国への電力送電などをはじめ、国際的な電力網形成への取り組みは当面は中国・ロシア間のものになる可能性が高い。しかし、北朝鮮への電力協力の可能性に加えて、韓国や日本にまで広域化できれば相互にピーク対応電源設備の効率的保有も可能になるため、その発展のポテンシャルは高い。日本は送電技術や系統運用の面で高い能力をもっており、こうした側面からこの取り組みを支援する。

5　経済共生を目指した国際協力

従来の国際協力は概ね発展途上国それぞれの経済発展への支援に重点を置いてきた。今後は、これら諸国の経済共生に向けた取り組みへの支援に重点を移す必要がある。また、発展途上国政府の対応が遅れがちになるなど経済発展の影の部分（農工間所得格差の拡大、環境問題の深刻化、社会の安全網の脆弱性など）が東アジア経済全体のリスク要因となっており、こうした分野における支援に重点を移す必要がある。

①　国境を跨いだ越境交通インフラの整備が東アジア輸送回廊の軸となる輸送基幹路の構築において重要である。従来の一国の経済発展を念頭においた協力からハード・ソフト両面にわたる地域交通公共財の構築に向けた協力へと重点を移す。同時に、越境交通インフラ・システムについてのベストプラクティスを他の東アジア諸国と協力して探求し、その成果をその他東アジア諸国と共有する。こうした取り組みは、日本にとっても、今後の朝鮮半島等との重層的な越境交通インフラの整備についての研究に資する。

②　人々のインターネットへのアクセスを地域ユニバーサル・サービスとして捉え、その普及を支援する。また、メディア・リテラシーを身につけさせるための教育制度の向上を目的とし、インフラ整備の進んだ他の東アジア諸国において日本が比較優位を持つモバイル・インターネット技術をも活用して、ＩＣＴモデル実験（例えば、観光サービス）を共同実施する。そして、その成果を、情報ＯＤＡを活用しつつ、他の東アジア諸国に普及する。

③　中国国内のパイプラインの整備に関して技術面・資金面において協力する。また、中国の天然ガス需要開拓に関連して、天然ガス発電所普及に向けた技術協力を進める。

④　中国での石炭のクリーン利用については脱硫装置の普及が重要である。その設置に対するインセンティブを高めるために、他の北東アジア諸国と協力して、日本で研究されている脱硫による副生成物（石膏）の有効利用についてのモデルプロジェクトを実施する。

⑤　高度経済成長を達成してきている東アジア発展途上国への農業協力について、従来の総じて米の生産力増強を主眼としたものから、農村における就業機会と所得の確保、農業生産の多様化、複合生産等による持続可能な農業生産の定着、農村社会の活性化等の総合的な目標をもったものへと重点を移す。

⑥　風力・太陽光・バイオマス等の再生可能エネルギーを利用した農村電化への支援を行う。これは、燃料直焚きによる環境汚染の抑制につながるものでもある。

⑦　保健、医療分野に関し、保健婦の育成、母子手帳の普及、学校保健の徹底などに関する日本の経験について、発展途上国に直接的に移転するのではなく、日本の経験を活かしつつ社会文化的背景の異なるこれら諸国に応用する方策を追求する。また、日本の地域保健の輝かしい成功の軌跡だけでなく、公害病、薬害等の影の部分も謙虚に伝え、同じ轍を踏まないよう警告のメッセージを発信する。健康保険に関しては、当面の知的支援として、日本のこれに関する歴史分析、制度設計、医療費推計などの知識やノウハウをこの導入を予定している東アジア諸国の政治家、政策担当者、実務者などに効果的に伝える。また、東アジア諸国が相互に健康保険に関して意見交換をする場を提供する。

第四章　東アジア回廊の形成

東アジア諸国の経済共生に向けた歩みのなかで、世界に開かれた、東アジア経済の新しい姿が生まれてこよう。

具体的には、今日の東アジア経済の枠組みとして冒頭述べたトライアングルについて、中国の経済発展、東アジア経済を牽引する技術進歩等において種々の予測困難な要素はあるものの、その今後の展開に関して概ね次の三つのイメージをいだくことができる。

第一は、トライアングルの重層的な展開である。通貨危機以前にはシンガポールの主たる投資先であったマレーシアからインドネシア、ベトナムなどへの海外直接投資が進展していた。ASEAN新規加盟四か国、中国中西部、中国東北部、極東ロシア、北朝鮮などの経済発展の潜在性は大きく（例えば、一人当たりの国民総生産でみてベトナムはマレーシアの一〇分の一程度）、自由貿易圏の形成等と相俟って、今後、海外直接投資の伝播がこれらの地域へと向かっていくという経済合理性が顕在化するものと考えられる。まず、世界（日本）—シンガポール—ASEAN4というトライアングルに関連して、日本とシンガポールとの間の経済連携が一つの契機ともなって、シンガポール—マレーシア—その他ASEAN加盟国というトライアングルが形成されていくことが展望される。次に、世界（日本)―韓国―中国というトライアングルに関連して、韓国の黒字創出型の国際収支構造への転換による、韓国―中国沿岸部―中国東北部という投資の伝播の進展、また、韓国―中国―極東ロシアというトライアングルの形成が展望される。世界(日本)―韓国―中国というトライアングルの成熟化を通じて日本―韓国―北朝鮮というトライアングルが形成される可能性もある。そして、世界(日本)―台湾・香港―中国というトライアングルに関連して、中国、台湾のWTO加盟等によって、台湾・香港―中国沿岸部―中国中西部という投資の伝播がさらに進展していくことが展望される。一方、日本の広域生産体制の整備やその金融資産の海外運用は上述してきた展開を後押しする方向で作用することになると考えられる。

第二は、トライアングルの起点となってきた日本と、NIEsとの水平的な補完関係の進展である。また、NIEs諸国間においても相互の補完関係が進展していくものと考えられる。技術の次元でいうと、ICT革命の進展によって研究開発体制が従来のイン・ハウス型からネットワーク型へと転換してきており、相互の補完関係が進展していくものとみられる。また、東アジアの諸都市(圏)において個性ある知的クラスターが形成され相互間のネットワークが緊密化することも期待される。これらのことは、東アジアにおいて技術革新を牽引するプレーヤーの厚みが増していくという含意をもつものでもあろう。また、国際金融に関しても、東アジアでは、香港、シンガポールが国際金融センターとして機能している。上述した、投資の伝播、研究開発、日本の金融資産の活用などさまざまな観点からみて、香港、シンガポールが果たしていく役割が今後いっそう大きくなっていくものと考えられる。

第三は、個々のトライアングルの間での水平的な国際分業の形成である。すなわち、域内における貿易・投資の促進などを通じて、ＡＳＥＡＮ諸国と中国との間をはじめそれぞれの特色を活かした生産の棲み分けが進められていくことが展望される。個々のトライアングルの間での競合関係が緩和された相互並存的な姿がそれである。

なお、上述してきたことに伴い、域内貿易比率についてもＥＵの水準（六四％：輸入ベース〈一九九九年〉）[1]に向けて高まっていくものと考えられる。ただし、ＥＵのこれまでの最高水準は七〇％程度[2]であることに十分に留意する必要があろう。

そして、以上の三点を踏まえれば、トライアングルに関連した今後の展開として、複数の相互並存的なトライアングルの形成（例えば、シンガポール・日本・台湾・香港―マレーシア―ベトナム、韓国・日本・台湾・香港―中国―極東ロシア）と投資の伝播（例えば、台湾・香港・日本・韓国→中国沿岸部→中国中西部、韓国・日本・台湾・香港→中国沿岸部→中国東北部）が展望される。

一方、日本は、これまで、いわゆる経済大国として東アジア、世界に位置してきた。しかし、今後、高齢化の進展のもと、日本経済の規模が世界経済のそれに占める割合は低下していかざるを得ない。また、グローバリゼーションは日本経済に対しても否応なく画一化を迫ってくるであろう。

東アジアにおける経済共生の追求は、グローバリゼーションに埋没することなく、こうした世界のなかにあっても魅力的な輝きを放つという新たな日本経済の萌芽をもたらすのではなかろうか。

具体的には、経済共生に向けた歩みのなかで、高齢社会における人々の所得基盤の土台が構築されることとなる。これによって、日本は、今後世界的に最も急速に高齢化が進展していくなか、保険制度、老人福祉をはじめ高齢社会に対応する経済社会システムの構築に世界に先駆けて挑戦していくことが真に可能となろう。また、地球環境問題についても、経済共生の追求の一環として、日本は、地球環境保全と調和し、また、他の東アジア諸国の人々にとっても魅力的な新たな循環型社会の構築や新しいライフスタイルの形成を指向していくことになろう。これは、日本が、南北問題を内包する地球環境問題について世界に先駆けて真に挑戦していく国となることを意味するものである。

日本は、他の東アジア諸国を含めていずれは広く世界の国々が直面することとなる高齢化問題や地球環境問題について、世界に先駆けた国民的な実験を試み、その過程のなかで、高度かつ幅広いニーズへの対応が求められる先端的な市場が育まれてくるのではなかろうか。そして、東アジア、世界の企業・人々等の参加も得て、世界をリードする種々の産業・事業が、既存産業・事業の高度化を含めて、おのずと隆起することになろう。

また、越境交流の活発化、また、多様性の尊重のもと、これまでの経済規模の追求によってややもすれば埋もれてきた人々の個性、地方・地域の個性が、東アジア、ひいては、世界のなかで開花することになるのではなかろうか。異なる発想への評価は付加価値の創出へとつながり、文化、伝統、風土など地方・地域の個性的な資源は東アジアの人々の参加を得て洗練され、世界レベルのものへと高められていくことになろう。そこには自ずと市場が生まれてくる。さらに、グローバル・スタンダードに関しても、EUから加盟諸国の幅広い討議を経て洗練された具体案が提示されているように、他の東アジア諸国との連携を通じて真に世界に働きかけることができる具体案を提示することが可能となろう。

以上、経済面を中心に述べてきたが、東アジアの人々の視点からみるならば、上述した経済共生に向けた歩みにおいて、持続的・安定的な経済発展により生活水準が向上するとともに、活発な往来・

交流を通じて生活の豊かさがもたらされよう。また、相互において親近感、理解が深まり、さらには、新しい未来の共有に向けた過去の歴史への真摯な洞察も自ずと深まってくることになるではなかろうか。NGO、市民団体などの国境を越えたネットワークが重層的にはりめぐらされていくことも想像に難くない。そして、日々の生活の中で培われる相互信頼のもと紛争による諸問題の解決は回避され、東アジアの平和はより安定したものとなっていくであろう。この暁には、局地経済圏の結合は、単な

図4－1　東アジア回廊

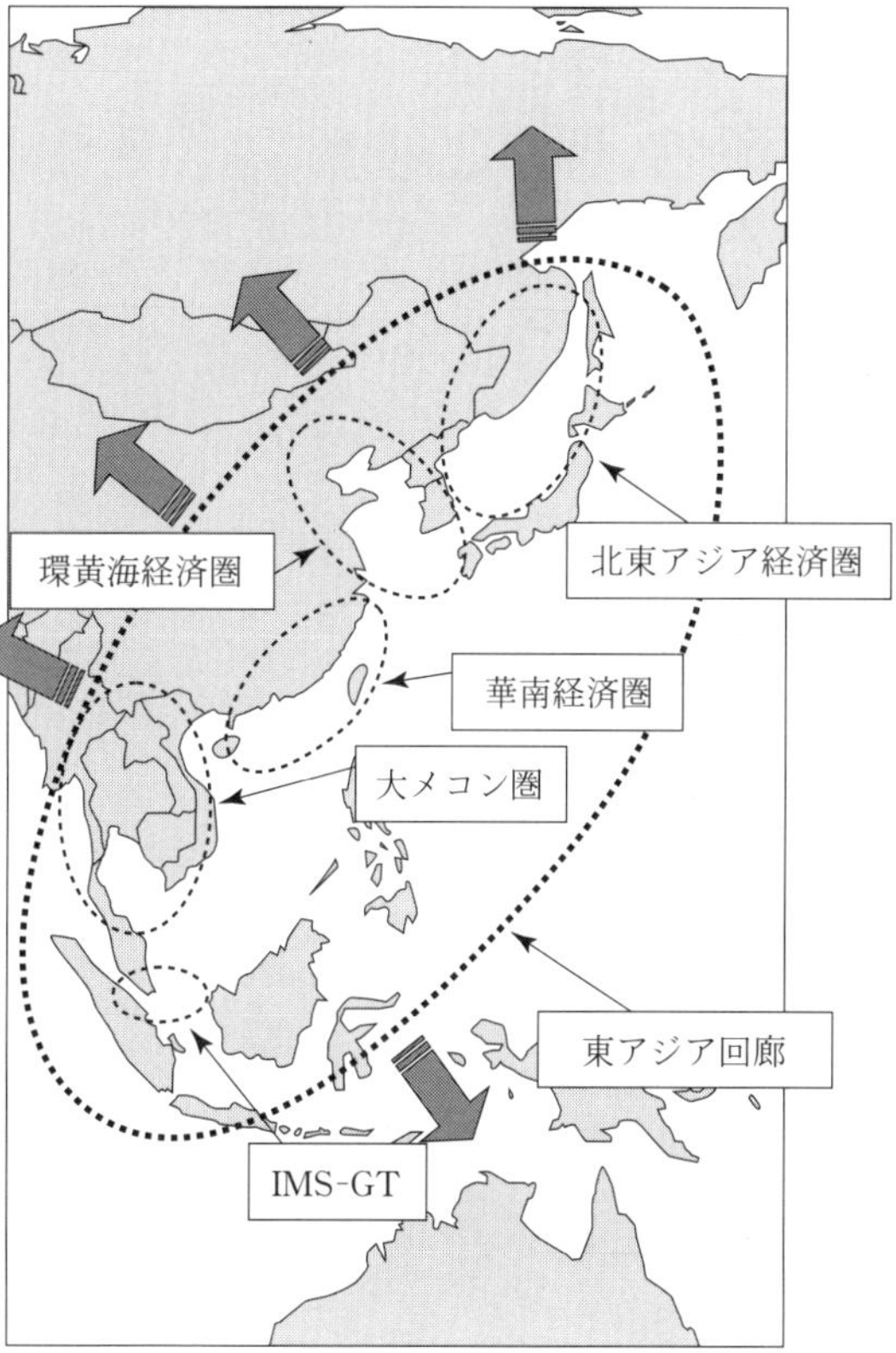

る結合ではなく、図4―1（七七頁）で示された帯は、人々が共生する、また、四方への広がりをもった「東アジア回廊」として形成されることとなる。この回廊のなかで往来・交流を深め、また、前章で述べた東アジアにおける経済共生に国民的コンセンサスとして最大限努力していく日本人に、よき東アジア人としての姿をみることができるのではあるまいか。

東アジア回廊の形成、ひいては、人々における、国民国家への帰属意識と共存する東アジアへの帰属意識の広がりのもとで、共通通貨の導入が東アジア諸国の具体的な取り組みの俎上にあがることになろう。欧州では統合開始から共通通貨の誕生までに約半世紀の歳月を要した。今日の交通・情報通信技術の発達、グローバリゼーションの進展等とを合わせてこれに鑑みれば、二一世紀最初の四半世紀にも東アジア回廊は形成され、そして、二〇三〇～四〇年には東アジアで共通通貨（ＥＡｓｉａ）が誕生することもあながち空想ではないのではなかろうか。そして、この共通通貨は欧州、南北アメリカ大陸を軸としてますます深化するであろう他地域における連携と相俟って世界経済発展の牽引の一つにもなっていくこととなろう。

その一方で、ＡＳＥＡＮ諸国の南アジア諸国への海外直接投資の進展などを通じて、東アジア回廊と南アジア諸国との間で人々の往来・交流が進んでいくことが予期される。そして、ＥＡｓｉａは、東アジアと南アジアの両者にわたる新しい共通通貨が誕生することによって、よりグローバルな通貨システムの構築のための基礎の一つとしてその任を達成するであろう。

二一世紀の出発点である今日、次の四半世紀にも実現しうる東アジアの姿として東アジア回廊が描かれる。これは、世界に開かれたなか、日本人、東アジアの人々の生活が、経済の持続的・安定的な発展、相互の往来・交流の活発化、安定した平和等を通じて、より豊かなものになっていくことの帰結である。日本は、東アジア諸国の一員として、東アジア回廊の形成を二一世紀最初の四半世紀に目指すべき日本の方向とし、経済分野にとどまらず幅広い分野において真に衡平な立場で東アジアの共生に取り組んでいくことが肝要であろう。これが、今日の日本がとるべき進路ではなかろうか。

【注】

（1）日本貿易振興会（ジェトロ）『２０００年版　ジェトロ貿易白書　世界と日本の貿易』二〇〇〇年。
（2）日本貿易振興会（ジェトロ）『１９９９年版　ジェトロ貿易白書　世界と日本の貿易』一九九九年。

【第Ⅰ部・参考文献】


総合研究開発機構、政策研究（1997.VOL.10 NO.10, 1999.VOL.12 NO.1, 1999.VOL.12 NO.4, 2000.VOL.13 NO.5, 2000.VOL13 NO.7）

SHINYASU HOSHINO, How Can Human Security be Placed on the Regional Collaborative Agenda ?, THE ASIA-AUSTRALIA PAPERS NO2, September 1999.

涂照彦『ＮＩＣＳ』講談社現代新書、一九八八年。

涂照彦『東洋資本主義』講談社現代新書、一九九〇年。

涂照彦編著『華人経済圏と日本』有信堂高文社、一九九九年。

進藤榮一編『アジア通貨危機を読み解く』日本経済評論社、一九九九年。

ベリー・アイケングリーン著、藤井良広訳『二一世紀の国際通貨制度』岩波新書、一九九九年。

経済産業省総合資源エネルギー調査会　総合・需給合同部会第一回総合部会及び第一回需給部会合同部会資料、二〇〇一年。

米国商務省著、室田泰弘訳『ディジタル・エコノミー２０００』東洋経済新報社、二〇〇〇年。

通商産業省資源エネルギー庁「総合エネルギー調査会需給部会中間報告」一九九九年。

中国国家発展計画委員会能源研究所『ＮＩＲＡ研究報告書「北東アジアのエネルギーと安全保障の研究――中国のエネルギー需給の展望と課題――」』総合研究開発機構、二〇〇〇年。

中国国家発展計画委員会能源研究所『ＮＩＲＡ研究報告書「中国のエネルギー・環境戦略――北東アジア国際協力へ向けて――」』総合研究開発機構、二〇〇一年。

（財）日本エネルギー経済研究所「アジアＡＰＥＣ諸国の石油セキュリティに関する政策動向」二〇〇〇年。

李志東、戴彦徳「硫黄酸化物汚染対策に関する日中比較分析」『エネルギー経済』二〇〇〇年三月号、日本エネルギー経済研究所。

国際エネルギー機関（ＩＥＡ）ホームページ（<http://www.iea.org/>）

韓国エネルギー経済研究院 "The Third Year of Planning Nation Action for United Nations Framework".

アジアパイプライン研究会「北東アジアの国際パイプライン」一九九八年。

神原達「北東アジアにおける地政学とエネルギー展開」『エネルギー・資源』Vol.21 No.3, No.4, 二〇〇〇年。

神原達、三関公雄「天然ガス指向を強める最近の中国」『石油／天然ガスレビュー』石油公団、二〇〇〇年。

通商産業省資源エネルギー庁長官官房国際資源課、石油部開発課編「二一世紀、脚光を浴びるアジアの天然ガスエネルギー」一九九九年。

Asia Pacific Energy Research Center "Emergency Oil Stocks and Energy Security", 2000.

吉川元忠『ＹＥＮは日本人を幸せにするか』ＮＨＫ出版、一九九七年。

吉川元忠『経済覇権』ＰＨＰ研究所、一九九九年。

日本経済新聞社『アジア　危機からの再生』日本経済新聞社、一九九八年。

日本経済新聞社『アジア　変革の世紀』日本経済新聞社、一九九九年。

斎藤次郎・石井米雄共編『アジアをめぐる知の冒険』読売新聞社、一九九六年。

斎藤次郎・石井米雄共編『続アジアをめぐる知の冒険』読売新聞社、一九九七年。

斎藤次郎・濱下武志共編『アジア大混乱』ＮＴＴ出版、一九九八年。

石見徹『国際通貨・金融システムの歴史』有斐閣、一九九八年。

浜田宏一『国際金融』岩波書店、一九九八年。

鬼塚雄丞『国際金融』東洋経済新報社、一九九五年。

原洋之介『グローバリズムの終焉』ＮＴＴ出版、一九九九年。

横浜市立大学『第一七回よこはま二一世紀フォーラム　ヨーロッパ統合と日本』二〇〇一年。

青木保・佐伯啓思編著『「アジア的価値」とは何か』ＴＢＳブリタニカ、一九九八年。

森嶋通夫『なぜ日本は没落するか』岩波書店、一九九九年。

森嶋通夫『日本の選択』岩波書店、一九九七年。

菊地悠二・浜田宏一『国際金融の解明』有斐閣、一九九七年。

中曾根康弘『二十一世紀　日本の国家戦略』ＰＨＰ研究所、二〇〇〇年。

アジア開発銀行著、吉田恒昭監訳『アジア変革への挑戦』東洋経済新報社、一九九八年。

世界銀行著・白鳥正喜・監訳・海外経済協力基金訳『東アジアの奇跡』東洋経済新報社、一九九四年。

勝悦子『グローバル・キャピタル革命』東洋経済新報社、一九九九年。

藤原帰一「グローバリゼーションとは何か」『グローバル化した中国はどうなるか』新書館、二〇〇〇年。

深川由起子「日本からみた北東アジア経済協力」『グローバル化した中国はどうなるか』新書館、二〇〇〇年。

United Nations *World Population Prospects The 1998 Revision.*

インゲ・カール、イザベル・グルンベルグ、マーク・Ａ・スターン編、ＦＡＳＩＤ国際開発研究センター訳『地球公共財』日本経済新聞社、一九九九年。

西川聰編『図説　日本の生命保険』財経詳報社、一九九四年。

梶山恵司『マルクのユーロ戦略と円の無策』ダイヤモンド社、一九九九年。

後藤田正晴『後藤田正晴の目』朝日新聞社、二〇〇〇年
山本吉宣『国際的相互依存』東京大学出版会、一九九六年。

田中明彦『新しい「中世」』日本経済新聞社、一九九六年。

川勝平太『文明の海へ』ダイヤモンド社、一九九九年。

大西健夫・岸上慎太郎編『EU　統合の系譜』早稲田大学出版部、一九九八年。

大西健夫・中曽根佐織編『EU　制度と機能』早稲田大学出版部、一九九五年。

大西健夫・岸上慎太郎編『EU　政策と理念』早稲田大学出版部、一九九五年。

竹内好『日本とアジア』ちくま学芸文庫、一九九三年。

松本健一『竹内好「日本のアジア主義」精読』岩波現代文庫、二〇〇〇年。

サミュエル・ハンチントン著、鈴木主税訳『文明の衝突』集英社、一九九八年。

関志雄『円圏の経済学』日本経済新聞社、一九九五年。

関志雄『円と元から見るアジア通貨危機』岩波書店、一九九八年。

大内秀明『東アジア地域統合と日本経済』日本経済評論社、一九九八年。

唐沢敬『アジア経済　危機と発展の構図』朝日選書、一九九九年。

浦田秀次郎・木下俊彦編著『アジア経済：リスクへの挑戦』勁草書房、二〇〇〇年。

渡辺利夫編著『アジア・ルネッサンスの時代』学陽書房、二〇〇〇年。

榊原英資『国際金融の現場』PHP新書、一九九八年。

船橋洋一『同盟を考える』岩波新書、一九九八年。

通商産業省通商調査室編『Q&A　グローバル経済と日本の針路』通商産業調査会、二〇〇〇年。

日本貿易振興会アジア経済研究所、韓国対外経済政策研究院「日韓共同シンポジウム二一世紀の日韓経済関係緊密化に向けて」二〇〇〇年。

日本貿易振興会アジア経済研究所研究企画部「二一世紀日韓経済関係研究会報告書」二〇〇〇年。

Chang-Jae Lee "Northeast Asian Economic Cooperation : The Need for a New Approach" NIRA REVIEW, Autumn 2000

Ippei Yamazawa "After the Asian Crisis : The View From Japan" NIRA REVIEW, Autumn 2000.

Chalongphob Sussangkarn "A Framework for Regional Monetary Stabilization" NIRA REVIEW, Autumn 2000.

Denis Hew and Mely C.Anthony "ASEAN and ASEAN+3 in Postcrisis Asia" NIRA REVIEW, Autumn 2000.

Robert Frank "European History, European Identity, European Integration", NIRA Workshop (European Construction From the Perspective of European Citizens and Its Implications for East Asia), 2000.

Byung-Koo Cho "Economic and Regional Integration in East Asia" NIRA Workshop (European Construction From the Perspective of European Citizens and Its Implications for East Asia), 2000.

Isao Hirota "French public opinion and European Construction", NIRA Workshop (European Construction From the Perspective of European Citizens and Its Implications for East Asia), 2000.

Zanny Minton Beddoes "From EMU to AMU ? The Case for Regional Currencies", FOREIGN AFFAIRS, July/August 1999.

Kim Young-Hieie "Asian Values and an Asian Community",（韓国）『中央日報』（二〇〇〇年一一月三〇日）。

C. Fred Bergsten "America and Europe : Clash of the Titans?", FOREIGN AFFAIRS, Volume 78 No.2.

Samuel P. Huntington "The Lonely Superpower", FOREIGN AFFAIRS, Volume 78 No.2.

Karoline Postel-Vinay "Local actors and international regionalism : the case of the Sea of Japan Zone", The Pacific Review, Vol.9 No.4, 1996.

第Ⅱ部　東アジアにおける連繋・連携と日本

第一章 交通体系等からみた東アジアにおける相互依存深化の進展

財団法人・国際開発センター

はじめに

世界規模における市場経済浸透の趨勢は、世界の主要な地域の多くにおいて経済活動を中心として国を越えた相互依存関係の深化、統合をもたらしつつあるが、こうした動きは東アジアにおいても例外ではない。東アジアの経済発展は、特に一九八五年のプラザ合意後、日本を中心とする「先進各国からの直接投資」を獲得し、米国を中心とする「先進各国の市場への販売」を行うというういわゆる「外資導入・輸出指向型発展形態」の下で実現されてきた。一方、東アジア各国の経済発展に伴い、

①発展途上国間において発展水準の格差が拡大することに伴う相互補完関係の顕在化、②東アジア各国の市場としての位置づけの高まり、が生まれ、東アジア発展途上国相互間の経済関係が徐々に深まり、東アジア域内全体の経済相互依存関係も深化した。東アジア各国の経済はこれまでの米国、日本を中心とした先進国との一対一の関係から、徐々に他の域内複数国を加えたネットワーク的な関係へと変化しつつあるものと思われる。

このような東アジアにおける相互依存関係の深化は、交通インフラの整備、ハード・ソフト面を含む各種技術革新にも支えられ、東アジアの各国・地域間の物流、人流、情報交流を急速に拡大させた。また、歌謡曲、ＴＶドラマ、映画など、いわゆる市民レベルの文化面においても、若者を中心として相互の関心が急激に高まっていると考えられる。こうしたなか、東アジアの多様な文化・民族・言語等は人々相互の関心、興味を高めることに寄与しているものとみられる。

一方、東アジアのダイナミックな経済発展のなかで、東アジア沿岸部における国境を跨ぐいくつかの局地的な地域において、隣接地域それぞれが有する比較優位を相互に活用しあうという経済圏が自然発生的に生起した。この局地経済圏としては、①シンガポール、マレーシアのジョホール州、インドネシアのバタム島などにわたる「ＩＭＳ―ＧＴ（Indonesia Malaysia Singapore–Growth Triangle）」、②ミャンマー、ラオス、タイ、カンボジア、ベトナム、中国雲南省によって形成される「大メコン圏」、③香港、台湾、中国の広東省、福建省、海南省を中心に周辺地域への拡大がみられる「華南経済圏」、④日本の九州・山口、朝鮮半島の西岸部、中国の北京市、天津市、遼寧省、河北省、山東省などからなる「環黄海経済圏」、⑤日本の日本海沿岸部、朝鮮半島の東岸部、中国東北部、極東ロシアなどからなる「北東アジア経済圏」などがあげられる。なお、局地経済圏は、上述したように、自然発生的な性格を有していることもあり、それぞれの地理的範囲については種々の見方がある。そして、これらの局地経済圏において、経済圏としての熟度は種々異なるものの、より緊密な相互依存関係が構築されるとともに、特に、通勤・買物・旅行など人々の日常生活的な交流が進展しつつあることは注目される。局地経済圏は、東アジアにおける経済相互依存関係の深化、人々の交流の広がりが具体化しつつある空間として位置づけることもできるのではないだろうか。

ここでは、こうした認識にたって、それぞれの局地経済圏の現状、局地経済圏相互が接合し上述した空間が広がっていく可能性、また、東アジアにおける相互依存関係の深化、人々の交流の広がりを支える交通ネットワークの整備のあり方とこれをめぐる日本の役割について述べることとする。なお、局地経済圏については、東アジアにおいて既に形成・発展の過程に入っている代表的な経済圏という観点から、上述した五つの局地経済圏をとりあげることとした。

第一節　局地経済圏の現状

五つの局地経済圏は、それぞれ、形成過程、発展段階、地理的な広がりなどを異にするものであるが、その一般的な特徴として、国家間の協定等を伴わない（これが先行しない）なかでの相互補完関係の顕在化ということに加えて、概ね、次のようなことが指摘できるだろう。第一は、資本が相対的に豊富な地域が、通貨切り上げ、賃金の上昇、労働力や土地の確保の問題などに直面し、当該地域から国境を跨いだ隣接地域への投資が進展したことである。そして、両地域間における貿易も活性化した。第二は、「ＩＭＳ―ＧＴ」を除くと、資本主義経済圏と社会主義経済圏に跨がって形成されていることである。社会主義国の市場経済化、対外経済関係の拡大を中心とする経済自由化の進展のなかで経済交流が発生、拡大している。

端的に言えば、東アジアにおける局地経済圏を構築し発展させるキーワードは、比較優位にもとづく「構造転換連鎖」とその効果の「域内循環メカニズム」である。それでは、五つの局地経済圏それぞれの現状について考察してみよう。

1　ＩＭＳ―ＧＴ（Indonesia Malaysia Singapore—Growth Triangle）

ＩＭＳ―ＧＴについてはここでは、インドネシアのリアウ、西スマトラ、マレーシアの四州（ジョホール、メカラ、ネゲリ、センビラン、パハン）及びシンガポールを想定する。面積は二三万一〇三平方キロ、人口は一六六七・五万人である。ただし、単一の経済圏として機能しているのはインドネシア・リアウ州のバタム島、マレーシア・ジョホール州、シンガポールの範囲（面積約二万平方キロ、人口約六〇〇万人）である。当該局地経済圏を構成する地域は相互に近接しており、シンガポールとインドネシアのバタム島は二〇キロ、シンガポールとマレーシアのジョホール・バルはわずか一・二キロの距離にある。

ＩＭＳ―ＧＴ形成の発端は、八〇年代に用地コスト及び労働コストの高騰に直面したシンガポールの製造業が、製造ラインをマレーシアのジョホール及びインドネシアのバタムに計画的に移設したことに始まる。シンガポールの工業化は積極的な外資企業の誘致によって進められたが、八〇年代以降、シンガポールは急激な経済成長による賃金の高騰等を受け、付加価値の低い産業は賃金の低い周辺諸国へシフトさせ、シンガポールには付加価値の高い産業を集積させるという産業構造の高度化に向けた政策をとってきた。人口、土地及び資源の制約の厳しいシンガポールが持続的経済成長を達成していくためには、各国の賃金格差及び集積産業の相違等の比較優位性を相互活用するなかで、持続的経済成長の恩恵を享受し合うという周辺諸国との経済協力をベースにした経済圏の拡大の戦略が不可避であったためである。マレーシア、インドネシア両国も自国の工業化の推進、特に経済的に遅れの目立ったジョホール及びバタム地域の発展促進・雇用確保を実現するうえで、シンガポールからの投資受入は重要であった。

各地域の間の補完関係としては、シンガポールは、熟練労働者、マーケティング、経営ノウハウ、資本及びグローバルなリンケージをもった港湾・空港サービスをインドネシア及びマレーシアに供給し、インドネシア及びマレーシアは、土地、ガス、水及び労働力等をシンガポールへ供給するというものである。具体的な取り組みとしては、シンガポールの産業高度化を推進する政府系企業であるシンガポール技術工業公団（Singapore Technologies Industrial Corporation）がインドネシアの財閥等と出資しあって合弁会社を設立し、団地の造成・開発等を行っている。

ＩＭＳ―ＧＴと域外経済圏との相互依存の進展状況をみると、ＩＭＳ―ＧＴの成長を支えてきたシンガポールの貿易量は、対東アジア、米国及びＥＵともに著しく拡大している。対東アジアで見てみると、マレーシアとの貿易量の伸びが著しい。もう一つの特徴として、華南経済圏及びメコン経済圏の中核である香港及びタイとの貿易関係が急速に深まってきている。

一方、人流についてみると、域内での日常生活的な交流の進展が見られる。ジョホール・バルからは毎日四万人規模の人々がシンガポールに通勤しているといわれており、反対に、シンガポールからジョホール・バルへの買物客等も見られる。

ＩＭＳ―ＧＴの今後については、労働力の不足にどう対処するかが課題となっている。マレーシアのジョホール州では、八〇年代以降の海外直接投資の受入拡大により労働力不足が深刻化している。労働力の不足は賃金の上昇圧力となり、高騰する賃金コストがボトルネックとなり比較優位を失う恐れがある。この労働力不足対策として、インドネシアの労働力の受入れを検討している状況にある。

また、ＩＴ（情報技術）を活用した、資本集約産業から知識集約産業への産業構造の高度化のための取り組みが進展している。シンガポール、マレーシア及びインドネシアでは、経済戦略のなかにＩＴを位置づけ、情報通信基盤整備や情報通信産業の育成に力を入れており、このような動向の展開に伴って、ＩＭＳ―ＧＴから、マレーシアにおいてＩＴの振興に力を入れているクアラルンプール・セランゴール地域、ペナン地域を経由して、メコン経済圏のタイに繋がる連鎖がいっそう強化されるものと考えられる。

2　大メコン圏

大メコン圏はメコン流域五ヶ国（ミャンマー、ラオス、タイ、カンボジア、ベトナム）と中国の雲南省をさす地域である。メコン河の流域を念頭においた地域概念は、一九六〇年代に国連のアジア極東委員会が提唱した「メコン流域総合開発計画」に端を発している。この地域は、第二次世界大戦終結後の東西冷戦構造のなかで、植民地からの民族独立と経済開発という二重の課題を背負うこととなった。その後、東西冷戦の崩壊によって、これら諸国は共通のビジョンの達成に向けて共同の歩調をとることが可能となった。これが地域内国際機関であるアジア開発銀行（ADB）の支援のもとで、自らの選択によって主体的に共通のビジョンを追求し、開発のプロセスを共有する概念としてGMS（Greater Mekong Sub-region）が形成された基本的背景である。

大メコン圏は約二億三七〇〇万人の人口（一九九六年推計）を擁し、その総面積は二三〇万平方キロ（日本の約六倍）に及ぶ。これらの諸国は国境を接しており、メコン河を共有している。九六年のGSM諸国の国内総生産額は約一九〇〇億ドル（二〇兆円で日本の二〇分の一程度）と推計されている。一方、構成国の一人当たり国民所得には大きな較差が存在する。タイが三一〇〇ドルであるのに対してカンボジアは二八〇ドルにすぎない。しかも、この地域では九〇年代に入ってから、年率一人当たり六～一〇％の高い経済成長を続けていたが、九七年のアジア金融・経済危機で大きな打撃をうけた。ところで、各国の天然資源は豊富である。雲南省、ラオス、ミャンマーには莫大な水力資源がある。また、ミャンマーとラオスには森林資源が豊富にあり、人口密度もきわめて低い。ミャンマーとカンボジアにはいまだに耕作地が豊富に存在している。一方、タイはすでに急速な工業化を達成している。ベトナムは人的資源が豊富である。この地域のこうした多様性は相互の補完関係の構築に適しているといえよう。

事実、GSM諸国の貿易動向（ただし、中国雲南省を除く）をみると、ベトナムからタイへの輸出を除いて、その他の輸出入は九一年から九六年の五年間においてすべて倍以上の増加を示した。なかでもタイからカンボジアへの輸出は、貿易額としては小さいものの七三倍を記録した。海外直接投資についてみてみると、投資国としてのタイの位置づけが大きい。例えば、タイは八八～九七年累積実績でラオスにとって最大の投資国である。また、ミャンマーに対しては八八年～九九年一〇月の累計実績が一二・五億ドルで、第三位の投資国となっている。

一方、観光客を主とした国別データ（PATA：Pacific Asia Travel Association統計）に基づく域内の人流は約四九万人となっている。これはタイ―マレーシア（域外）間の人流の三分の一程度（九八年）で、その規模は必ずしも大きくないが、統計には表れない国境を跨いだ日常生活的な交流も進展している。例えば、タイとラオスの国境では、メコン河を越えて、ラオスからタイへ農産品が、タイからラオスへはタイ産の日用品が日常的に取引されている。

大メコン圏の経済圏としての発展水準は、他の経済圏と比較して必ずしも高いものではないが、今後の発展に向けて、タイ、ラオス、ベトナムの三国が国境手続を簡素化し、物流、人流を促進することについて合意する等、アジア開発銀行（ＡＤＢ）の支援を得て域内における連携が進展している。

3　華南経済圏

華南経済圏は、香港、マカオ、台湾、中国広東省、福建省、海南省（華南三省）から成り、中国の対外経済政策の転換を契機に生成して二〇年以上経過した。華南経済圏の経済規模（一九九九年）は、面積三七万平方キロ、人口一億四〇〇〇万人、ＧＤＰ五九七七億米ドルである。面積、人口は日本とほぼ同じ、ＧＤＰでは日本の七分の一程度の規模である。これを中国との比較でみると、面積は中国の四％、人口では一一％にすぎないが、ＧＤＰ規模では六〇％に達する。華南は既に経済規模でアセアンを上回り、九九年にはアセアン主要五カ国を合わせたＧＤＰ規模の一・二三倍に達した。

華南経済圏内では、面積比で一割、人口比で二割を占めるにすぎない香港と台湾が、GDPの七五%を占めている。したがって、華南経済圏といっても香港、台湾と中国華南三省との間には大きな偏りがあり、土地と労働力は華南三省に、経済力（資金）は香港と台湾に集中しているとの見方ができる。

華南経済圏は中国の対外経済政策の転換を契機に生成し、①中国の改革・開放政策の推進、②台湾の対中国政策の転換、③プラザ合意以降の世界経済調整、を通じて拡大し、二〇年以上経過した。九〇年代に入って改革開放政策が加速し中国の投資環境がいっそう整備されると、香港、台湾企業の華南進出が本格化しただけでなく、日本、米国、欧州、それに最近では韓国企業まで華南進出に拍車がかかった。特に九二年の鄧小平による「南巡講話」以後、中国のビジネス拠点である香港への外国企業の進出ラッシュが続き、香港経済が加熱すると不動産や賃金の急騰に苦しむ製造業は高付加価値部門から製品開発までの全製造工程及び管理部門までも広東省へシフトし始めた。また、アジア経済危機後、経済のグローバル化が進展するなかで東アジアにおいて国際分業再編に向けた動きが活発化し、電子電機など機械産業では既に一定規模の産業集積を擁する華南地域に日本、台湾、欧米など外国部品メーカーやセットメーカーが大挙して進出する動きがみられる。

こうした華南経済圏の経済的な強さには、域内を形成する基盤、特に人的関係と経済的補完関係が強固であるということが大きく影響している。同一民族で文化・言語を共有するだけでなく、互いに地縁、血縁の関係にある人が多い華南経済圏は、経済的には、香港、台湾及び華人・華僑が資本、技術・経営ノウハウ、情報を供給し、中国側は低廉かつ豊富な労働力、広大な土地及び巨大な潜在市場を有しているという点で相互補完関係にある。

これからの華南経済圏を展望するうえで何よりも注目すべきことは、中国、台湾のWTO加盟であろう。これによって中国と台湾との間の経済交流は更に活発化し、華南経済圏はいっそう発展することが考えられる。中国のWTO加盟は、経済取引に関する中国のルールや諸制度が世界標準に近づくという含意をもつものであり、中国の貿易や中国への投資が促進される。短期的には中国の輸入が増加し、経常収支が悪化するとみられているが、中長期的には外国直接投資の増大や国内競争の激化などによって中国の産業力は着実に増強するものと思われる。また、中国のWTO加盟は、中国とアセアンなど東アジア諸国との間で水平分業がいっそう活発化するなど、現在進展している中国と東アジア諸国の国際分業再編にも大きな影響を与える。中国のWTO加盟によって、中長期的には、中国の産業競争力が強化される方向でアジアの産業地図も塗り替えられていくことになろう。華南経済圏は、今日では、IT関連機器など電子電機産業において世界有数の生産基地へと成長しているが、今後、グローバリゼーションの進展によって、中国内陸部のみならず、シンガポール、マレーシア、タイなどアセアン諸国あるいは中国の他の地域を含む北東アジアなどとのリンケージを強めていくこととなろう。

4　環黄海経済圏

環黄海経済圏（ここでは、日本の九州・山口地域、韓国の西部地域である五市五道、中国の北京、天津の二市、遼寧、河北、山東の三省を想定する）は、総面積約六二万平方キロ（日本の約一・七倍の地域を包含）、人口約二・六億人（日本の二・二倍）、GDPでは約九九〇〇億ドル（日本の約四分の一）を有する。韓国の経済発展地域を包含し、中国も首都北京を中心に渤海沿岸諸都市を含み、上海、華南と並ぶ沿海部の主要地域の一つである。日本の九州地域も福岡、北九州の政令指定都市を中心に一定規模の経済力をもっており、環黄海経済圏は日本、韓国、中国のなかでも比較的発展水準の高い地域の集まりと考えることができる。

環黄海経済圏の形成を加速した要因として、日本、韓国両国の経済が自国通貨高、労働コストの上昇に直面するなかで、中国の市場経済化と沿海地域における対外経済開放が進展したことがあげられよう。日本・韓国の技術・資本と、低廉で豊富な労働力、一定の技術水準の蓄積、大きな潜在的市場を有する中国沿海部との補完関係の構築という経済発展ポテンシャルの存在を浮かび上がらせることとなった。また、環黄海経済圏は、歴史的・民族的につながりの深い地域であることも経済圏の促進を後押ししている。例えば、山東省には韓国系の中国人が多く居住しており、こうした地域間のつながりは投資活動等にも反映されている。

域内における相互依存関係の進展についてみてみると、まず、韓国とこの経済圏に属する中国二市三省との経済関係が密接になっていることを指摘することができる。韓国からこの地域への海外直接投資額は日本のそれに接近してきている。そして、こうした動きを反映して、韓国と中国二市三省との貿易量も高い伸びを示している。

また、人流についても、中国では北京と各都市を結ぶルートに加えて瀋陽―大連―青島の三都市間の航空ネットワークが充実してきており、福岡―大連間の旅客数も着実に増加している。このように、これまで必ずしもリンケージが強くなかった圏内地域間の関係が急速に強まっていることがうかがわれる。また、九州―韓国間では、飛行機、高速船、フェリーを活用したビジネス、観光・レジャーといった幅広い分野における交流が進展している。

今後の環黄海経済圏の動向について考えてみると、中国のＷＴＯ加盟を契機として圏内における補完関係が更に発展するものと考えられる。また、日韓両国企業間において、戦略的提携等が活発化しつつあるが、グローバリゼーションの進展のもとでこうした傾向も強まっていくことが考えられる。一方、北九州―大連間の環境協力等都市間ネットワーク・自治体間交流において大きな進展がみられており、今後、これらに加えて、日本と韓国が共催するサッカー・ワールドカップ（二〇〇二年）、韓国における対日文化開放などによって市民レベルにおける交流が大きく進展することが期待される。また、中国から日本への団体観光旅行が認められたこともこの圏域における人々の交流の広がりを増進するであろう。更に、東京―ソウル便の混雑にみられるように、九州・山口地域のみならず日本全体としてこの地域での交流が深まっていることも指摘できよう。

5　北東アジア経済圏

北東アジア経済圏は、日本海を中心に、環状に構成される経済交流域である。その構成地域は、日本及び韓国の日本海沿岸地域、中国東北三省（遼寧省、吉林省、黒龍江省）、極東ロシア地域、北朝鮮であり、さらにモンゴルを含む場合がある。

「北東アジア経済圏」あるいは「環日本海経済圏」と呼ばれる局地経済圏構想が日本で初めて語られるようになったのは、一九八〇年代後半のことである。それは、中国の開放政策により、計画経済から市場経済へ移行したことによって可能となったものである。北東アジアでは大きな経済力をもつ日本と韓国が豊富な技術・資本力、中国が豊富な労働力、ロシアが豊富な天然資源を有しており、それぞれがその比較優位を発揮、提供することで地域の発展ポテンシャルが顕在化し成長軌道に乗ることが期待できる。

北東アジア地域における貿易現況は、日本から、中国、ロシア地域へ、電機軽工業品などが輸出され、中国、ロシア地域から日本、韓国へは、木材、穀物、石炭などの原材料を中心に輸出されている。今後、北東アジア経済圏の相互交流を更にすすめるためには、近年、変化の見られる、政治的・経済的環境を直接・間接に利用することが重要である。その主な要因となる動きとしては、①南北朝鮮半島の政治的和解と経済交流の進展の可能性、②中国の世界貿易機関（ＷＴＯ）への加盟の可能性、③日本と韓国間の自由貿易協定締結の可能性、④企業の活発な国際連携強化、⑤情報インフラの整備、などが挙げられる。

しかしながら、今後の北東アジア経済圏の発展動向を展望することは極めて難しい。北東アジア経済圏は構成国それぞれの政治経済体制の相違に起因するさまざまな特殊性とその多様な展開の可能性・不確実性をはらんでおり、それらの要因を無視して域内協力をすすめることはできない。とはいえ、そうした現実的なハードルを踏まえつつも以下の四つの発展シナリオが考えられる。第一が、国連開発計画による「図們江地域開発構想」の進展と多国間協力、第二が、経済特別区方式による経済交流の進展、第三が、国境を跨いだ地方間経済交流、そして、第四が、日本、中国、韓国の三国による基軸形成、である。これらのうちのいずれか或いはいくつかが同時に進展するかどうかは、関係国の間で始まったばかりの協調への歩みが、今後どのように展開するかにかかっているといえる。

6　局地経済圏相互の接続の可能性

これまでみてきたように、五つの局地経済圏は、規模、歩み、相互補完の内容、相互依存関係や人々の交流の程度などにおいて、それぞれ特徴を有するが、一般的には圏域内において相互依存関係が進展しており、また、人々の交流の広がりもみてとれる。日常生活的な交流も深まっているようである。そして、今後についても、圏域内の発展はもとより、相互の接続について種々の可能性を秘めていると考えられる。その一つの事例として、華南経済圏の地域的拡大と人的ネットワークを利用したアセアンとのつながりがみてとれる。

華南経済圏の域外との関係をみると、中国の他の地域や東アジア諸国とも経済的な結びつきを強めていることがわかる。まず、九二年に中国の改革開放政策がスピードアップし、かつ中国全土で沿海地域と同様の政策が適用されるようになると、香港、台湾からの投資が急増しただけでなく、東南アジアの華人企業までが香港を経由した対中国投資に積極的に乗り出すようになった。また、中国国内でも八〇年代に改革開放の恩恵を受け著しい成長をとげた広東企業などが、九〇年代に入って中国全土が開放されると他の沿海地域や内陸の主要都市に低賃金と市場を求めて進出し、さらに中国すべての省が対外経済を強化するため香港や広東に出先機関を設けるなど、華南経済圏は中国の他の地域との連携を強めている。こうした傾向はグローバル化の進展とともにいっそう拍車がかかると同時に、華南経済圏は東南アジアの華人企業を仲介して東アジアとの経済関係をも深めており、九〇年代に入ってアセアンからの直接投資が急増している。アセアン五カ国の対中投資額は九八年には四二億米ドルに達し、対中投資に占めるシェアも九〇年の一・七％から九八年には九・二％へと上昇している。こうしたアセアンからの対中投資の大部分は、華人企業によるものと推察され、かつこうした投資の多くは香港を経由して行われているのが実態である。

最近では、沿海部と内陸部の比較優位構造を反映して、ハイテク関連と輸出指向型産業は広東など沿海部に、労働集約的でかつ国内市場指向型産業は内陸部へと棲み分けがみられ、華南経済圏もその経済的影響を徐々に拡大する方向にある。

また、交通網を活用した経済圏間の物流が活性化することにより、局地経済圏相互の接続の可能性が高まっていることを想起させるような事例も観察される。典型的な事例のひとつは、鉄道ランドブリッジに関するもので、バンコク近郊のコンテナ・ターミナルとマレーシアの首都クアラルンプールに近いマラッカ海峡のクラン港との間で、一九九九年六月に定期コンテナ貨物列車の運行が開始された。区間距離は一五〇〇キロ、所要時間は六〇時間、当初は週二便で始まり、現在は週七便に拡充されている。通関の実態としては、通関業務は三時間で終了し、書類のチェックのみとのことである。複線区間の延長工事が行われており、また、今後、大型コンテナ（冷凍車）の導入が予定されている。大メコン圏（バンコク経済圏）とＩＭＴ経済圏（タイ南部、マレーシア西海岸地区）間の貨物内容をみると、一般雑貨四〇％、電子部品二〇％、自動車部品一〇％、食料品一〇％、建設資材一〇％となっており、両者の間で水平分業が行われているものと考えられる。このような地域間経済リンケージが進展すれば、将来的にはＩＭＴ経済圏を介した大メコン圏とＩＭＳ―ＧＴとの接合も予測される。

また、タイ南部地域とマレーシア工業地域との間で道路を利用した越境コンテナ輸送も急増している。ある陸上越境地点での通関貿易額は一六〇億バーツ（一九九六年）から六四〇億バーツ（九九年）

へと急増しており、タイ南部のゴム原料が陸路でマレーシアのゴム工場、あるいは、マレーシアの港を経由して輸出されているものと考えられる。これは、タイ・マレーシア間の垂直分業の進展を意味する。

ところで、上述した鉄道ランドブリッジの形成の要因はどのようなことであろうか。他の代替輸送機関に対する比較優位（海運では所要日数五～七日、コスト比較で一五～三〇％高）の他にも種々の要因があろうかと思われるが、他の局地経済圏への含意として、次の三つのことが挙げられる。第一は、自由貿易圏に関連した制度革新（関税の引き下げ）。第二は、コンテナ輸送という技術革新。これによって道路、鉄道、航空、海運を自由に選択できるように、地域間の経済関係の緊密化が促されたと考えられる。第三は、民営化というインフラ・マネジメント革新（市場指向型の経営）。これは、鉄道事業体において民営化が政策課題になるとともにクラン港が民営化された影響も大きい。加えて、コンテナの輸送管理、顧客への情報提供を可能とする情報技術革新もあげることができる。相互依存という基盤にたち、技術に敏感であり、市場経済を共有する東アジアにおいて、大メコン圏とＩＭＳ－ＧＴの接続・連結に向けた動きは、今後東アジアの他の地域でも一般的に見られるようになる先駆的な事例としてみていいのではないだろうか。この延長には、局地経済圏全体を囲むもう一つ大きな空間が浮かび上がってくるのではないだろうか。

第二節　東アジアの相互依存深化を支える交通ネットワーク

局地経済圏の現状をみるならば、これらを、東アジアにおける経済相互依存関係の深化、人々の交流の広がりが具体的・集約的に展開されてきている空間として位置づけてもあながち的外れというものではなさそうである。そして、この趨勢は今後も続いていくことが期待される。また、局地経済圏相互の接続も現実的なものとなりつつある。本節では、以上を踏まえつつ、局地経済圏それぞれの交通ネットワークの現況を手がかりにして、東アジアの相互依存深化を支える交通ネットワークの整備のあり方について考察してみたい。

1　五つの局地経済圏における交通ネットワークの現況

(1)　IMS―GT（図1-1）

IMS―GTの貿易・物流を支えてきたのが世界的にも高い整備水準にある交通インフラの存在である。寄航船舶数及びコンテナ取扱量（一九九八年）で世界一位のシンガポール港、IATA（国際航空輸送協会）のベスト空港の受賞を受けているチャンギ空港（四〇〇〇メートル滑走路二本）等、世界一級のインフラを備えている。陸上交通インフラでは、シンガポールが効率的な都市交通ネットワークを形成しているほか、シンガポールからマレーシアのジョホール・バル、クアラルンプールをへ

図1－1　IMS-GT交通ネットワークの現状と主要整備計画位置図

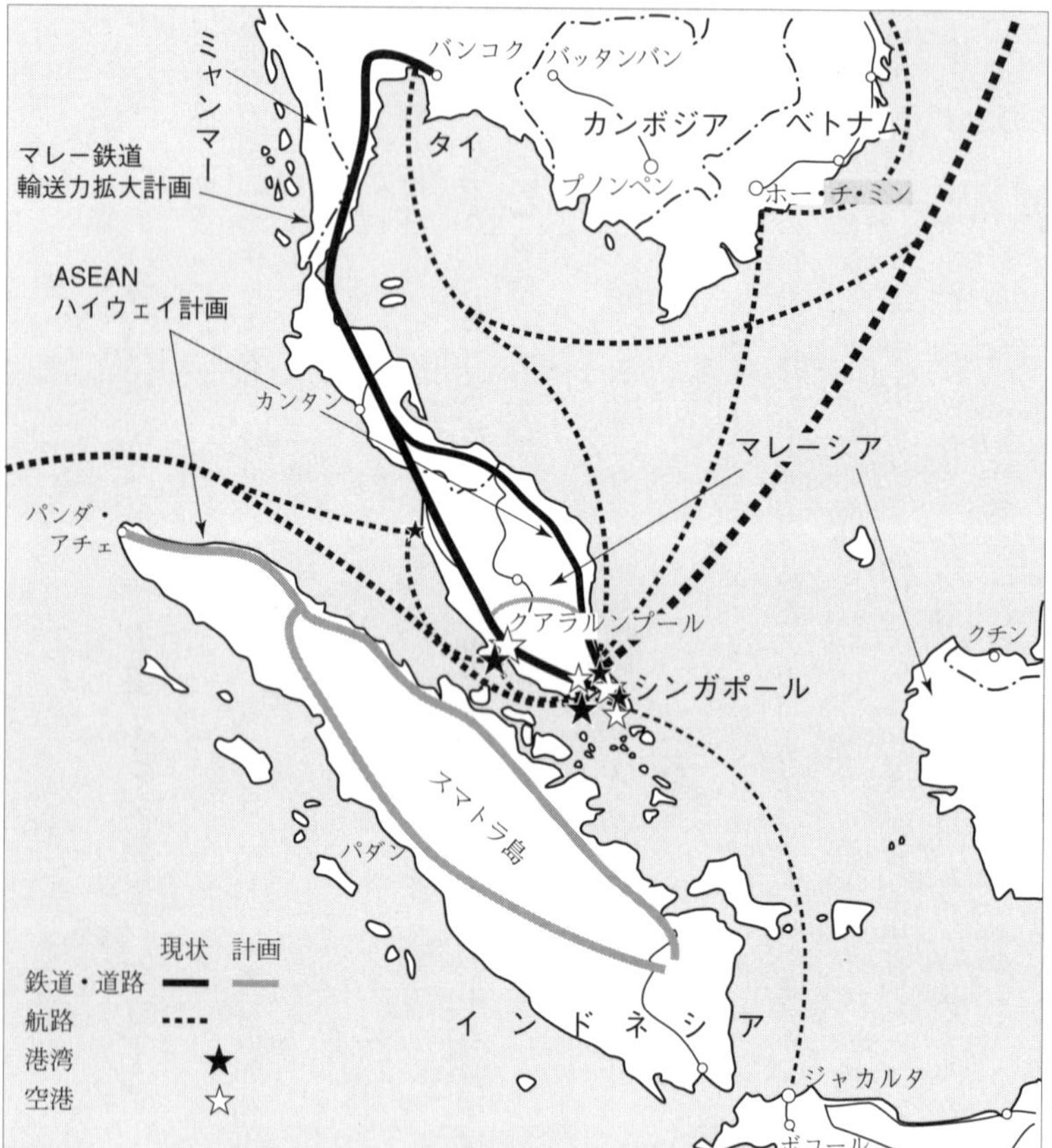

て大メコン圏の中心都市バンコクに至る鉄道、高速道路ネットワークが、域外との物流、人流を支えている。

ところで、これまでスーパーハブとしての地位を確保してきたシンガポール港、チャンギ国際空港と補完関係を築くべく、現在、マレーシアのジョホール州ではタンジュンペラパス港、セナイ空港の整備、インドネシアのバタム島ではカビル港、ハン・ナディム国際空港（四〇〇〇メートル滑走路）の整備が行われている。

このような交通インフラの域内競争は、ある意味でIMS―GTの開発が第二局面にはいっていることを示すのかもしれない。すなわち、従来はシンガポール一極を中核とする局地経済圏だったものが、マレーシアのジョホール及びインドネシアのバタムも海外からの直接投資の促進により地力をつけた。そして、このことが、多極的な局地経済圏開発への進展を支える交通インフラを求める動きに結びついている。

(2)　大メコン圏（図1－2）

大メコン圏では、域内交通ネットワークの未整備もあって、経済圏内での分業体制がいまだ十分に構築されていない。構成国のうちタイの交通インフラは、鉄道、道路、港湾、空港を含め一応の整備水準にあるといえるが、他の国についてはどの交通モードについても未整備又は整備途上の段階であり、構成国間を結ぶ交通インフラについても、一部について整備が開始された段階にすぎない。海上輸送に関しては、近年、インドシナ沿海部の輸送需要は伸びつつあり、アジアのフィーダーポートとしてタイのバンコク港、レムチャバン港、ベトナムのホーチミン港、ハイフォン港等が海上ネットワ

図1−2　大メコン圏主要交通ネットワークの現状と主要整備計画位置図

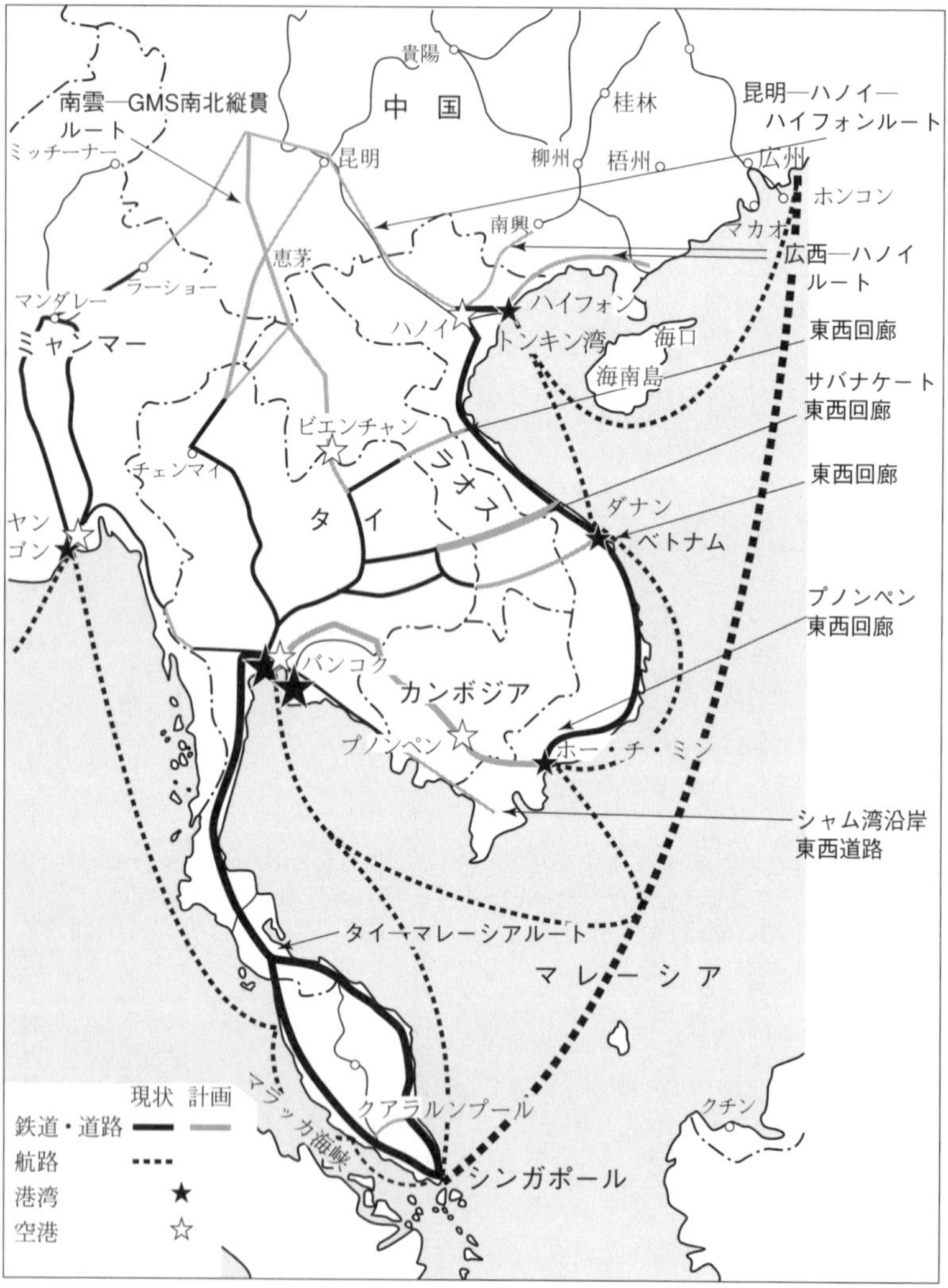

ークに組み込まれつつある。

大メコン圏の交通インフラ整備では、アジア開発銀行（ADB）が積極的にリードしている。東アジアではトランス・アジア・レールウェイやアセアン・ハイウェイの計画・整備が進められつつあるが、これまでの運輸セクターにおけるADBの支援実績と、今後の支援計画から判断すると、域内連携では、以下の四ルートの優先度が高いと考えられる。

（1）中国雲南省とタイ北部（チェンライ等）を連結する鉄道・道路・内陸水運による南北回廊

（2）雲南とベトナムのハイフォンを連結する鉄道・道路ルート

（3）中部サバナケート東西回廊（道路）

（4）南部プノンペン東西回廊（鉄道・道路）

域外との連携強化に関して、優先的に検討されるべきルートは以下の二ルートであろう。

（1）マレー半島を経由したタイ―マレーシア間の鉄道・道路・海運ルート

（2）中国華南・広西壮族自治区とベトナムのハノイ及びハイフォン港を連結する鉄道・道路ルート

(3)　華南経済圏（図1-3）

広東省は、省都である広州を中心に珠江デルタ地域、それに広西・福建に伸びる東西両翼地域、湖南へ伸びる北部山間地域にわたって、高速道路建設に重点的に取り組んできた。また、福建省も福州から厦門を経て広東省スワトウに通じる高速道路建設を第九次五カ年計画の一〇大建設の一つとして取り組んできた。その結果、今日では広東省を中心に沿岸部については、南は湛江、北は福州まで高速道路はほぼ整備されている。

鉄道に関しては、九〇年代に入って建設が進み、北京から九江を経由して深圳・香港に抜ける京九深圳鉄道が九七年の香港返還直前に開通したのをはじめ、広州―スワトウ線も完成している。また、現在、広州―珠海間の鉄道のほか、広東省と福建省を結ぶ路線や、湛江を経由し海南島に面する雷州半島の先端を結ぶ路線が計画・整備中である。また、福建省にはこれまで沿海部を結ぶ鉄道が一本もなく、また内陸に通じる鉄道も限られており、これらのことが福建経済の発展に悪影響をもたらしてきたことから、周辺省に通じる鉄道の敷設を急いできた。福州―厦門間、福州―温州間等の鉄道を敷設して浙江省から広東省へ抜ける沿海部の鉄道建設なども計画している。

外国との貿易を重視する華南にとって、港湾整備は重要課題である。ハブ港湾として君臨する香港だけでは対応が間に合わず、広東省は第九次五カ年計画で沿海部に位置する広州、深圳、珠海、湛江、スワトウの五つの港と珠江河口の筆慶港を重点港として整備している。また、福建省では、将来の港湾整備により、廈門、福州、眉州港等を中心とした港のネットワーク形成を目指している。

空港に関しては、ハブ空港として新香港国際空港が一九九八年にランタオ島北部に新たに開港したが、広東省には、広州に国際空港があるほか、深圳、珠海、スワトウ、湛江に基軸あるいは幹線空港を擁している。華南経済圏の成長とともに、国際航路の締結にも意欲を示し、アジアを中心とし欧米を両翼とする国際航路網の形成を目指している。

華南経済圏の交通に関しては、従来、珠江デルタの水運と香港・台湾を拠点とした海運・航空ネットワークが中心であったが、中国国内の交通インフラ整備が進むに連れ、そのネットワークも陸海空を合わせた複合的なものに広がりつつある。北京を中心とする華北地域、上海を中心とする華東地域

図１−３　華南経済圏交通ネットワークの現状と主要整備計画位置図

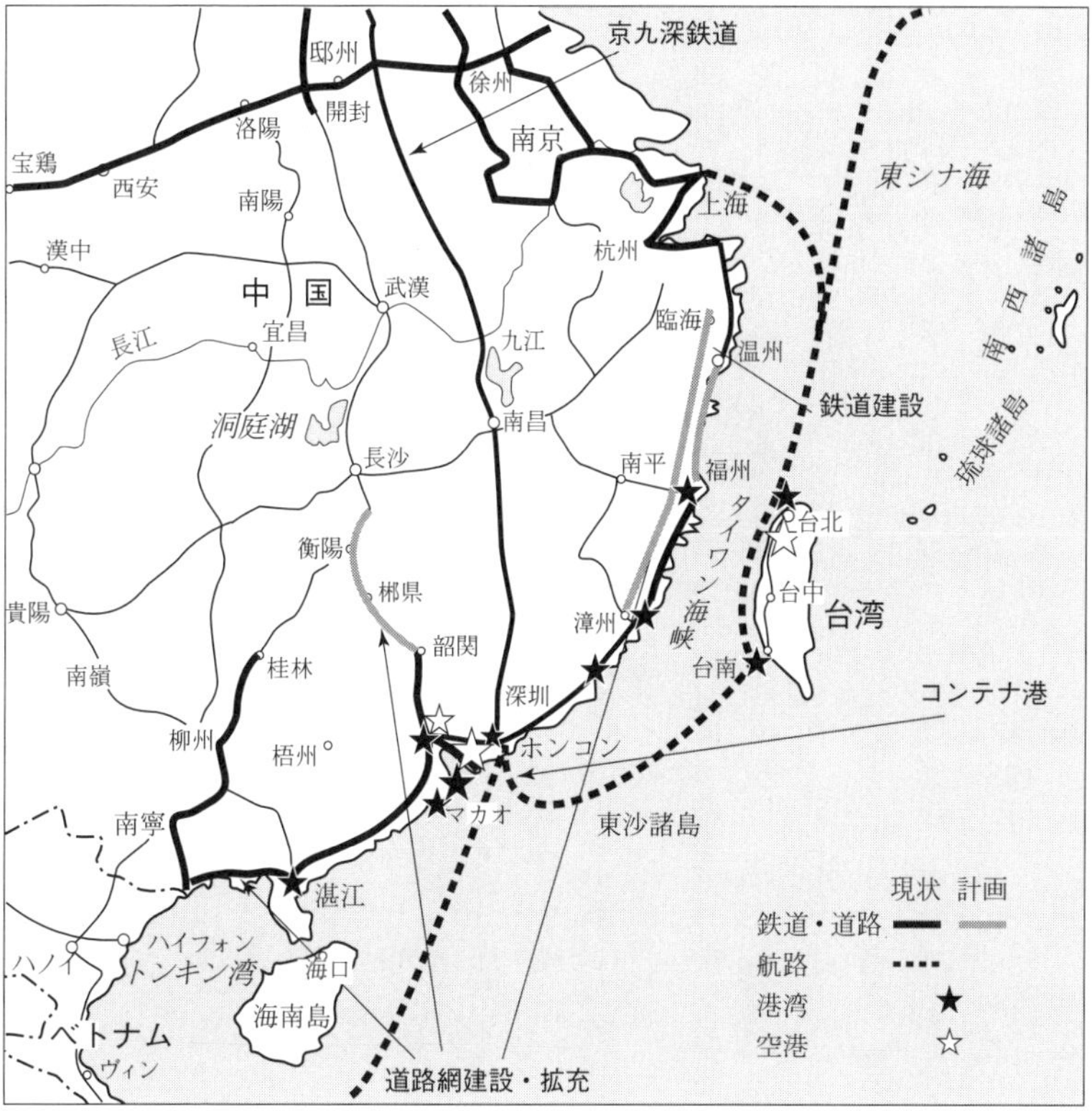

とのリンケージも深まりつつあり、また、その途中に位置する内陸諸都市と華南地域との物流も徐々に増えつつある。鉄道網、高速道路網の進展とともに、中国国内で整備されつつある複数の南北交通軸を介して、周辺地域との経済活動の上での相互依存関係が深まっているようである。

さらにもう少し長いタームをとれば、華南経済圏は大メコン圏とのリンケージも強化される方向にある。華南経済圏は広東の後背地である広西壮族自治区まで外延的に拡大し、かつ八〇年代末に中越間の国交が回復したこともあって、広西とベトナムとの間で貿易が復活している。現在、ベトナムでは、主要な南北軸としてホーチミンからハノイを経由して中国南寧方面につながる国道1号線の整備が進められており、また中国側では海岸沿いの別ルートとして南寧からトンキン湾（ハロン湾）方面に向かう高速道路が整備されている。これらのルートが完成すれば、華南経済圏は広西を経由し、ベトナムとの交流も更に進むものと思われる。

(4) 環黄海経済圏（図1-4）

環黄海経済圏は地理的に、北朝鮮によって朝鮮半島南部の韓国と中国との間の陸路が分断されていることや、日本が島国であることから、交通ネットワークは海路・空路に頼らざるをえない。日韓二国の国内に関しては、既に一定の経済発展レベルにあることもあり、主要都市／地域間を結ぶ高速・基幹道路はほぼ整っているが、鉄道については一部路線での高速鉄道の建設、導入が課題となっている。

中国国内では、他地域に先行する形で環黄海地域の道路整備が実施されてきた。東北部方面へは北京—瀋陽—丹東及び大連—瀋陽—長春が基幹路線として機能している。北京から南部方面へのルートとしては、①石家庄を経由して鄭州に至るルート、②済南を経由して青島・煙台に至るルート、③更に南に徐州に抜けるルートが中心となる。鉄道については、北京、天津と東北地域を結ぶ路線の整備とともに、石炭の主要産地である山西省から沿岸部の主要輸出港を結ぶ路線等について整備が行われてきた。また、現在、既存の鉄道の輸送能力が限界に達している北京—上海間一三〇〇キロに高速鉄道が整備される計画である。

図1－4　環黄海経済圏主要交通ネットワークの現状と主要整備計画位置図

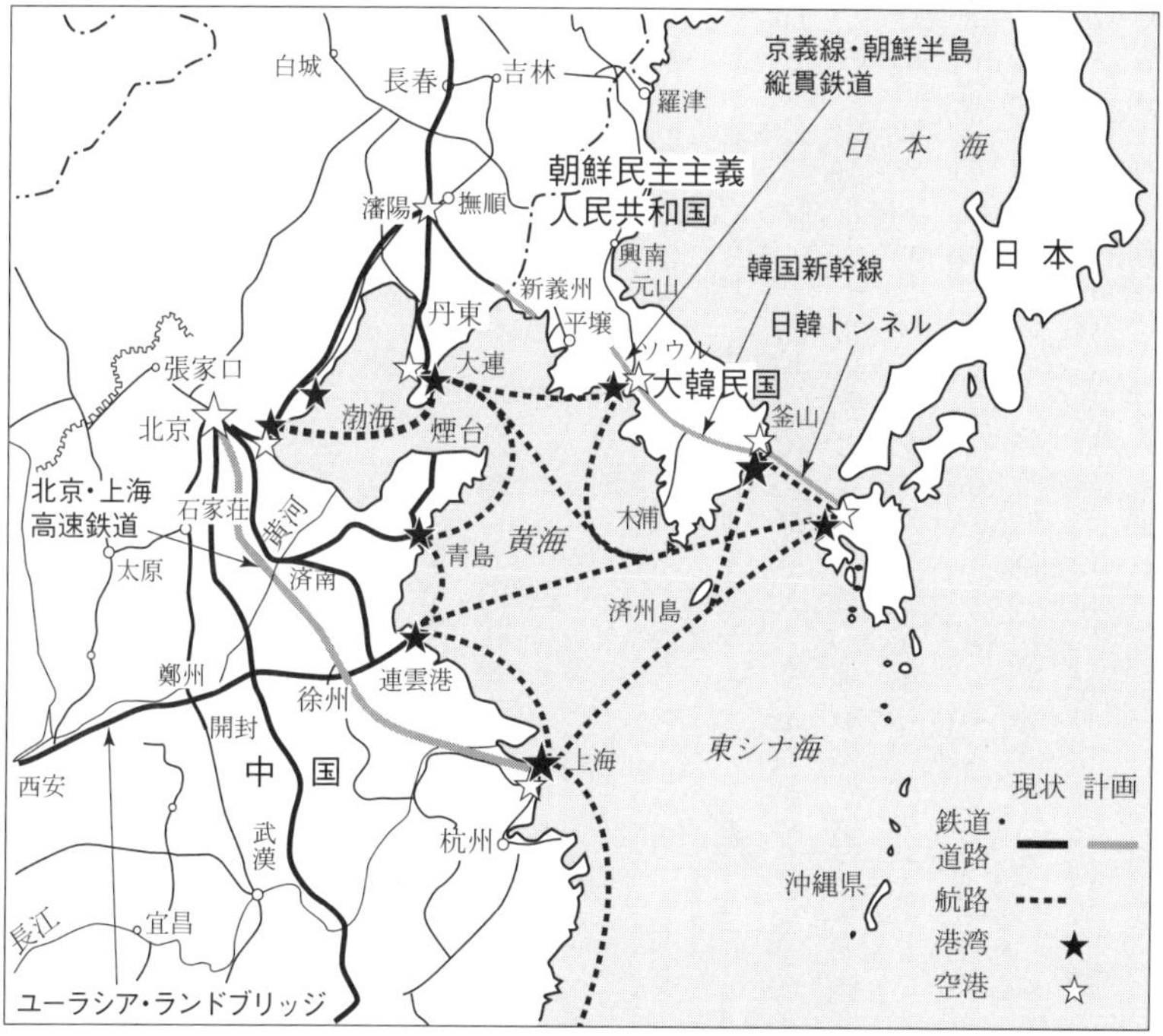

韓国―北朝鮮間の京義線は、ソウルと新義州を結ぶ全長約五〇〇キロの鉄道で一九〇六年に開通した。その後、五〇年に始まった朝鮮戦争によって破壊され、現在、軍事境界線を挟んで約二四キロにわたって分断されている。この路線についても韓国側では最近の南北和解ムードを背景に二〇〇〇年九月に復旧工事の起工式を執り行うなど新たな動きが見られており、北朝鮮側の対応が重要な鍵を握っている。

環黄海地域の港湾に関しては、北東アジア地域最大のコンテナ港である釜山港のほか韓国には仁川港、中国には大連、秦皇島、天津、青島、連雲港、日本には博多、北九州、下関港等の主要港湾が多く点在しており、一部の港では取扱量の増大とともに拡張が検討されている。空港に関しては、韓国のソウル（仁川国際空港が二〇〇一年に開港）、釜山、日本の福岡のほか、中国には、北京、大連、瀋陽、天津等に国際空港がある。

注目すべき今後の交通ネットワークとしては以下のものがあげられる。

・京義線、朝鮮半島縦貫鉄道
・韓国高速鉄道計画（ソウル―釜山）
・北京・上海高速鉄道計画
・ユーラシア・ランドブリッジ計画

将来的には、京義線の整備等で朝鮮半島を縦断する鉄道が開通し、また、北朝鮮経済の環黄海経済圏への参加が実現すれば、陸路による接続が大きな意味を持つ可能性も生じ、日韓トンネル構想などが注目を集めるであろう。

(5)　北東アジア経済圏（図1―5）

天然資源に恵まれ、広大な大地を有するモンゴル、中国・東北部三省、ロシア極東地方の経済発展を加速するには、貨物輸送のための長大な道路網や鉄道網の整備が不可欠であり、内陸部資源の輸出のための出海ルートが重要となる。この地域の鉄道による国際輸送の課題は、軌道幅の違いに起因する貨物の積み替えとリアルタイムの輸送情報の確保である。中国―ロシア、中国―モンゴル、ロシア―北朝鮮間のように軌道幅が異なる国境の積替えターミナルでは、一部の区間で広軌と標準軌のレール四本が併設されている。最近では、積替えターミナルの荷役機器の整備とともに、貨客ワゴンを台車から切り離して異なる軌道幅の台車に移動する技術等が開発され、軌道幅の違いによる種々の問題も解消されつつある。

図1−5　北東アジア経済圏交通ネットワークの現状と主要整備計画位置図

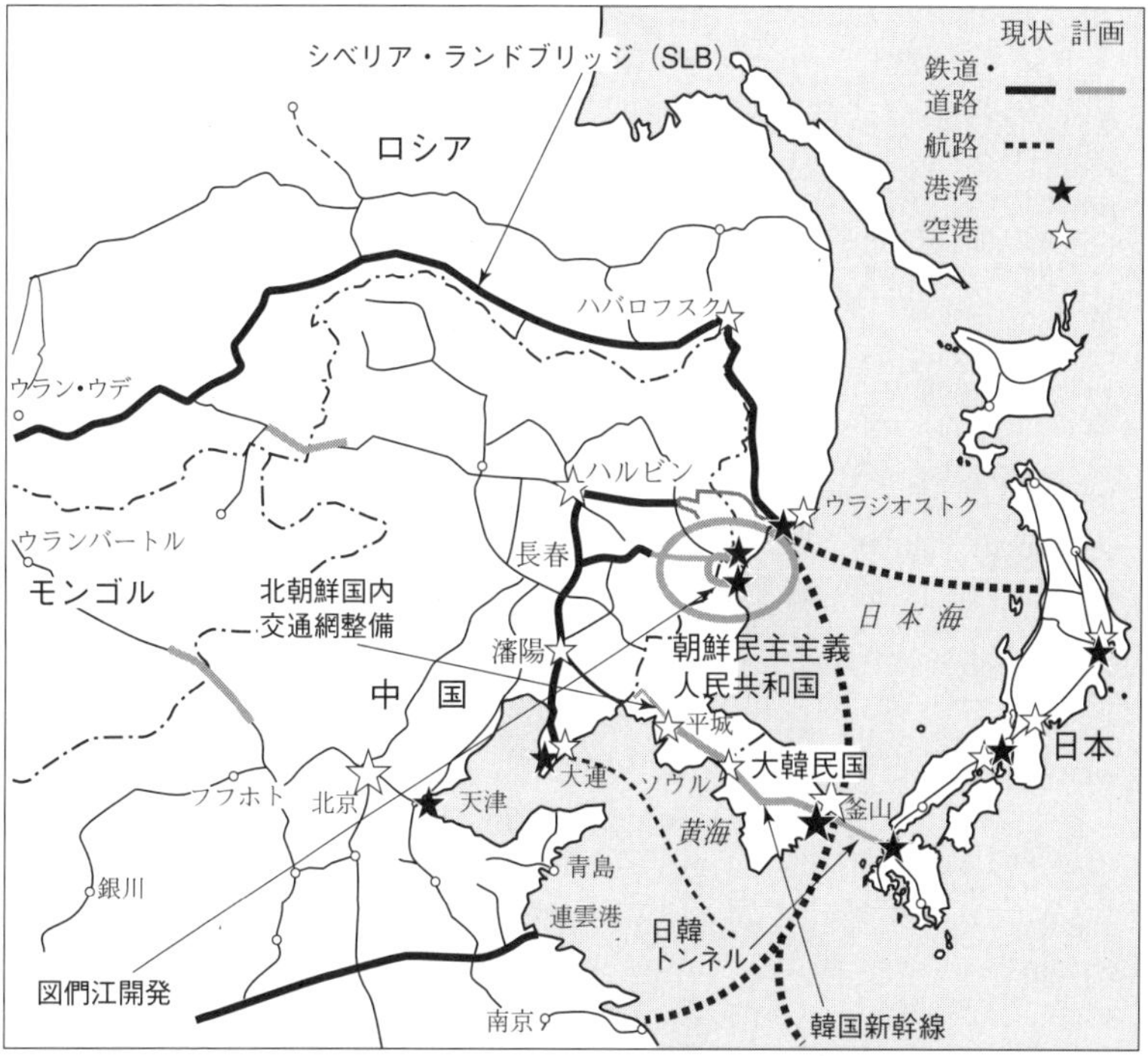

　また、日本海をはさんだ地理的条件から、港湾、空港による交通ネットワークも重要である。陸上輸送と海上輸送の結節点となる北朝鮮やロシア沿海地方の港湾は、航路水深、係留施設、荷役機器、保管施設（倉庫）等の整備の立ち後れが顕著である。

　北東アジア経済圏において今後重要と考えられる交通インフラは、経済圏内の鉄道網、道路網整備とともに、経済圏から外へ向けての交通インフラ（例：シベリア・ランドブリッジ及び大陸沿海州の港湾整備）、あるいは、環黄海経済圏とリンクするための交通インフラ（例：北朝鮮における鉄道・道路網整備）をあげることが出来る。また、北朝鮮経済の開放が進展すれば、図們江開発計画の再活性化と関連輸送インフラ（ザルビノ港、羅津港に接続する鉄道、道路ルート等）の整備が具体化されよう。

2　東アジア交通ネットワーク整備の課題と方向性

(1)　整備の課題

東アジアの交通インフラは、全体として各国内に多くの未整備区間を抱えている一方、これまで交通インフラ整備が集中的に行われてきた各国首都圏等の開発先進地域においても、混雑問題等への対応が十分というわけではなく、経済と人口の集中が引き起こした多くの交通問題を抱え、常に後追いでの対応を強いられているのが現状である。

こうしたなかで、シンガポール、マレーシア（ジョホール州）、インドネシア（バタム島）等で構成されるIMS―GTや、台湾、香港、中国広東省等の華南経済圏では、国境を越えての経済の補完関係が成立し、国境地域の経済開発、交通インフラ整備が積極的に進められた。その後、IMS―GTや華南経済圏の成功に触発されて、他の東アジア各国においても、これまであまり注目されてこなかった国境地域の開発ポテンシャルにようやく目が向けられるようになった。そして交通インフラの整備に向けた取り組みが進展している。

これまで各局地経済圏別に見てきた交通ネットワークについて、もう少し広い視点で、つまり横断的にそれぞれの整備水準等をみてみるならば次のように分類できるのではないだろうか。ただし、本研究では網羅的に交通プロジェクトを収集できているわけではなく、また、客観的な基準を明確に定めているわけでもないので、ここでの個々の事例については考え方の異なる場合が存在する。

❶ 比較的整備が進み交流が盛んなルート

比較的整備が進み交流が盛んなルートとして以下をあげることができる。

- 日本及び韓国国内の鉄道、道路、及び両国間の海上輸送、航空ネットワーク
- 中国の遼寧省と北京を結ぶ鉄道、道路、航空ネットワーク
- 中国の北京、上海、華南地域の三地域を相互に結ぶ鉄道、道路、航空ネットワーク

（ただし、一部に整備中の区間があるとともに、当該地域の人口・経済活動水準を考慮すれば、現在の整備水準で必ずしも十分とは言えない。ここではあくまで他の地域との相対的な比較において整理した）

- バンコクを中心とするタイ国内からマレーシア半島を縦断してシンガポールに至る鉄道、道路、海上輸送、航空ネットワーク
- 東アジア諸国の主要都市間、および域外とを結ぶ海上輸送、航空ネットワーク

❷ 施設の拡張・拡充の必要性が顕在化しつつあるルート

一部では既に輸送需要が施設容量を超えようとして規模拡大の必要性が顕在化しつつあるものや、高速化、輸送コスト低減等の新たな比較優位を導き出すために新規にとりかかるものもある。そのような区間・地点としては、以下をあげることができる。

- 韓国ソウル―釜山間鉄道（電化による輸送力増強、高速鉄道）
- 東京首都圏空港
- 中国の北京と上海を結ぶ高速鉄道

- 青島―上海間沿海道路（高速道路建設中）
- 中国の主要コンテナ港として急速な発展を続ける上海港
- 華南経済圏の発展によって成長した深圳港（コンテナ港湾）
- ブロックトレインの輸送需要が伸びつつあるマレー鉄道の拡充

❸　インフラ整備が進んでいない区間

図1-6の細線区間（連絡はあるが整備水準が不十分な区間、あるいは連絡の計画はあるが未整備の区間）については、現在まだ十分な輸送需要が顕在化していないか、あるいは整備資金その他の条件が満たされないためにインフラ整備が進んでいない区間である。

このように整備が遅れているか、あるいは施設が十分利用されていない地点・区間としては、以下があげられる。

- 図們江開発計画エリア（ザルビノ―琿春道路等）
- 大陸側日本海沿岸部の港湾・空港
- 北朝鮮国内交通施設
- 京義線
- シベリア・ランドブリッジを利用した複合一貫輸送
- ユーラシア・ランドブリッジを利用した複合一貫輸送
- 中越間越境ルート
- 大メコン圏南北縦貫ルート（昆明―バンコク）
- インドシナ各国の交通インフラ全般（整備が相対的に進んだタイを除く）

東アジアの交通ネットワークの現況を、上述した分類に基づきつつ作成した図1―6及び図1―7で概観すると、北東アジア経済圏からIMS―GTにかけて、ユーラシア大陸の東縁に沿って陸上、海上（図1―6）、航空（図1―7）の比較的密度の濃いネットワークの形成をうかがうことができる。各経済圏を結ぶ輸送回廊が形成されつつあるのである。しかし、それぞれの発展度合（成熟度）及び経済圏相互の相互依存関係の密度を反映して、整備の進んでいるところと遅れているところ、輸送需要が顕在化しているところとそうでないところ等、南北約七〇〇〇キロを結ぶネットワークのなかにも、輸送路として太い細いの差がところによって歴然としている。東アジアにおける経済相互依存関係の深化、人々の交流の広がりが具体的・集約的に展開されてきている局地経済圏を起点として東アジアの交通インフラ／ネットワークの現状をみてみるならば、そこには多くのミッシングリンクが存在しており、未だ一つの太いつながりとして十分機能しているとは必ずしも言い難い状況にある。交通ネットワークの形成、特に基幹となるバックボーンが形成されるならば、域内の物流、人流が更に促進され、局地経済圏相互の接続が加速されるなど、東アジア域内の相互依存が深化し、人々の交流が広がっていくと考えられる。

⑵整備の方向性

今後の東アジアの交通ネットワークについては、図1―6を踏まえ、実現に至る時間的な遅速は当然あり得るものの、次の交通インフラの整備に重点を置きバックボーンを構築していく必要がある。

- 経済圏としての形成が遅れている大メコン圏内の地域間連携を支えるための骨格となる交通体系の確立

図1－6　東アジアのネットワークの現状

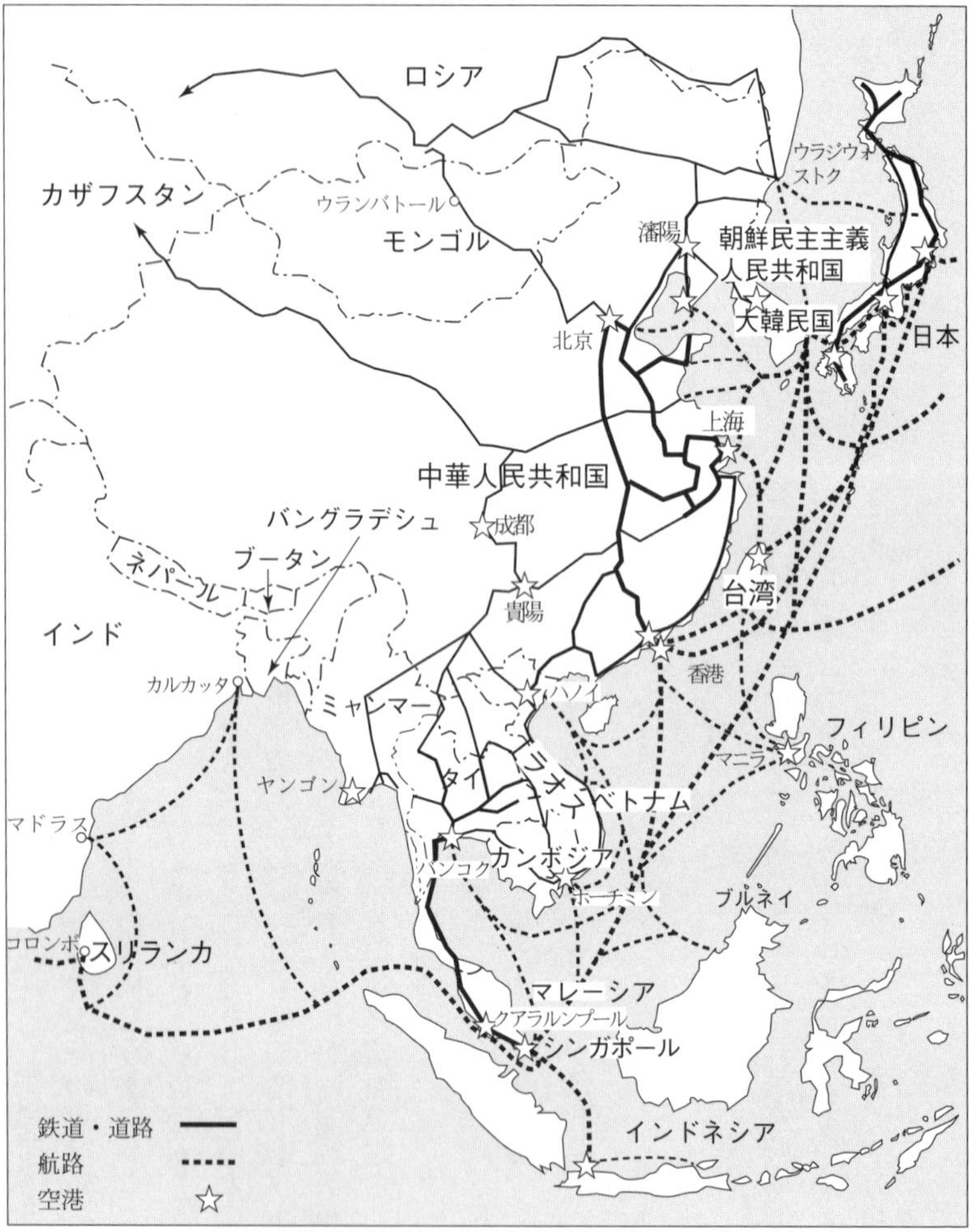

図1−7　東アジアの主要航空ネットワークの現状

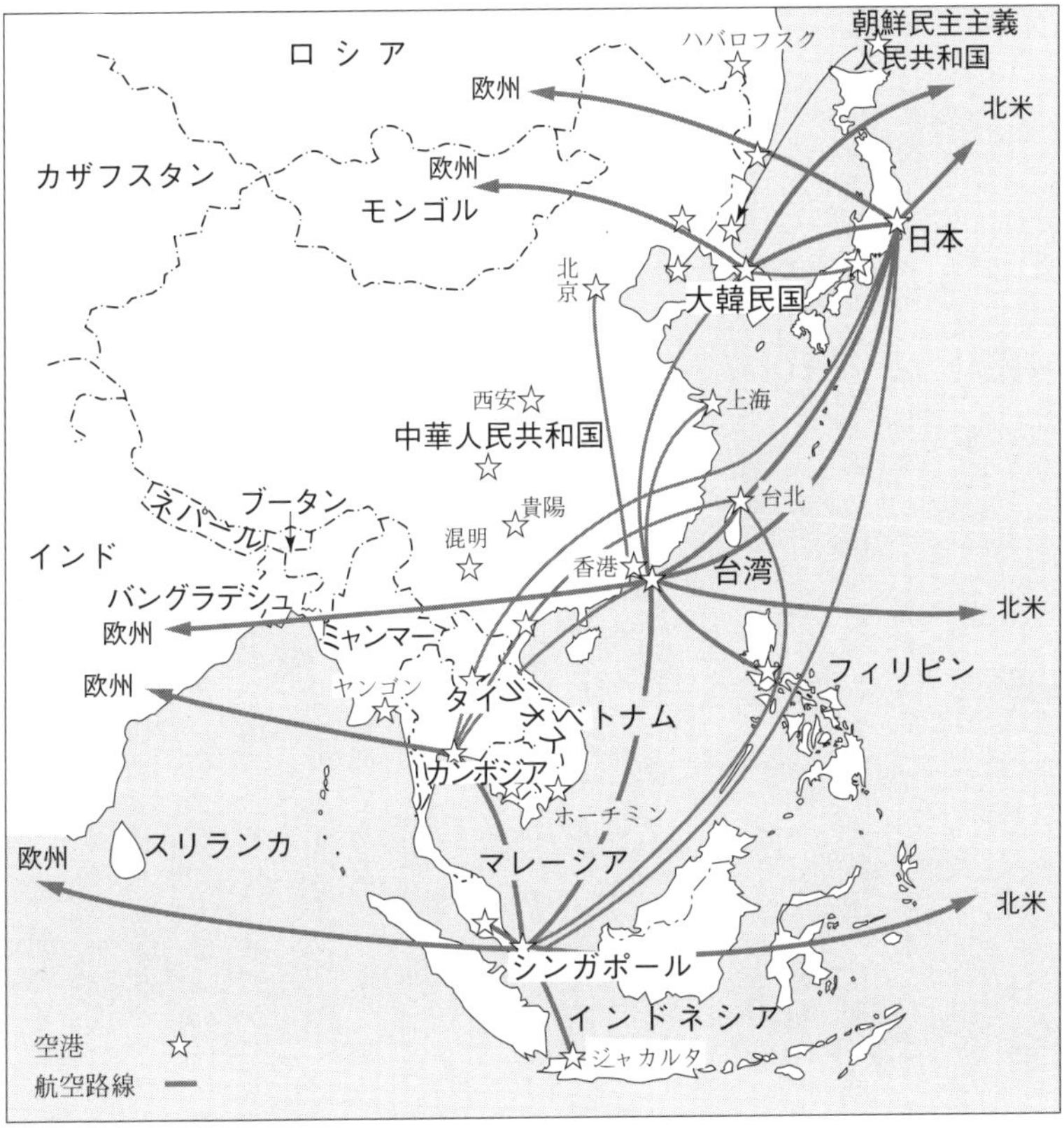

●華南経済圏と大メコン圏のリンケージの実現

●北朝鮮経済の活性化及び北東アジア経済圏と環黄海経済圏の接合を支える交通インフラ整備

この三点がどのようなスピードで進捗していくかによって、東アジアの相互依存の深化、人々の交流の広がりの進度が決まってくると考えてもいいであろう。東アジア全体を包含する交通ネットワークは、質的にはコスト・パフォーマンスの良い物流・人流の実現を図るために、効率の良いソフト、ハードを選択しながら形成される必要がある。

この場合とくに留意すべき点は、域内交通ネットワークを主として陸上及び航空ネットワークに依存するNAFTA、EUに比較して、東アジアでは陸上・航空ネットワークに加えて、海上ルートが相対的に大きな比重を占めるという特色である。東アジアではこの陸・海・空のルートにより構成される重層的ネットワークの構築が極めて重要である。また、東アジアは域外地域との相互依存関係の深化をも進める、外に向かって開かれた経済地域でなければならず、その意味では回廊部から内陸および外に向かって伸びる以下のルートの整備が重要である。

●ユーラシア・ランドブリッジ（CLB）を通じた中国内陸部（西部地域）、中央アジアとのリンケージの推進

●シベリア・ランドブリッジ（SLB）の再生

（SLB）は東アジアと欧州を陸路で結ぶルートとして、ロシア国内の政治経済の安定、サービスの向上、他ルートに比べた競争力の優位など、解決すべき多くの課題はあるものの、再生への期待が高い。）

●マラッカ海峡航行の安全性の向上

さらに、陸上・海上・航空ネットワーク全てにわたってIT化の促進が重要である。これによって船舶の入出港管理、海上・陸上を移動するコンテナ流動状況の把握、通関手続の迅速化、通関当局・輸送業者・荷主等を結ぶ電子ネットワークの構築と活用が可能となる。IT化の促進は輸送コストの削減等の東アジア経済全体の競争力を決定するうえでの大きな要因となろう。

3　東アジア交通ネットワーク整備のあり方

東アジアの有機的なつながりを支える交通ネットワークのバックボーン、域外とのリンクは、東アジアの「地域交通公共財」とも呼ぶべきものである。また、これは、世界との相互アクセスを指向するものであり、開かれた東アジアとしての域外との交流を支えるものでもある。

バックボーン、域外とのリンク構築へ向けての具体的第一歩として重要となるのは、東アジア各国の各層間においてその意義について十分に協議、議論を深めることである。そうした意識の共有化を通じて、東アジアにおける交通ネットワークのバックボーンの形成に向けた共同の取り組みを行うことが求められる。こうした観点において、まず、域内における交通統計の整備とこれを活用した研究を域内で協力して行っていく必要がある。

バックボーン等の整備に当り必要となる資金についても、域内で協力して、また、国際開発金融機関などと連携しつつ確保していくことが必要となろう。この点に関しては、民間部門からの参画も重要であり、民間部門が投資リスクを低減できるような、例えば、域内諸国が投資上のリスクを保障する「投資保障制度」を協力して確立していくことが考えられる。また、事前調査に相当程度の資金とリスクを要するため、これが一つの隘路になっているとみられ、東アジア各国が協力して事前調査を実施し民間部門からの参画を促進することも考えられる。

また、バックボーン等の形成に当り障害となるのは、当然のことながらハード面に限ったことではない。東アジア域内において、交通に関する様々な基準やシステムの統一化を図ることが重要であり、交通標識・技術基準・安全基準や通関システム等、ソフト面での技術的な連携、共通化などについて域外地域からの協力を得つつ、連携した取り組みが求められよう。

4　日本のあり方

他の東アジア諸国と密接な経済関係を有し、また、これら諸国との人々の交流の進展がみられ、更に、将来的には東アジア沿岸部における国境を越えた空間の一部としてこれに包摂されることも予期される日本にとって、域内の協力関係の構築に積極的に参画する意義は大きい。このような方向のなかで、上述してきた域内における協力した取り組みへの積極的な参加に加えて、日本が具体的に貢献できると考えられる分野として、越境交通インフラ整備に対する支援をあげることができる。

鉄道、道路を中心とした国境間の交通システムはハード、ソフトの両面において必ずしも十分に整備されておらず、また、効率的に機能していない。こうした越境交通インフラの整備が上述したバックボーン形成における重要なポイントである。一方、こうした国境地域は貧困地域である場合が多いこともあって民間部門の参画を十分に期待できない状況にあると考えられる。こうした点に鑑みれば、越境交通インフラ、また、これに伴い必要となってくる港湾・空港の整備において日本がODAを積極的に活用していく意義は極めて大きい。従来の一国の経済発展を念頭においた協力から地域交通公共財の構築に向けた協力へと重点を移していくことが必要であろう。また、ハードの構築と合わせてソフト面の整備も必要であり、日本は、その資本・技術・経験に立脚した制度・組織・運営力・人材開発力等を活かして総合的、重点的な支援を行っていくことが必要であろう。同時に、タイ―マレーシア間の越境鉄道の事例など越境交通インフラ・システムについてのベストプラクティスに学び、その成果を他の東アジア諸国と共有していくことも重要である。こうした取り組みは、日本にとっても、今後の朝鮮半島等との重層的な越境交通インフラについての研究の広がりにも資するものであろう。

一方、今後、日本においても他の東アジア諸国との経済交流、人的交流が高まっていくと考えられる。こうしたニーズに迅速に応えられる交通ネットワークの整備が必要である。特に、日本の主要交通ネットワークは「地域交通公共財」としての性格も有するものであり、東アジアの人々、ひいては、世界の人々にとって日本を訪問しやすいという視点を持つことが重要であろう。こうした観点においても、現在課題となっている首都圏空港の逼迫した状況等の改善が重要であろう。

また、交流の広がりという観点において、地方都市間の交流が重要であり、地方都市における国際交通ネットワークの整備・充実が必要である。その際には、地方都市自らが他の東アジアの人々にとっても魅力あるものになっていくことも必要であり、例えば、文化、伝統、特産物など異なる資源を有する複数の地方都市が連携して東アジアの人々を迎え入れていくことも意義のあることであろう。

本稿の作成に当たっては、当センターに設けた有識者による「交通体系等からみた東アジアの相互依存深化に関する研究会」（主査：赤塚雄三　東洋大学国際地域学部教授・学部長、副主査：吉田恒昭　拓殖大学国際開発学部教授、委員：宮本和明　東北大学東北アジア研究センター教授、丸屋豊二郎　日本貿易振興会アジア経済研究所研究事業開発課長、土井正幸　筑波大学社会工学系教授　（二〇〇〇年一二月時点））の研究成果に多くを負っている。記して感謝の意を表する次第である。

【参考文献】


現代アジア研究会編『東アジア経済の局地的成長』文眞堂、一九九四年。

渡辺利夫編『局地経済圏の時代』サイマル出版会、一九九二年。

大園友和『新アジアを読む地図』講談社、一九九八年。

新全国総合開発計画『二一世紀の国土のグランドデザイン』一九九九年。

『運輸白書』大蔵省印刷局。

『観光白書』大蔵省印刷局。

丸屋豊二郎編『国際交流圏の時代』大明堂、一九九六年。

丸屋豊二郎編『アジア国際分業再編と外国直接投資の役割』アジア経済研究所、二〇〇〇年。

川嶋弘尚編著『アジアの国際分業とロジスティクス』勁草書房、一九九八年。

土井正幸『発展途上国交通経済論』勁草書房、一九九五年。

吉田恒昭『アジア変革への挑戦』アジア開発銀行一九九八年。

吉田恒昭『日本のインフラ整備の経験と開発協力』開発金融研究所報・国際協力銀行、二〇〇〇年一一月。

（財）環日本海経済研究所『北東アジア経済白書』毎日新聞社、二〇〇〇年。

（財）九州経済調査協会『アジア経済危機後の環黄海都市ネットワーク戦略』ＮＩＲＡ研究報告書、二〇〇〇年。

「国際協力時代の日韓国土政策シンポジウム」『ＮＩＲＡ政策研究』一九九九年。

『ＥＲＩＮＡ　ＲＥＰＯＲＴ』（財）環日本海経済研究所。

『東アジアへの視点』（財）国際東アジア研究センター。

『ＳＨＵＴＴＬＥ（運輸国際情報）』（財）運輸政策研究機構。

渡辺利夫編『華南経済――中国改革・開放の最前線』勁草書房、一九九三年。

ASEAN Transport and Communications Sectoral Report, 1999.
ASEAN Transport Cooperation Framework Plan, 1999.

第二章　東アジアにおける通貨政策の連携とその深化

はじめに

一九九七年七月初めにタイで起こった通貨危機は、またたくまに近隣のフィリピン、マレーシアを巻き込み、更に、インドネシア、韓国へと伝染した。そして、為替レートへの切り下げ圧力は、シンガポール、台湾、香港、中国にも波及した。また、同時に、各国（地域を含む。以下同じ）の株式相場が暴落し、東アジアは文字どおり危機的様相を呈した。

アジア通貨危機は、国際金融市場に大きな衝撃を与える一方で、自国通貨の大幅な切り下げ（対米ドルレート）による対外債務負担（自国通貨建て）の急激な増大、株式相場の暴落による対外債務支払能力の低下、更には上述した危機の伝染などを通じて、東アジアにおけるこれまでの「外資導入・輸出指向型」経済発展パターンに対して深刻な課題を投げかけた。通貨政策についても大部分の国々において対米ドルレートの実質的な釘付けが放棄されたのである。

そして、アジア通貨危機から四年余りの年月を経た今日においても、同危機に見舞われた国々において概ね経済回復がみられるものの、同危機の再発に対する不安は払拭されていない。

翻って、日本のこれら諸国との経済関係を通貨危機発生直前の一九九六年についてみてみると、輸出先として全体の四二・八%、輸入先として全体の三八・八%[1]、対外直接投資先として全体の三九・二%[2]を占めるなど、極めて密接な関係にある。そして、アジア通貨危機に見舞われた国々に対して、「新宮沢構想」をはじめ種々の支援策が講じられた。一方、円の国際化のためには東アジアにおける円の利用の広がりを図ることが現実的であるという考えが浮上し、そうしたなかで、東アジアにおける為替安定メカニズムのあり方や円の役割について関心が高まった。

このように、東アジアにおける通貨システムの再構築は各国共通の関心事となり、そして、外貨流動性の確保、資本取引のモニタリングなどに関して東アジアにおける国際協力は少なからず進展している。

ところで、二一世紀の国際通貨制度に関しては、金融グローバリゼーションの進展に伴い、為替相場が更に不安定化し、各国において変動相場制か通貨同盟かの選択が迫られるのではないかという議論がある。欧州では既に共通通貨の導入が決定され、南米においても共通通貨に向けた動きがうかがわれる。果たして、東アジアについて共通通貨に向けた道筋を描くことができるであろうか。勿論、共通通貨は国家主権に直接的に関わる事柄であり、その実現に際しては、人々によって東アジアへの帰属意識が共有されていることが必要であろう。本研究会では、この点を含めた研究については、他の研究プロジェクトとの分担に委ね、貿易と投資に重点を置きつつ、東アジアにおける共通通貨の可能性について探ることとした。

本報告書では、まず、東アジアがこれまでたどってきた発展の道のりを振り返り、また、通貨危機に直面した国々における危機再発の可能性を考察することを通じて、通貨政策における国際協力の必要性について論述する。そして、従来の東アジア経済の枠組みを確認し、同協力のポイントとして、域内において偏在する外貨準備を地域全体の観点で活用するという視点と、新たな枠組みの構築を支えるという中長期的な視点を導出する。更に、前者の外貨準備の活用に関しては、マクロ経済の政策対話（通貨政策を含む）のサポート、不良債権処理のための信用供与、為替レートへの切り下げ圧力に見舞われた国への金融支援等を行う外貨準備協力機構について論述する。また、後者の中長期的な視点に関しては、新たな枠組みについての視点、同枠組みに向けた道筋と為替安定メカニズムの展開、新たな枠組みの展望について論述する。最後に、これらを踏まえた上で、日本のあり方を提示する。

第一節　通貨政策における国際協力に対する時代的要請

通貨危機を契機として東アジアは新たな時代を迎えたと認識される。東アジアがこれまで辿ってきた発展の道のりについてその牽引力に着目し、これを踏まえつつ、通貨政策における国際協力に対する時代的要請を浮き彫りにしてみたい。

❶　輸入代替工業化の時代

国内市場の拡大が経済発展の牽引力になるものであり、一九五〇年代を通じて多くの国々にみられた。ここでは、原料や中間財を輸入し、国内において加工し、製品は主として国内市場に向けられた。そして、国内市場の育成と保護が経済政策の基本となり、対外的には保護関税や複数為替レート制がとられた。

❷ 輸出指向工業化の時代

海外市場への輸出拡大が経済発展の牽引力になるものであり、ＮＩＥｓ（韓国、台湾、香港、シンガポール）が先行となって一九六〇年代半ばから始まり、ＡＳＥＡＮ４（インドネシア、マレーシア、フィリピン、タイ）の参入に伴って八〇年代に入り本格化した。ここでは、貿易、為替の自由化が時代の要請となり、前者では関税（率）引き下げを含む輸入の自由化、後者に関しては複数為替レート制から単一為替レート制への移行がみられた。外資導入も本格化する。

❸ 海外直接投資の時代

輸出指向工業化の継続のもと、外資の誘致に加えて自国の対外直接投資が新たに登場する。対外直接投資が輸出の増大を誘発し、全体として経済発展の牽引力になるのである。一九八〇年代後半にこの時代を迎え九〇年代に入って本格化した。ここでのポイントは、ＮＩＥｓにおいても円高に後を追う形で戦後はじめて自国通貨が切り上げられ、日本以外の東アジアの国々から海外直接投資国が出現したことである。ＮＩＥｓ全体の東アジア向け海外直接投資（単年度のフローベース）は日本を上回ることとなった。また、ＮＩＥｓ、その主たる海外直接投資先であるＡＳＥＡＮ４、中国の三者間の貿易量について九六年と九〇年を比較してみると二・八倍(1)に拡大している。これによって東アジア域内貿易の急速な拡大がもたらされた（**図2-1**）。

更に、シンガポールの主たる投資先であったマレーシアからインドネシア、フィリピン、ベトナムへの海外直接投資が進展した。そして、投資国・投資受入国において資本勘定(資本の流出入)の自由化が実現された。この時代にあっては、海外直接投資による資産が為替変動リスクに晒されるため通貨の安定が極めて重要な政策課題となり、大部分の国々において対米ドルレートの実質的な釘付けが

図2−1　域内貿易比率

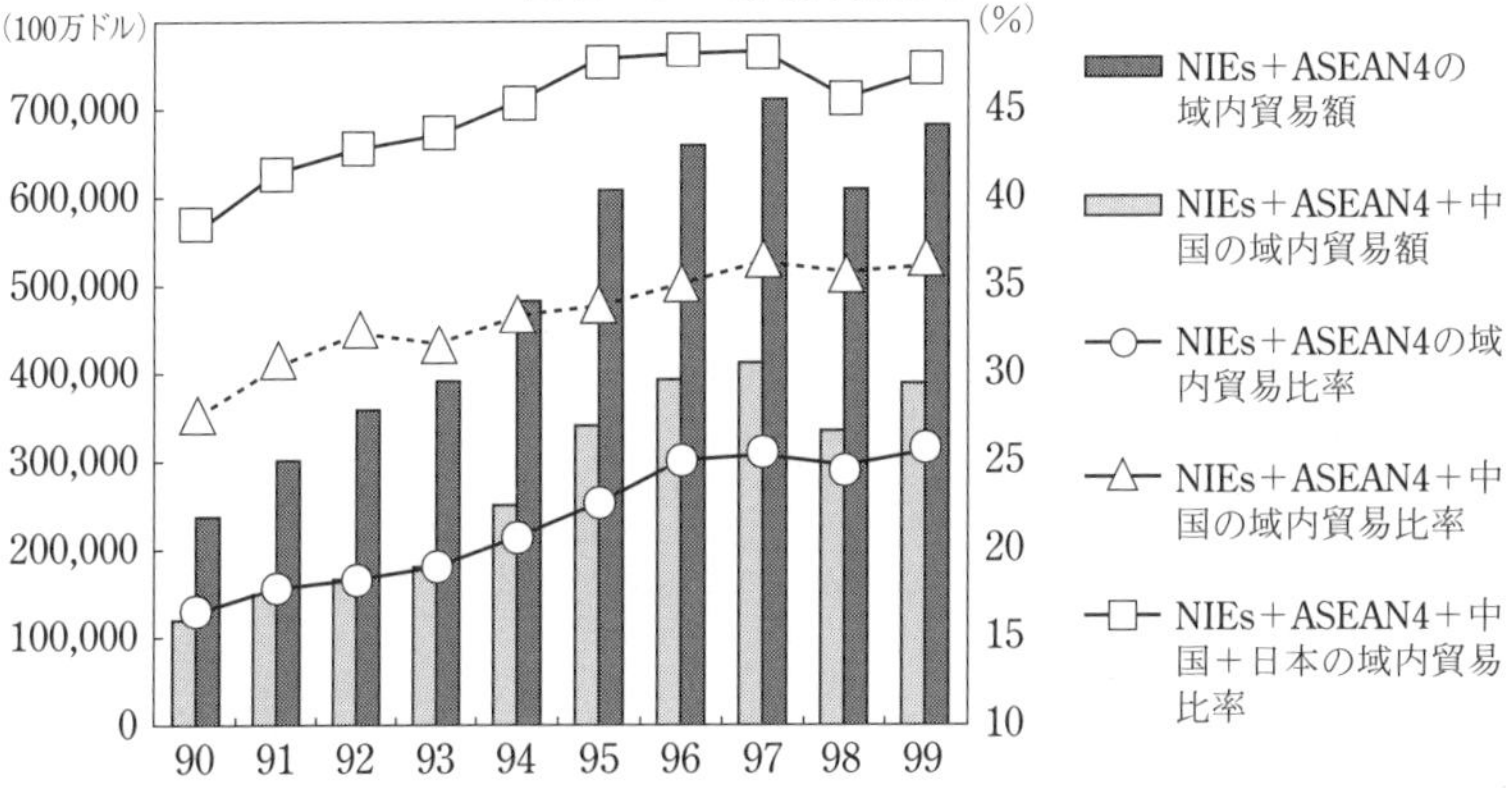

出所：『DOT』IMF.

みられた。

❹ グローバリゼーションの時代

東アジアは、通貨危機を契機として、輸出指向工業化、海外直接投資の継続の下、新たな時代を迎えたと認識される。先進国の巨大金融資本が、海外直接投資の時代において培われた資本勘定の自由化や固定的な為替相場の下で、キャピタル・ゲインを求めて成長を続ける東アジアに流入し、一面では経済発展の牽引力となった。反面、その急激な流出は通貨の大幅な切り下げ、株式相場の暴落をもたらし、これも海外直接投資の時代を通じて培われた域内の相互依存関係の深化をも通じて近隣諸国へ「伝染」した。輸出指向工業化時代以来、開かれた地域を特色とする東アジアにおいて、この特色を維持・発展させていくためにも、通貨政策における国際協力が時代的要請となったのである。

他方、グローバリゼーションの進展は貿易・投資の部門においても着実に進展している。モノ・ヒトの世界的な規模での移動が活発化するなかで、東アジア各国においても国際競争力の向上が緊要の課題となっており、通貨の安定はその要件であろう。通貨危機の伝染性を踏まえればこうした観点からも通貨政策における国際協力が時代的要請となっていることは明らかである。

第二節　通貨危機再発の可能性

通貨政策における国際協力の必要性をより具体的に浮きぼりにするために、通貨危機に直面した国々を対象として、危機再発の可能性という視点から述べてみたい。

通貨危機に見舞われた国々では、総じて、不良債権比率が高止まっており（タイ：二八・五％、インドネシア：三七・〇％〈九九年一二月時点〉）[3]、各国経済に対する信認も十分には回復していない。このため、外資流入・流出の動きが不安定になりやすくなっており、危機再発の潜在性が認められる。また、株式相場の暴落や通貨の大幅な切り下げの後に流入した短期資本が海外市場の動向によっては再び逃避する可能性もある。更に、ＮＩＥｓやＡＳＥＡＮ諸国において、通貨危機を契機とした新しい秩序の構築を巡る不安と混乱は、経済的側面に止まらず政治的側面に拡散し、今後、社会問題にまで発展するおそれもある。以下、通貨危機が波及した国も含めて、各国の特色を中心にして考察してみたい。

なお、固定的な為替相場、自由な資本移動、金融政策の独立性、この三者を同時に達成することは困難とされており、ペッグ制を採用している国々においては後二者のいずれかが制約されることとなる。この点を踏まえつつ、以下、ペッグ制の国々（マレーシア、香港、中国）とフローティング制の国々（タイ、インドネシア、韓国）に分けて概観してみることとする。

(1) ペッグ制の国々

【マレーシア】

マレーシア経済は通貨危機のなかでマレーシアリンギの安定化策と資本流出規制の導入により比較的安定した実績を上げ、一定の評価を得た。これらについては、これまでのところ国内からの外資流出の激化を食い止め、危機の拡散と景気の長期低迷が避けられた。しかしながら、マレーシアリンギが近隣諸国の通貨に比べて相対的に割安な水準で続くとすると、物価上昇圧力が高まるほか、資源の配分に歪みをもたらし、投機的な資金の流入を誘発するおそれがある。他の東アジア諸国の通貨が再び不安定になれば、ペッグ制を維持することが困難になろう。

【香港】

香港経済は都市国家であるがゆえに対外依存度が極めて高い。したがって、国際経済の変調に影響されやすいという不安定性を内包している。この不安定性を克服するために、香港ドルは米ドルとのペッグ制を採用している。アジア通貨危機において、為替レートへの切り下げ圧力や金利の上昇に伴う株式相場の暴落に直面したことから、これらの経験を踏まえ、外貨準備の増強がとられた。しかしながら、通貨危機後の経済回復は必ずしも順調でなかったことに鑑みれば、香港ドルの固定化は多大なコストを伴ったものであると考えられる。こうした経験からして、東アジアで再び通貨危機が起った場合には、香港ドルは切り下げの圧力を受け、同様のコストを支払わざるをえなくなるであろう。

【中国】

中国人民元はアジア通貨危機の過程において、一言でいえば、「有驚無険」(驚かされた局面に直面したものの、切り下げの危険は免れた)であった。香港ドルの切り下げ回避が中国人民元の切り下げ回避につながった一面は否定できない。そもそも中国人民元は国際収支の資本勘定で厳しい管理におかれている。そのうえ、外貨準備が大幅に累積していたことも大きな要因であっただろう。中国の外貨準備高は一九九七年には対外債務残高をはじめて上回った。外貨準備の累積の一因は大幅な貿易黒字であったと考えられる。

しかしながら、中国の輸出の多くは外資系企業に依存している。結局、外資系企業の動向が貿易収支を通じて外貨準備の増減を左右し、このことが中国人民元の対外信用を方向づけるであろう。更に、WTO加盟（二〇〇一年予想）に伴い、資本取引の自由化が二〇〇六年に予定されているなど、資本勘定の管理も今後緩和されていくことになろう。これによって、東アジアで通貨危機が再発した場合、中国人民元はもはやその安定を資本勘定の管理に頼ることができなくなる。

(2)　フローティング制の国々

【タイ】

通貨危機以降タイでは管理フロート制が採用され、基本的には外国為替取引の需給均衡で相場が決定する。変動為替相場制における自由な資本移動の下では政府の金融政策の独自性が保たれるので、インフレを低水準にとどめることにより、輸出を伸ばして資金の流入を促し、為替相場の安定につなげるなど、適切なマクロ経済運営を実施して良好な経済ファンダメンタルズを維持することが、為替の安定にとって最も重要である。通貨危機直後半年あまりは、為替相場の変動がかなり激しかったが、それ以降は比較的落ち着いている。しかし経済再建の鍵を握る金融機関の不良債権処理や企業の債務処理は方向としては進展しているものの、マイナスの要素に対して為替相場は敏感に反応するため、経済改革の断行により、投資家のタイ経済に対する信用を勝ち得る絶え間ない努力が必要となろう。

【インドネシア】

インドネシア経済の難点は、一つには華人資本に大きく依存していることである。国内華人資本は通貨危機に際して国内市場から逃避し、他方、ＮＩＥｓとりわけ台湾とシンガポールからの華人資本の流入が停滞した。これらによって、国際収支の資本勘定に悪化がもたらされ、通貨ルピアは信用の低下を余儀なくされている。もう一つは、対外債務の巨大化である。インドネシアの対外債務残高は、一五〇九億ドル（一九九八年）(3)を記録し、同年のデット・サービス・レシオ（対外公的債務の年間元利支払額／年間総輸出額）は三三・〇％(4)の高水準となっている。国際収支における対外債務負担はかなり重い。通貨ルピアは常に対外債務累積の圧迫の下におかれている。

【韓国】

韓国ウォンの信頼性は、端的に言えば、貿易収支の黒字創出にかかっている。第二次世界大戦後の歴史を見ると、韓国の貿易収支黒字が達成された時期は、一九八六〜八九年の四年間（円高を背景とした韓国ウォンの相対的な減価）と九七〜九九年の三年間（今回の韓国ウォン暴落による輸入停滞、輸出増加）の二回しかない。いずれも対外要因の変化に伴って貿易収支が黒字化したものであり、産業構造を改善し構造的な貿易収支黒字体制を整えたことから発生した貿易黒字ではない。したがって、韓国ウォンの安定化は如何に恒常的な貿易黒字体制を構築するかにあり、とりわけ輸出競争力がどこまで向上するかということにかかっている。これについては、外資との協力関係と企業構造改革が輸出増強にどこまで結びつくかが焦点となる。ＩＭＦの緊急支援の成果もこの一点において評価が異なるものになると思われる。

韓国ウォンの推移をみると通貨危機以降の回復は限定的なものである。上述した外資との協力関係と貿易黒字体制構築を誘引する企業構造改革は必ずしも所期の目的を達成したとは思われない。この点において、韓国ウォンは、その推移によっては再び切り下げの危機に晒される可能性がある。

＊　＊

以上述べてきたように、東アジアにおいて、通貨危機の再発に対する不安は解消されたとは言いがたい。最近のいくつかの国における通貨の下落と株式相場の低迷はこの点についての何らかの示唆を与えているものと考えられる。

第三節　通貨政策における国際協力の手がかり

通貨政策における国際協力が時代的要請になっていることに対していかにして接近していけばいいのか。直前の時代、すなわち、海外直接投資の時代までに形成された東アジア経済の枠組みをまず確認することから始めよう。

1　従来の東アジア経済の枠組み――トライアングル

発展途上国が国際化に取り組むに当たって常に直面する関門が一つある。すなわち、国際的な圧力（貿易と投資の自由化）を含む輸入の増大から生じる国際収支の壁（赤字）である。この関門を乗り越えるためには、輸出競争力の向上が唯一の選択肢であり、東アジアについてみると、NIEsが国際化するに当たって日本が演じた役割を見逃すことはできない。すなわち、円高（一九八五年以降）を背景とした海外直接投資の進展を通じて日本が世界から導入し、改良した技術がNIEsに移転され、NIEsの世界市場への進出（輸出）が容易になったということである。ここでは、世界（アメリカ）—日本—NIEsというトライアングルを描くことが可能であり、日本は世界とNIEsとの間にたつ中間媒介としての役割を果たしたとみることができる。そして、NIEsは自国通貨の切り上げに直面（一九八七年以降）すると、海外直接投資国に移行し（ただし、日本からの資本導入、対日貿易赤字に変わりはない）、日本が演じた中間媒介としての役割を対ASEAN4、中国において演じることとなった。すなわち、世界（日本）—NIEs—ASEAN4、世界（日本）—NIEs（香港、台湾）（韓国）—中国というトライアングルが浮かび上がってくるのである（図2-2）。

勿論、日本の海外直接投資先はNIEsに限定されたものではなく、またNIEsへの海外直接投資も日本からだけに限られるものではないが、円高を契機とした通貨の切り上げの伝播を通じて東アジア全体にわたる新たな産業構造が構築された。この点がここでのポイントになるのである。

2　通貨政策の国際協力に対する示唆

こうした貿易・投資からみた東アジア経済の枠組みは、通貨政策における国際協力に対しても極めて有益な示唆を与えてくれると考える。

第一は、外貨準備ならびに対外債務に関するものである。このトライアングルの下では、日本、N

図２−２　直接投資受入（中国）

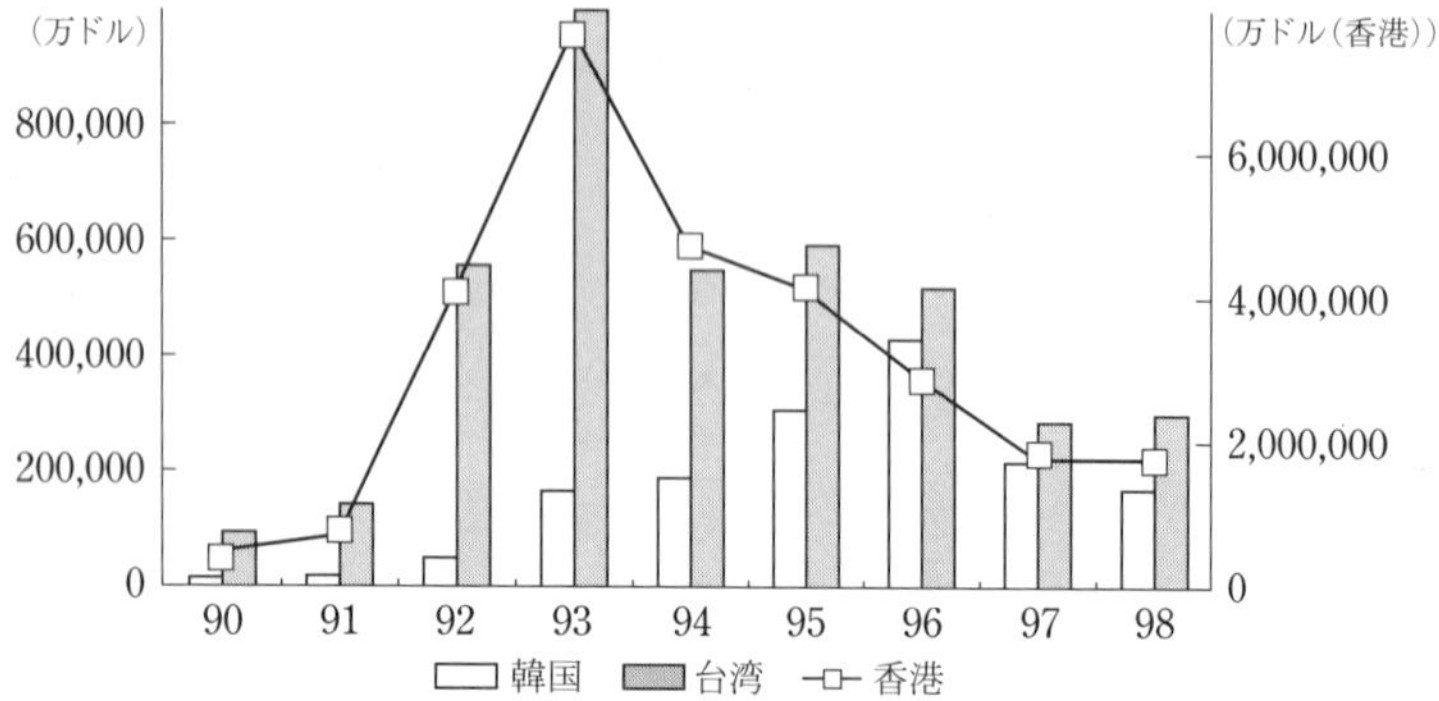

出所：『ジェトロ白書：投資編 '93〜98』『ジェトロ投資白書 '99〜』

ＩＥｓにおいて外貨準備が累積する一方で、ＡＳＥＡＮ４において対外債務が累積する傾向をもつ。すなわち、中間媒介として位置する前者の国々において後者の国々に対する資本財・中間財等の輸出が続いていく一方で、後者の国々においては国際収支の壁に直面しないままに国際収支の赤字が続いていくと考えられるからである。このため、後者の国々において、対外債務の累積により、何らかの経済変調によって債務の償還が困難となるというリスクが高まり、そして、資本の急激な流出、つまり通貨危機に陥りやすいという脆弱性を抱えることとなる。なお、中国の場合、九〇年代に入って以降、輸出指向型の外資の大量流入もあって輸出の急増にみられるように国際収支の天井が大幅に引き上げられた。通貨政策における国際協力の第一のポイントとして、通貨危機の回避のために域内において偏在する外貨準備を地域全体の視点でどのように活用していくのかということがあげられよう。

　第二は、域内において産業構造の調整が強く迫られていることに関するものである。このトライアングルの下では、ＡＳＥＡＮ４・中国との間において、輸出や海外直接投資の受入に関して競合関係がもたらされることになる（図２−３）。

図2−3　アメリカ・日本の輸入における中国のシェア（対ASEAN4・NIEs）

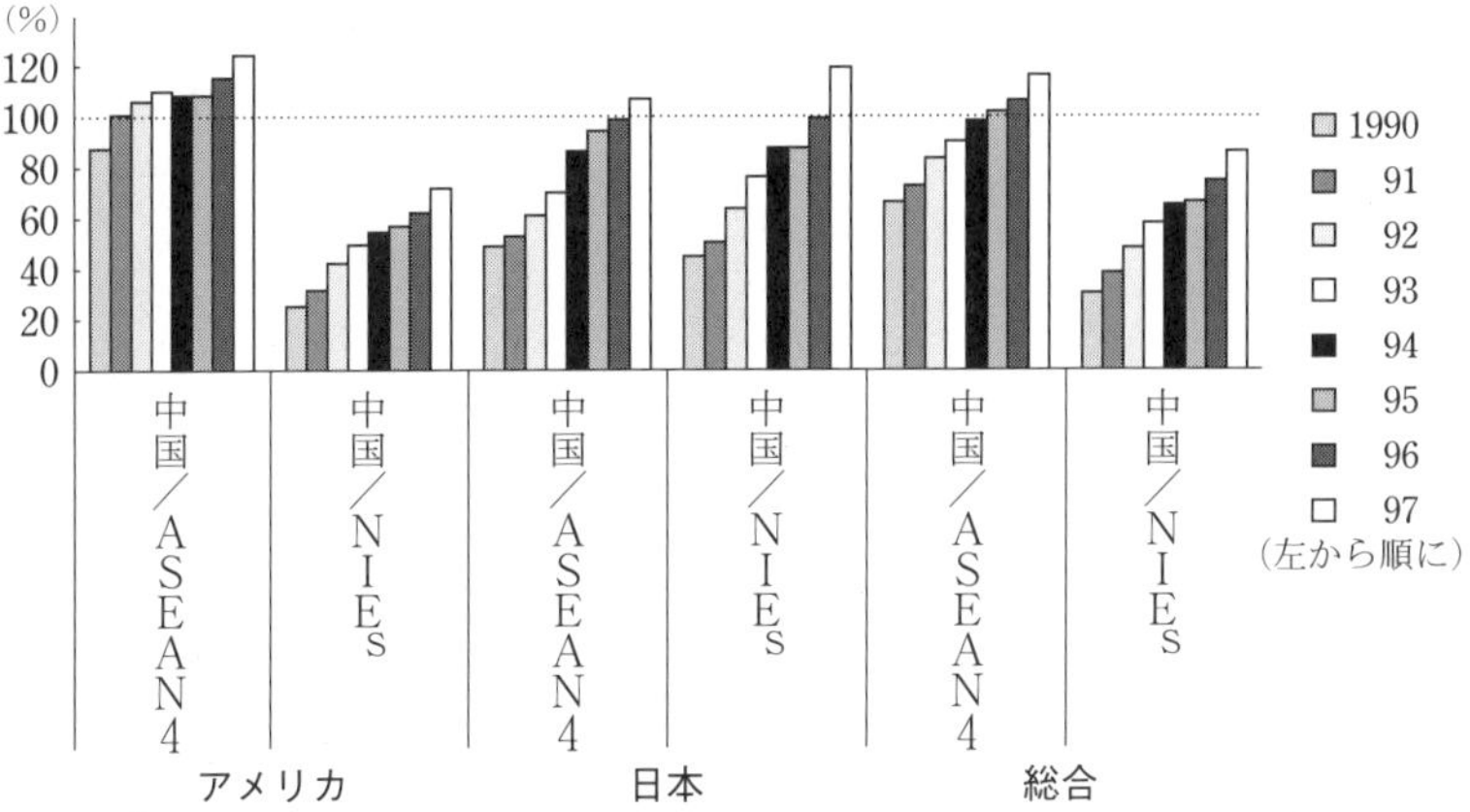

出所：『DOT』IMF.

タイで起こった通貨の切り下げが、他のＡＳＥＡＮ諸国を巻き込み、切り下げ圧力として中国に波及したことはこの点を裏づけるものと考える。一方、韓国は他のＮＩＥｓと異なり通貨危機に見舞われたが、その背景の一つとして、台湾との比較において中国市場の改革・開放に対しての直接投資の立ち遅れ（産業構造調整の立ち遅れ）が考えられる。こうした観点において、東アジア経済は新たな枠組み（産業構造調整）が必要となっており、この構築を支えるという中長期的な視点が貿易・投資の促進の基礎となる通貨政策における国際協力の第二のポイントとしてあげられよう。

第四節　外貨準備の活用

1　外貨準備、対外債務の現状

通貨政策における国際協力の第一のポイントに関して、まず、東アジアにおける外貨準備高と対外債務の現状について具体的に確認してみよう。

一九九八年の外貨準備高についてみてみると、日本とＮＩＥｓを合わせると五二二四億ドルとなり（**図２−４**）、八〇年と比較して一一倍（香港は除く）程度にまで増加している。そして、世界全体の三〇％程度を占める。ちなみに、これらの国に中国を加えると六七一五億ドルとなり、世界全体の三八％程度を占めることになる。いずれもユーロ圏（三〇九五億ドル）を凌いでいる。他方、ＡＳＥＡＮ４の外貨準備高は八六三億ドルにすぎない。

また、対外債務残高（一九九八年）についてみてみると、ＡＳＥＡＮ４は三二九六億ドルであり、八〇年と比較して、六倍程度にまで増加している。

東アジアにおいて、外貨準備の累積国と対外債務の累積国とに分かれるという両極分解が進行してきたことが確認できる。

2　外貨準備の活用に関する取組み

現実に、上述した両極分解が内包する不安定性を克服する動きがみられる。ＡＳＥＡＮ＋３（日本、中国、韓国）非公式首脳会議共同声明「東アジアにおける協力に関する共同声明」（一九九九年一一月、マニラ）では「利益を共有する金融、通貨、及び財政問題に関する政策対話、調整、及び協力を強化することにつき意見の一致を見た」とされ、そして、同共同声明に沿って開催されたＡＳＥＡＮ＋３蔵相会議（二〇〇〇年五月、チェンマイ）において、外貨準備の活用に関して具体的な進展がみられた。すなわち、ＡＳＥＡＮ各国、中国、日本、及び韓国の間において、スワップ（外貨流動性を必要とする

図２−４　外貨準備高及び対外債務残高

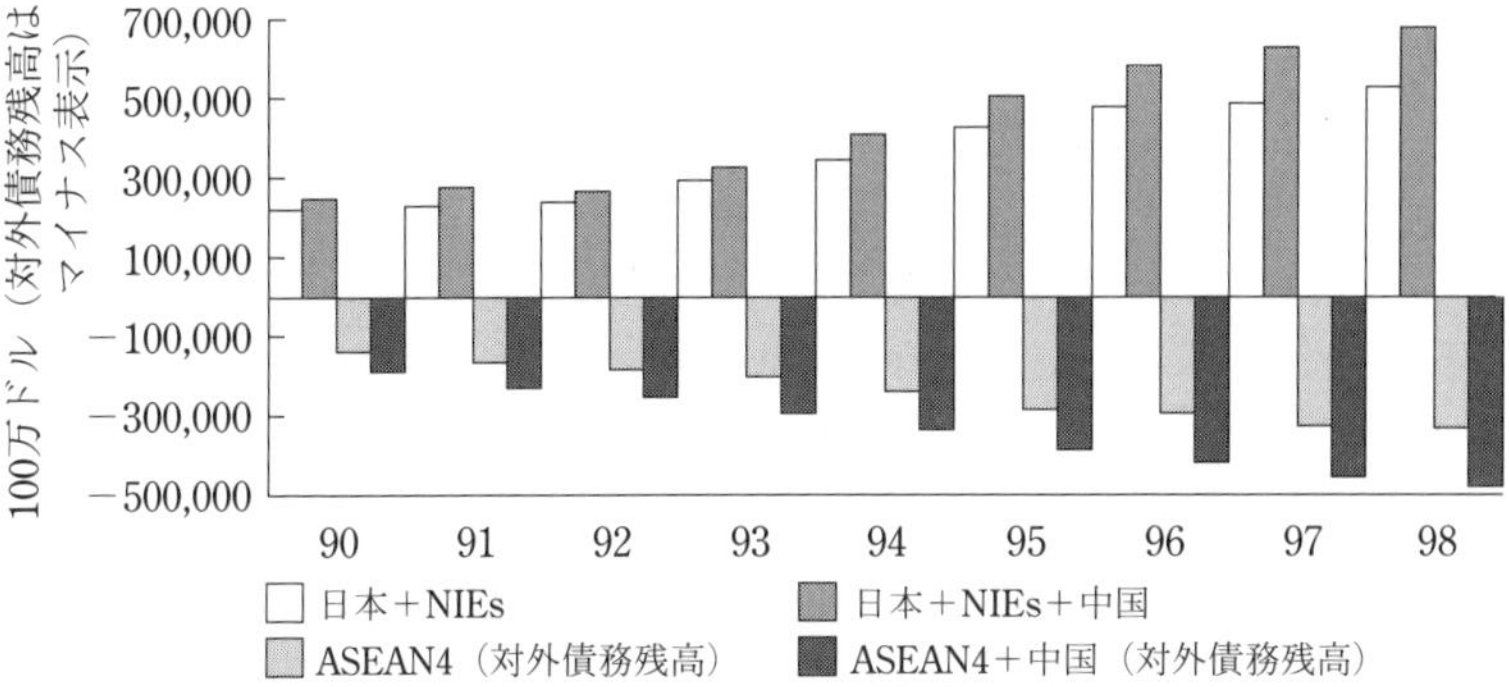

出所：『アジア経済2000』経済企画庁，『IFS』IMF.

国が、他国から、ドルもしくは他国通貨を売戻し条件付きで購入し、対価として、自国通貨を買戻し条件付きで売却する仕組み）やレポ（外貨流動性を必要とする国が、他国に対し、米国債もしくは他国国債を買戻し条件付きで売却し、他国から、それぞれ、ドル現金、他国通貨〈現金〉を入手する仕組み）という方法を通じた二国間の金融協力のネットワークを構築することに合意がなされた。また、同蔵相会議では、資本フローのモニタリング、経済・金融に関するモニタリング（域内サーベイランス）に関する政策対話について進展がみられている。そして、二〇〇一年五月に開催されたＡＳＥＡＮ＋３蔵相会議の共同声明にみるように、金融協力のネットワークの具体化に向けて二国間等の協力が進展している。

3　外貨準備協力機構構想

上述した外貨準備の活用に関連した域内における連携は、今後、更に、次のように展開していく必要があると考えられる。

第一は、域内におけるマクロ経済政策の対話に関することである。外貨準備の活用を、通貨危機時における対応という側面に止まらず、真に通貨危機の抑止につなげていくためには、各国は、相互に、他の東アジア諸国のマクロ経済政策について更に注意を払うことが求められる。例えば、通貨危機に見舞われた国々は、輸出が拡大していくように日本の市場動向を注視することが必要であり、日本も、通貨危機が発生した国々においてバランスのとれた経済成長が図られるようにそれらの市場動向に注視することが必要である。そして、世界市場の動向についての意見交換や域内各国のマクロ経済運営についての政策対話を深めていく必要がある。

しかしながら、貿易データにみるように域内各国の統計については相互に整合性がとれておらず、また、通貨危機の発生について事前に警告する経済指標の選定も多くの国において未だ進んでいない。更に、マクロ経済運営についても、各国の経済発展水準は多様性に富んでおり、成長を重視する発展途上にある国と安定を重視する高齢社会を迎えた国とでは相互の考え方に大きな開きがあると考えられる。債権国との協力を含めて対外債務をどのようにして円滑に削減していくのかという論点もあろう。金融政策を担う中央銀行のあり方についても考え方が異なるであろう。加えて、域外諸国とのマクロ経済政策の協調にどのように取り組んでいくのか、例えば、先進各国の政策協調の重要な場であるG７に関連して東アジア全体としての関心をどのように反映させていくのかという論点もあるだろう。

このように、政策対話の進展については種々の課題があり、共有すべき経済データの設定、統計基準の共有化、経済指標の開発、経済情勢やマクロ経済政策についての調査・分析など、これらの作業を通じて、相互理解を促進し、域内における政策対話を継続的にサポートすることができる専門的な常設機関を設置することが合理的であると考えられる。

第二は、外貨準備に基づく信用供与（アンダー・ライティング）に関することである。前述したように、通貨危機に見舞われた東アジアの国々においては同危機によって増大した不良債権が未だ十分に処理されておらず、当該国経済に対する信認も必ずしも回復していない。このため、外資流入・流出の動きが不安定になりやすくなっており、不良債権処理を進め、長期の安定した資金の流入を図ることが課題となっている。しかしながら、これらの国々の信用力は限られており、不良債権処理のための資金を十分に確保できない状況にあると考えられる。東アジア経済の安定という視点から、東アジア諸国の協力を通じて信認低下がみられる当事者国の信用力を補完していくことが必要であると考えられる。

具体的には、不良債権を集めた資産管理公社や会社（当該会社が不良会社のオーナーのポジションにつく）が当該不良債権を担保としてＡＢＳ（資産担保証券）を発行するに際して、東アジア各国がそれぞれの外貨準備を担保として協力して信用供与を行うことが考えられる。これによって、当該公社・会社の資金調達が円滑になり、不良債権の処理が進展することとなる。他方、信用供与に関しては、個別事案についての情報の収集・分析、モラルハザードの抑止、専門家の派遣をはじめとする再建支援など専門的な機能が必要とされ、各国から外貨準備の提供を受け（信用担保）、これを担保として信用供与を行う常設機関を設置することが合理的であると考えられる。ここでは、域内の産業構造調整や産業協力に関するグランドデザインの策定、債券の発行量や流通量の調整を通じた域内の債券市場の育成にあたることも考えられる。

第三は、上述した二国間の金融協力ネットワーク構築・発展の次のステップに関することである。既に述べたように、東アジアでは外貨準備の累積国と対外債務の累積国とに分かれる一方で、域内における外貨準備高の総計は世界全体の四〇％以上にのぼるが、この金融協力ネットワークには次の二つの課題がある。一つは、外貨資金不足に直面した特定国に対して域内の外貨準備を即時・集中的に振り向けるといった機動的な対応が必ずしも十分ではないことである。もう一つは、外貨準備が特定国に偏在しているため、偏在する外貨準備を各国間で衡平に活用することが必ずしも容易ではないことである。通貨危機の再発が皆無とはいえない以上、こうした課題の事前解決に取り組んでいく必要がある。

具体的には、為替投機筋の動きなど市場動向を継続的にモニターするとともに、各国から外貨準備の提供を受け（信用担保）、ＩＭＦなど国際金融機関との連携を図りつつこれを担保として自国通貨の為替レート切り下げ圧力を集中的に受けたその国への金融支援等を機動的に実施する専門的な常設機関を設置することが合理的であると考えられる。域内の共通意思としての金融支援等が実施されうることによって、為替投機が未然に抑制されるという効果が生み出されると考えられる。また、各国はその保有する外貨準備高に比例して外貨準備を常設機関に提供するというルールを形成することにより、域内各国において貿易不均衡の累積が進展した場合でも（例えば、Ａ国の外貨準備高が増大する一方で、Ｂ国の対外債務残高が拡大する）、常設機関が金融支援等のために利用することができる資金量は増大することになり（Ａ国からの提供量が増大）、貿易不均衡の累積によって誘発される為替市場の不安定化への備えが重厚なものになる。これは、各国に対して大幅な黒字を創出し外貨準備高を徒に累積させていくことについて自制を促すという含意をもつものでもある。

上述してきた、政策対話のサポート、信用供与、金融支援等それぞれに関する常設機関については、いずれも外貨準備の活用を本源とするものである。このため、これら三つの機能を一体的なものとして整備することが適当であると考えられ、三つの機能をあわせもつ「外貨準備協力機構」を設立することが必要である。そして、この実現を視野に入れて、まず、政策対話をサポートする常設機関の整備とともに、これに関連して、不良債権基準の統一化を含めて、信用供与機能の整備についての検討を併せて深めていくことが現実的であると考えられる。なお、当該機関については、各国政府・中央銀行の参加に止まらず、民間部門、シンクタンク等の参画も想定される。

翻って、外貨準備高が大きい国の視点からみると、例えば、香港は、外貨準備の有利で効果的な活用方法を模索していると考えられる。「外貨準備協力機構」はその対外資産価値の安定に資するものであり、同構想に理解を示す余地が十分に認められる。また、日本の視点からみても、「外貨準備協力機構」の設立は次のようなメリットがあると考えられる。第一は、日本経済と密接な関係にある他の東アジア諸国における通貨危機の回避の実効性が高まるということである。第二は、日本の金融機関が抱える対外債権の固定化の緩和である。第三は、東アジアにおける為替相場の乱高下の抑制を通じた円レートの安定である。第四は、日本の外貨準備の適正水準を超えた過大な累積を抑制することである。他方、デメリットもある。マクロ経済政策の運営の自由度が制約されることである。この点については、国際協調関係が深まるにつれて経済政策の健全化を促すととらえることもできよう。

総じて、グローバルな視点からみても、「外貨準備協力機構」の設立は、世界政府の実現が必ずしも現実的でないなかで、世界的な取組みを補完するという観点から、通貨危機の回避、為替市場の安定において意義のあるものであろう。

第五節　東アジア経済の新たな枠組みと通貨政策における国際協力

1　新たな枠組みの視点

通貨政策における国際協力の第二のポイントとして、ＡＳＥＡＮ４・中国の間で産業構造調整が迫られるなど東アジア経済の新たな枠組みを構築していくことが必要になっており、この構築を支えるという中長期的な視点が必要である旨を前述した。その文脈で、東アジア経済の発展の鍵となるその他の要素についてもおおまかに考察してみよう。

第一は、ＡＳＥＡＮ新規加盟国、中国中西部、中国東北部、極東ロシア、北朝鮮の経済発展の潜在性に関することである。

海外直接投資の時代において、マレーシアからインドネシア、フィリピン、ベトナムへの海外直接投資が進展したが、所得水準の格差などに鑑みれば、海外直接投資の伝播が更にＡＳＥＡＮ新規加盟国、中国中西部、中国東北部、極東ロシア、北朝鮮へと展開していく経済合理性があると考えられる。まず、ＡＳＥＡＮについては、一九九五年にベトナム、九七年にミャンマー、ラオス、九九年にカンボジアが加わり、加盟国が一〇か国に拡大している。例えば、一人当たりの国内総生産でみて、マレーシアはベトナムの一〇倍程度であるなど、ＡＳＥＡＮ域内のいわゆる先進国と新規加盟国との間には相当程度の所得水準の格差があり、今後、域内において海外直接投資が増大する潜在性は大きいものと考えられる。また、中国中西部についてみても、沿岸部の都市と内陸部の省との間には一〇倍以上の所得格差がみられるなど、沿岸部から内陸部へと投資が広がっていく潜在性が大きいものと考えられる。更に、中国東北部、極東ロシア、北朝鮮についても、豊富な労働力と潜在的資源が具備されており、投資が広がっていく潜在性がこれまた大きいものと考えられる。なお、海外直接投資の時代においてＮＩＥｓからＡＳＥＡＮ４・中国への海外直接投資の進展に伴って域内貿易比率が著しく増大したことに鑑みれば、ＡＳＥＡＮ新規加盟国、中国中西部、中国東北部、極東ロシア、北朝鮮への海外直接投資が進展することになれば、域内貿易比率は更に高まっていくものと考えられる。

第二は、日本の経済社会構造の変化に関することである。

円高を契機とした通貨の切り上げの伝播を通じて東アジア全体にわたる産業構造が構築された旨を述べたが、当該産業構造の構築の起点となった日本の経済社会構造は大きく変化していくと考えられる。すなわち、グローバリゼーションや高齢化の急速な進展によって、一国を超えた産業構造調整の必要性に直面している。特に、高齢化の進展は日本の産業構造に対して抜本的な変革を促すことになると考えられる。国連の推計によれば、二〇〇五年頃をピークに人口の減少がみられ、六五歳以上人口の二五～六四歳人口に対する比率は二七％（一九九五年）から五三％（二〇二〇年）まで上昇することとなる(5)。こうしたことを背景として、日本の海外直接投資は、その残高が欧米諸国と比較して依然として低い（米国の二八％、ドイツの七〇％、九八年末時点）こととも相俟って、今後、加速していく可能性が高いと考えられる。また、同時に、金融資産の効率的な運用が従来にも増して経済社会の発展の鍵となるであろう。海外直接投資先、金融資産の運用先として、従来からの経済関係の緊密性や経済発展の潜在性に鑑みれば、他の東アジア諸国に向くことが自然であり、これら諸国への海外投資が高まっていく潜在性が大きいものと考えられる。

第三は、技術に関することである。東アジア経済の従来の枠組みの基礎には、通貨切り上げの伝播を通じた技術移転があった。ここでは東アジアの経済回復を牽引しているITについてみてみることとする。OECDアウトルックの定義によれば、IT産業は、半導体産業、コンピュータ産業、情報サービス産業などの産業群を指す。これらの産業の特徴として、ⓐ重工業のような巨額の有形固定資産投資や維持コストを必要としない、ⓑ必要最低資本量が比較的小さく、近年の各国の規制緩和により新規参入が比較的容易になっている、ⓒ先端技術集約的でその技術の新陳代謝が激しい、といった点を指摘することができる。そして、通貨危機後の東アジア域内の産業構造を展望するうえで何よりも重要なことは、いわゆる雁行形態的な発展序列に縛られることなく、短期間に競争優位を確立することができるということである。そして、日本と他の東アジア諸国との関係について考えてみれば、IT革命は東アジアのいわゆる雁行型経済発展のパターンに大幅な変更を加える可能性がある。総じて、技術水準の面で日本はNIEsと同レベルのスタートラインに立っており、どちらも欧米へのキャッチアップの途上にある。さらに、ITの活用度からいえば、海外ネットワークの展開、柔軟な企業組織、政府の積極的なIT戦略など、いくつかの側面でNIEsは日本よりも先を歩んでいるとみられる。こうしたことは、東アジアにおいて技術革新を牽引するプレーヤーの厚みが増していく潜在性が大きいという含意をもつものであろう。

第四は、国際金融に関することである。金融グローバリゼーションの進展に伴って、海外投資において、直接投資とともに間接投資が大きな役割を担うこととなってきたが、東アジアでは、香港、シンガポールにおいて国際金融センターとしての機能が確立されている。香港については、中国向けのシンジケーションをはじめ東アジアにおける資本市場の中核となっており、一方シンガポールについては東アジアにおける為替市場の中核となっている。上述した、日本の金融資産の活用、ASEAN新規加盟国、中国中西部、中国東北部、極東ロシア、北朝鮮への直接投資の広がり、技術革新の進展を支えるという観点においてもこれら機能が果たしていく役割が大きくなっていると考えられる。

2　新たな枠組みに向けた道筋と為替安定メカニズムの展開

東アジア経済の新たな枠組み（後出）に向けた道筋についてはどのように考えられるのだろうか。また、為替安定メカニズムはどのように展開していくのであろうか。ここでは、上述した新たな枠組みの視点を踏まえつつ、通貨危機に見舞われたASEAN諸国、韓国、またその間接的な影響を受けた中国を出発点としてこれらについて論じてみたい。

(1)　新たな枠組みへの道筋

【ASEAN諸国】

ASEAN諸国においては、域内貿易の自由化（AFTA：ASEAN自由貿易地域）に向けた動きが活発化している。また、投資の分野においても域外からの海外直接投資の招致に向けた種々の方策がとられている。ASEAN4における通貨危機の背景の一つとして、経常収支赤字を抱えるなか、APECボゴール宣言によって広域的な貿易・投資の自由化の圧力を受けていたことが考えられ、こうした動きは国際競争力の強化に向けた一つの方策にもなろう。更に、ASEAN諸国が抱える通貨面における不安定性についても「外貨準備協力機構」によって緩和されるものと考えられる。そして、ＡＳＥＡＮ諸国の発展のポイントとして、海外直接投資のこれら諸国への吸引力としてシンガポールがどの程度その役割を果たしていくことができるのかということがあげられる。

こうした観点において、日本―シンガポールとの間で議論されている自由貿易協定を含んだ広範囲の分野にわたる経済連携構想は合理的なものといってよいであろう。そもそも、シンガポールは都市国家であり、中間媒介としての役割を演じていくには負担が重いと考えられる。同経済連携構想では、モノの移動の自由化だけでなく、日系企業がＡＳＥＡＮ諸国で雇用した人材をシンガポールで研修することを柔軟に認めるなどヒトの移動に関する自由化も議論されている。これは、シンガポールにおけるＩＴ、バイオテクノロジーなどへの積極的な取り組みと相俟って、技術の側面での連携を促すものと考えられる。また、日本とシンガポールが東アジア企業に共同で出資する構想も動き出しており、これは、国際金融の側面での連携を促すものと考えられる。通貨危機以前においては、シンガポールからマレーシアへの海外直接投資のみならず、マレーシアからインドネシア、フィリピン、ベトナムへのそれも進展した旨を前に述べたが、ＡＳＥＡＮ域内のいわゆる先進国から新規加盟国への海外直接投資を含めてこうした状況が再現してくることが期待される。こうした状況になれば、更に、シンガポールと他のＡＳＥＡＮ諸国との競争条件の平等性という観点から、日本とシンガポールとの間の経済連携は日本及び広くＡＳＥＡＮ諸国を対象とするものへと拡大していくことが見込まれる。これらの過程において、日本とＡＳＥＡＮ諸国との間における為替安定メカニズム構築の必要性が更に高まっていくものと考えられる。

【韓国】

グローバリゼーションの進展によって、日本同様、国内市場への対応から世界市場を前提とした企業活動への転換が促されており、国際競争力の向上がこうした観点からも要請されるなか、一国を超えた産業構造調整の必要性に直面していると考えられる。そして、産業構造に類似性がみられる日本との間において企業提携が進展するなど水平的な補完関係が進展しつつあり、更に、投資協定の締結や自由貿易圏の形成等を通じた産業構造調整の促進に向けた動きもみられる。しかしながら、こうした日本と韓国との間における連携を進める場合の一つの大きな課題が韓国の対日赤字の拡大（日本の対韓黒字の拡大）であり、それを放置すると通貨危機の誘発の可能性が考えられる。前述した「外貨準備協力機構」のメカニズムはこうした不安定性を抑制・緩和する機能を果たすものであろう。他方、同時に、中長期的視点に立って、台湾やシンガポールを参考にして、貿易収支黒字基調の定着を視野にいれて、中間媒介としてトライアングルの構築を図ろうとすることは自然の流れであろう。その際の一つの考え方は日本—韓国—中国というトライアングルであり、もう一つの考え方は日本—韓国—北朝鮮であろう。

前者、すなわち、日本—韓国—中国については、条件の成熟度が比較的高い。韓国は現在、対中国において、ⓐ貿易収支が黒字になっており、ⓑ直接投資国になっている、からである。課題は通貨ウォンの安定化であり、このためには、黒字創出型の国際収支構造を構築する必要がある。中国のWTO加盟はこうした構造を構築していく上での重要な契機になると考えられる。他方、対日本については、日本からの直接投資の受入の条件を整え、それを韓国自身の対外投資に結び付けていくことがポイントであり、投資協定の締結や日韓間の企業提携の進展はこれを促すものであろう。こうした過程の中で、日韓・日韓中自由貿易圏、ひいては、日韓・日韓中における為替安定メカニズム構築の必要性が更に高まっていくものと考えられる。このトライアングルの更なる発展の後には、韓国は中間媒介としての位置を中国沿岸部に譲り、韓国—中国—極東ロシアというトライアングルへと展開していくものと考えられる。また、韓国—中国沿岸部—中国東北部という投資の伝播も想定される。

後者、すまわち、日本—韓国—北朝鮮については、韓国の中間媒介としての条件の具備がポイントであろう。すなわち、対北朝鮮において、ⓐ貿易収支が黒字になること、ⓑ直接投資国になること、ⓒ通貨ウォンが切り上げ傾向にあることである。そのためには国際収支全体が黒字創出型とならなければならないが、日本—韓国—中国のトライアングルの成熟化はこれに資するものであろう。対日本については、ⓐ貿易収支が赤字であってもそれを韓国の対北朝鮮を含む貿易全体の出超に結び付けていくこと、ⓑ対北朝鮮投資における優位性を活かして中間媒介の役割をリードしていくことが重要であり、北朝鮮市場への投資に関して優位性をもつ韓国企業と日本市場（北朝鮮から日本への輸入、販売）に優位性をもつ日本企業との連携によってこれが促進されるものと考えられる。こうした過程のなかで、投資協定の締結や自由貿易圏の形成、ひいては、為替市場の安定について更に関心が高まっていくものと考えられる。また、北朝鮮への投資を促していくうえで通貨ウォンの安定は不可欠であり、こうした観点からも円をどのように活用していくのかという関心が高まっていくものと考えられる。

【中国】

中国経済の今後のポイントはＷＴＯ加盟と中西部開発であろう。これらは、東アジア域内における産業構造に対して大きなインパクトを与えるとともに、中国沿岸部が海外諸国と中国中西部との中間媒介の役割を担っていくという含意をもつものであろう。

こうした観点において、香港、台湾が果たす役割は大きい。両者は中国の外資導入の四七・〇％（直接投資、実行ベース）ないし五六・三％（加工組立、証券投資等）（いずれも九九年）[6]を占めるなどこれまで対中国海外直接投資を牽引してきている。中国への既存投資資本の中国中西部への展開を促す意味で、香港、台湾、また、上述した韓国から沿岸部への海外直接投資の進展が中西部開発の成否のポイントとなろう。中国のみならず台湾のＷＴＯへの加盟はポジティブな要素である。

また、日中間貿易において中国側が四年間（一九九五～九八年）にわたって黒字を創出している一方で、香港・台湾の対日貿易赤字、台湾の対中黒字が拡大していることもポイントである。すなわち、日本―香港・台湾―中国の間で安定的なトライアングルが形成されているのである。今後、更に、日本と台湾との間で技術面における水平的な補完関係が、また、日本と香港との間で国際金融面における水平的な補完関係が広がっていくものと考えられる。以上を踏まえれば、中国、日本、香港、台湾、韓国の間において、経済的には投資協定の締結や自由貿易圏の形成に向けた考え方があってもしかるべきであろう。同様に、為替安定メカニズム構築の必要性が更に高まっていくものと考えられる。

【ＡＳＥＡＮ諸国と中国との関係】

ＡＳＥＡＮ諸国が輸出・海外直接投資の誘致の両面において中国経済の進展に関心を寄せることは自然であり、また、中国が、為替レートへの切り下げ圧力がＡＳＥＡＮ諸国から波及したことに鑑みれば、中西部開発を進めるうえにおいても、ＡＳＥＡＮ諸国の動向に関心を寄せることも自然であろう。両者の競合関係は、例えば、通貨の切り下げを通じた優位性の確保を誘発するリスクがあり、東アジア経済全体の発展にとっても潜在的なリスク要因と考えることができよう。ただし、これに関しては、前述した「外貨準備協力機構」のメカニズムにより緩和されることになろう。一方、中長期的視点に立てば、競合関係を緩和するための一つの方法として、ＡＳＥＡＮ諸国と中国との間の貿易や投資の進展を促し、国際分業の下で相互に国際競争力を向上させていくことが考えられる。ＡＳＥＡＮ諸国におけるＡＦＴＡの始動（二〇〇二年）や中国におけるＷＴＯへの加盟は、双方における産業構造調整をもたらし、相互間の貿易や投資を促進していく上での環境整備に資することになると考えられる。

こうしたことを踏まえれば、ＡＳＥＡＮ諸国、中国それぞれにおいて産業構造調整が進展するとともに、中国のＷＴＯ加盟に伴う関税率の引き下げ等が完了し資本取引の自由化が予想される二〇〇六年前後を、相互間の貿易や投資を促進していくうえでの、一つの境目とみなすことができるのではないだろうか。そして、中国の資本取引の自由化と相俟って、ＡＳＥＡＮ諸国と中国との間における為替安定メカニズム構築の必要性が更に高まっていくものと考えられる。

(2)　為替安定メカニズムの展開

以上、東アジア経済の新たな枠組みに向けた道筋について述べてきた。そして、そのなかで、為替安定メカニズム構築の必要性についてふれてきた。為替安定メカニズム構築のポイントはどのようなことであろうか。金融グローバリゼーションが進展するなかで為替相場が不安定になりやすい状況にあること、東アジア諸国間において所得水準等が多様であることなどをも踏まえれば、次の三つを指摘することができる。

第一は、二国間・三国間における貿易・投資の促進などの経済連携を補完する形で実需に基づいて為替安定メカニズムを重層的に積み上げていくことである。そして、この現実的な積み重ねのうえで、その結果として、東アジア全体をカバーする為替安定メカニズムのネットワークがもたらされうるであろう。

第二は、為替安定メカニズムの方法として、欧州（欧州通貨制度：為替変動の管理、市場介入のための金融支援、共通通貨単位の設定）でとられたような、共通バスケット・リンクが考えられるものの、許容変動幅を大きくとり、また、参加国を緩やかに広げていくなど柔軟性をもたせることである。

第三は、「外貨準備協力機構」との連携に関することである。「外貨準備協力機構」の機能を踏まえ、これに為替安定メカニズムの運営において金融支援など特定の役割を担わせることが適当であると考えられる。

そして、このような視点にたって、為替安定メカニズムの展開について考察すると、二国間・三国間における貿易・投資の促進などの経済連携が東アジア全体において重層的に積み上がっていく素地が前述した二〇〇六年前後に形成されることになると考えられる。ここでは、それぞれに通貨政策における国際協力も進展することになるものと考えられる。その後、その結果として、東アジア全体にわたる自由貿易圏の形成、共通通貨バスケットの構築や為替変動の共同管理に向けた動きがみられることになると考えられる。そして、上述した「外貨準備協力機構」が東アジア全体にわたる為替安定メカニズムにおいて金融支援など制度の中核を担う機構へと発展していくことと相俟って東アジアにおける新たな通貨システムが形成されることになると考えられよう。

3　新たな枠組みの展望

東アジア経済の新たな枠組みについては、今後の中国の経済発展、技術の進歩等において種々の予測困難な要素はあるものの、上述したこれに向けた道筋の延長線にたつと、概ね次のような展望をもつことができると考えられる。

第一は、トライアングルの重層的な展開である。ASEAN新規加盟国、極東ロシアへの海外直接投資の広がりを伴った、例えば、シンガポール—マレーシア—ベトナム、韓国—中国—極東ロシアといったトライアングルが追加的に幾重にも形成され、発展していく姿である。また、台湾・香港↓中国沿岸部↓中国中西部、韓国↓中国沿岸部—中国東北部といった投資の伝播も想定される。

第二は、日本とNIEsとのより水平的な補完関係の形成である。例えば、直接投資の基礎となる技術に関しては、日本と韓国、台湾、シンガポールとの間での技術共有の深化が考えられ、また、間接投資の基礎となる国際金融に関しても、日本とシンガポール、香港との間での連携した資産運用の高まりが考えられる。一方、NIEs諸国間における相互補完関係の進展も想定される。上述したトライアングルについても、例えば、シンガポール・日本・台湾・香港—マレーシア—ベトナム、韓国・日本・台湾・香港—中国—極東ロシアといったことが想定される。また、投資の伝播についても、台湾・香港・日本・韓国—中国沿岸部—中国中西部、韓国・日本・台湾・香港—中国沿岸部—中国東北部が想定される。

第三は、ASEAN諸国と中国との間をはじめ水平的な国際分業の形成である。トライアングル相互の間においてそれぞれの特色を活かした生産の棲み分けが進められ、競合関係の緩和を通じた相互並存的な姿である。

なお、これらに伴い、域内貿易比率についてもEUの水準（六四・〇％：輸入ベース〈一九九九年〉）に向けて高まっていくものと考えうる。ただし、EUのこれまでの最高水準は七〇・八％であることについて十分に留意する必要があろう。(7)

そして、東アジア経済のこうした新たな枠組みが構築されていくなかで、上述した新たな通貨システムの形成の重要性がいっそう高まり、その帰結として、共通通貨への具体的な展望が拓かれるのではないだろうか。

更には、ASEAN諸国の南アジア諸国への海外直接投資の進展などを通じて、南アジア諸国（SAARC：South Asia Association for Regional Cooperation）との国際協力も進んでいくことになるのではないだろうか。そして、東アジアの共通通貨はよりグローバルな通貨システムの構築のための基礎の一つとしてその任を達成することが推察できよう。

第六節　日本のあり方

日本経済の将来について考えてみると、前述したように、急速な高齢化の進展によって、海外直接投資が加速していくことが予想されるとともに、これまで蓄積してきた金融資産を国内外において広く効率的に運用していくことが従来にも増して求められることになる。しかしながら、円建てによる取引・運用は限定的であり、円レートも不安定（実効レート図2-5）であるという問題がある。こう

図2－5　実質実効ルート

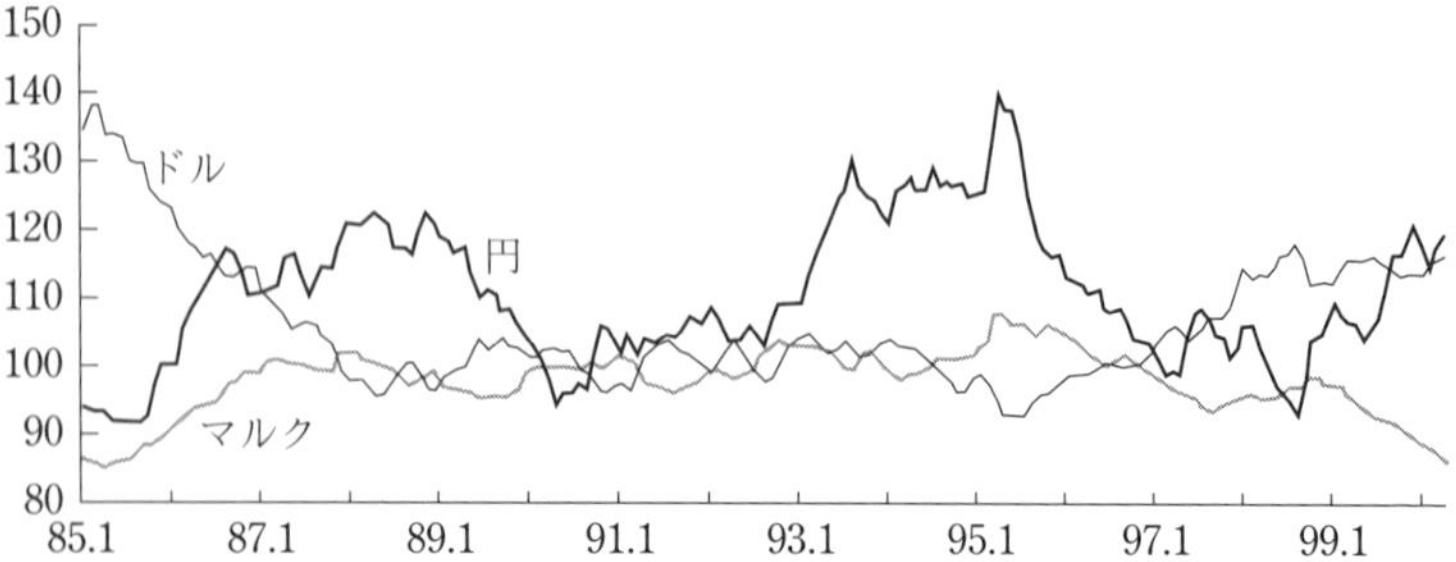

出所：『Currency Indices』J.P.Morgan.

したことから、密接な経済関係にあり、海外直接投資先や金融資産の運用先として期待される東アジアにおいて、円の利用を促進することを通じて、その国際化を進めようとする考え方がある。

ところで、金融グローバリゼーションの進展は、資源のより効率的な配分を通じて、東アジアの経済発展を促しうる一方で、通貨危機を通じて、大部分の国々が海外直接投資の時代において培った対米ドルレートの実質的な釘付けを放棄せしめた。そして、東アジアは未だ通貨危機再発の可能性を抱えている。他の東アジア諸国にとって、円は、現実的には自国経済の発展のために活用しうる存在である。というのは、これら諸国の貿易の相手先、海外直接投資の投資元として日本が占める位置は大きく、ドルと円をバランスよく利用すれば一国としての為替リスクは減少すると考えられるからである。一方、日本にとっても、他の東アジア諸国が将来にわたって通貨危機の発生の可能性を抱えているということは、これら諸国への安定的な投資の機会を失い、ひいては、国民生活の向上そのものが損なわれることを意味するものではなかろうか。また、金融グローバリゼーションの進展は、資本の流出入の変動を通じて各国のいわゆる経済主権を脅かすものであり、日本についてもその一国的な政策運営の余地は自ずと小さくなっていくだろう。

以上に鑑みれば、円の国際化については、旧来のような円ブロックの構築ではなく、むしろ共通バスケット・リンクの構築ひいては共通通貨の創設に国益を見い出すという考え方のもとで、他の東アジア諸国と真に衡平な立場で共通の利益を目指して取り組んでいくことを明確にすることが重要であると考えられる。なお、これについては日本の世界への貢献を脆弱なものにするのではないかとの懸念が惹起されることも予想される。しかしながら、世界経済に占める日本のシェアが九五年の八％から二〇二〇年には五％に低下する（購買力平価ベース）とみられている一方で、他の東アジア諸国の合計が日本を大きく上回っていくとみられるなか、むしろ、東アジア経済の中長期的な発展を通じて世界経済の成長に貢献していくことを基本とすることの方が実効的であると考えられる。(8)

こうしたうえで、円の国際化、すなわち、他の東アジア諸国によっておのずと円が利用されるよう取り組んでいくことが必要である。これは、前述したことに照らし合わせれば、「外貨準備協力機構」に関連した政策対話において他の東アジア諸国から敬意をもたれる行動であり、ユーロに次ぐ世界第二位の外貨準備保有国としての地域全体の視点にたった行動であり、また、金融グローバリゼーションに翻弄されうる為替安定メカニズムの共同運営にあたるにふさわしい行動である。一国的な考え方から脱却し、成熟した国として、他の東アジア諸国への影響などこれら諸国との関係を踏まえて行動することである。具体的には、域内の重要事項である朝鮮半島の和解に関しては、徒に輸出先市場とみなすのではなく、韓国ウォンの安定、韓国貿易収支の黒字化が基礎となるという視点をもつことが肝要である。また、外貨準備高に比例して「外貨準備協力機構」に外貨準備を提供するというルールの形成に率先して取り組んでいくことが重要である。更に、為替安定メカニズムの共同運営を視野に入れて、他の東アジア諸国の国債（現地通貨建て）を保持していくことが重要である。

そして、こうした考え方にたったうえで、新しい経済を構築していく必要がある。第一は、合理性のある経済秩序の構築である。言い換えるならば、他の東アジア諸国から理解が得られる経済秩序の構築である。例えば、輸出はポジティブ、輸入はネガティブという発想から脱却し、大幅な貿易黒字そのものを問題として捉える必要がある。国民の視点にたった発想が求められ、その結果として、輸入の増大も見込まれよう。また、海外直接投資の進展についても空洞化に対する懸念があった。これについてもいわゆる産業保護によるバイアスを除去し企業自身によるグローバルな立地判断に委ねるべきである。

第二は、安定感のある経済構造の構築である。言い換えるならば、グローバルな市場や他の東アジア諸国から信認される経済構造の構築である。そのためには、早急に財政構造の健全化を図るとともに対外協力性と安定性を合わせ持った総合性のある金融政策が要請される。前者の財政構造の健全化については、東アジア全体の将来を睨み、これとの調和に目を配るならば、公共事業の在り方についてもおのずと自制の作用が働くと考えられる。また、国債を海外投資家にその運用対象として供することを通じて財政の自律性を高めていくことも重要である。

第三は、進取性のある経済社会の構築である。言い換えるならば、個々人の創造的な発想を尊び国籍の内外を問わない包容力のある経済社会の構築である。これまで東アジアの経済発展における技術の重要性について多々ふれてきたが、技術に限らず、文化、芸術等、新たな独創的な知見は、個々人の知見の混合によって生み出されうるものであり、他の東アジア諸国、ひいては、世界から人々を迎え入れ、また、他の東アジア諸国、世界に赴き、交流を活発化させていくことが必要である。その結果として、技術革新をはじめ新たな知見がもたらされうる。これは、他の東アジア諸国への人的支援、技術支援を実りあるものにするものでもある。

【注】

（1）IMF *Direction of Trade Statistics Yearbook 2000*, 2000.
（2）日本貿易振興会（ジェトロ）『ジェトロ投資白書：一九九九年版』一九九九年。
（3）経済企画庁『アジア経済２０００』二〇〇〇年。
（4）World Bank *Global Development Finance 2000*, 2000.
（5）Population Division, Department of Economic and Social Affairs of the United Nations Secretariat *World Population Prospects : The 1998 Revision*, 1999.
（6）中国国家統計局『中国統計年鑑』二〇〇〇年。
（7）日本貿易振興会（ジェトロ）『１９９９年版・２０００年版　ジェトロ貿易白書：世界と日本の貿易』一九九九、二〇〇〇年。
（8）OECD *The World in 2020*, 1997.

【参考文献】

Maria Hsia Chang *Greater 'China and the Chinese' Grobal Tribe, , in Asian Survey*, 1999.
①日本貿易振興会（ジェトロ）『１９８７〜１９９８年　ジェトロ白書・貿易編　世界と日本の貿易』一九八七〜一九九八年。
②日本貿易振興会（ジェトロ）『１９９９・２０００年版　ジェトロ貿易白書　世界と日本の貿易』一九九九、二〇〇〇年。
③日本貿易振興会（ジェトロ）『１９８７〜１９９８年　ジェトロ白書・投資編　世界と日本の海外直接投資』

一九八七～一九九八年。
④日本貿易振興会（ジェトロ）『１９９９・２０００年版　ジェトロ投資白書　世界と日本の海外直接投資』一九九九、二〇〇〇年。
経済企画庁『アジア経済１９９８～２０００』一九九八～二〇〇〇年。
World Bank *World Development Indicators 2000/ CD-ROM*, 2000.
OECD *ITCS SITC/CTCI-Revision3 1990-1999*, 2000.
桜井錠治郎『ＥＵ通貨統合』社会評論社、一九九八年。

東アジアにおける通貨政策の連携とその深化に関する研究会

主査　涂　照彦　國學院大學経済学部教授
委員　杉田　俊明　甲南大学経営学部助教授
小井川　広志　名古屋学院大学経済学部助教授
眞田　幸光　愛知淑徳大学ビジネスコミュニケーション研究所助教授
清水　一史　九州大学経済学部助教授
東　茂樹　アジア経済研究所地域研究第一部研究員
村上　美智子　富士通総研経済研究所主任研究員
（現国際協力銀行国際審査部特別研究員）

（事務局）

服部　高明　総合研究開発機構国際研究交流部主任研究員
杉田　茂之　総合研究開発機構研究企画部主任研究員
武田　大介　総合研究開発機構研究企画部研究員

（二〇〇〇年一二月時点）

第三章　エネルギー・環境分野における北東アジア諸国の連携

総合研究開発機構　エネルギー・環境研究チーム

第一節　東アジアのエネルギー・環境問題における北東アジアの特殊性

東アジアのエネルギー需給を俯瞰すると、北東アジアと東南アジアでは状況が全く異なっている。まず、需要面を見てみると、東アジアのエネルギー消費量のうち八〇%近くをOECDに加盟する先進経済国である日本、韓国、そして近年エネルギー消費量を大幅に増やしている中国が占めており（一九九八年、BP Amoco 統計資料より算出）、北東アジアにエネルギー消費地が集中していることがわかる。

次に、供給面をみると、東南アジアには、インドネシア、マレーシアというエネルギー輸出国が存在し、インドネシアは石油約三〇〇〇万トン、天然ガス約三〇〇〇万トン（石油換算）、マレーシアは石油約一五〇〇万トン、天然ガス約二〇〇〇万トン（石油換算）を純輸出している（一九九八年、同上）一方、石油・天然ガス資源をほとんどもたない日本、韓国、さらにエネルギー輸入量が増大している中国が位置する北東アジアは、エネルギー供給基盤が極めて脆弱である。したがって、東アジアのなかでも特に北東アジアはエネルギー需給のミスマッチにより経済発展が制約される危険性が高い。

また、エネルギーの消費には大気汚染物質や温室効果ガスの排出といった環境問題がつきまとうことになるが、特に地球温暖化問題についてはエネルギー消費量の多い北東アジア各国は他の東アジア諸国に比べて対策の必要性が高いといえる。このため、ここでは東アジアのエネルギー・環境問題を、北東アジアに限定してみていくこととする。なお、ここでみる協力の内容は、東南アジアにも広めていくことができるものであることを付言する。

第二節　北東アジアのエネルギー情勢と展望

1　日本、中国、韓国のエネルギー需要（図3―1）

❶　日本

日本は一九六〇年代からの高度経済成長期に年率一〇％以上の急激なエネルギー消費の成長をみせたが、七〇年代の二度の石油危機以降、産業構造の高度化、エネルギー利用の効率化（省エネルギー）が進み消費の伸びは抑えられた。しかし、一九八〇年代後半からエネルギー価格が低下したことにより、徐々にではあるがエネルギー消費は増大している。

部門別にみると産業部門の比率は約五〇％を占めているが、石油危機以降、産業部門の消費の伸びは抑制されている。今後、電子・情報産業などエネルギー寡消費型産業の増加が予想されることから、その比率は徐々に低下していくと考えられる。一方、民生、運輸部門は一貫して消費が伸びている。そのうち民生部門は、家庭における使用電気機器の増加、情報機器の普及・稼働時間の増加、高齢化社会を反映したエネルギー使用量の増加により、今後も順調な伸びが予想される。なお、運輸部門は九〇年代以降、民生部門よりも高い伸び率を示したが、低燃費車の普及や物流の効率化が図られているため、今後その伸びは鈍化すると思われる。ただし、国民のライフスタイルに関わる部分が多分にあるため、大幅な消費の抑制は期待しにくい。

このような状況を勘案すると、二〇一〇年に向けての日本のエネルギー消費は微増となる可能性がある。しかし、日本は温室効果ガスの排出量を抑制していく必要があることから、エネルギー消費は政策的に抑制されていくものと思われ、ＮＩＲＡでは（以下日本の将来予測についてはＮＩＲＡの予測データによる）、二〇一〇年の一次エネルギー供給量は一九九八年度とほぼ同等の原油換算五・八二億キロリットルにとどまると予測している。

❷　中国

中国は一九七八年の改革開放以来、年率一〇％近い経済の高度成長を果たし、それに伴いエネルギー消費量も急増した。九〇年代後半からエネルギー消費が前年比で減少するという状況が現れているが、これについては産業構造の変化や、エネルギー源の優質化（低質炭の直接消費から高質炭、石油、天然ガス、電力等への移行)、利用効率の向上が要因として考えられている。しかし、一部には統計に反映されない石油の密輸や、規制強化を背景とする低質炭のヤミ流通が存在しているという見方もある。

中国のエネルギー消費を部門別にみると、現状、産業部門の比率が圧倒的ではあるものの、運輸部門が徐々にその比率を伸ばしてきており、モータリゼーションの進展による一層の拡大が予想される。一方、民生部門は生活水準の向上にもかかわらず、使用エネルギーの優質化により消費の伸びが低下している。今後は経済成長に伴う一層の生活水準の向上により、民生部門の占める割合が増加していくものと考えられる。

中国は自身の経済発展段階を工業化の過程にあるとし、今後も工業中心の成長を進める必要があるとしている。これに中国の一人当たりのエネルギー消費量が世界平均の約半分にすぎないことを考えあわせると、近年のマイナス成長は一時的なもので、今後、経済発展とともにエネルギー消費が大幅に増加することは確実である。中国国家発展計画委員会能源研究所の予測によると(以下中国の将来予測については中国能源研究所の予測による)、二〇一〇年の中国のエネルギー消費量は標準炭換算一八億トン前後、一九九五年の一・三～一・四倍になるとしている。

なお、中国は、比較的豊富な資源を有しており、一九九三年以降石油が純輸入に転じている以外は、エネルギー需要のほとんどは国内資源によって賄われている。

❸ 韓国

韓国は一九六〇年代以降、輸出により経済を拡大していくために国内産業の工業化を進め、九〇年代後半のアジア通貨危機まで順調に成長を続けてきた。このような経済成長を背景にエネルギー消費

図3−1　日本，中国，韓国のエネルギー消費量の推移

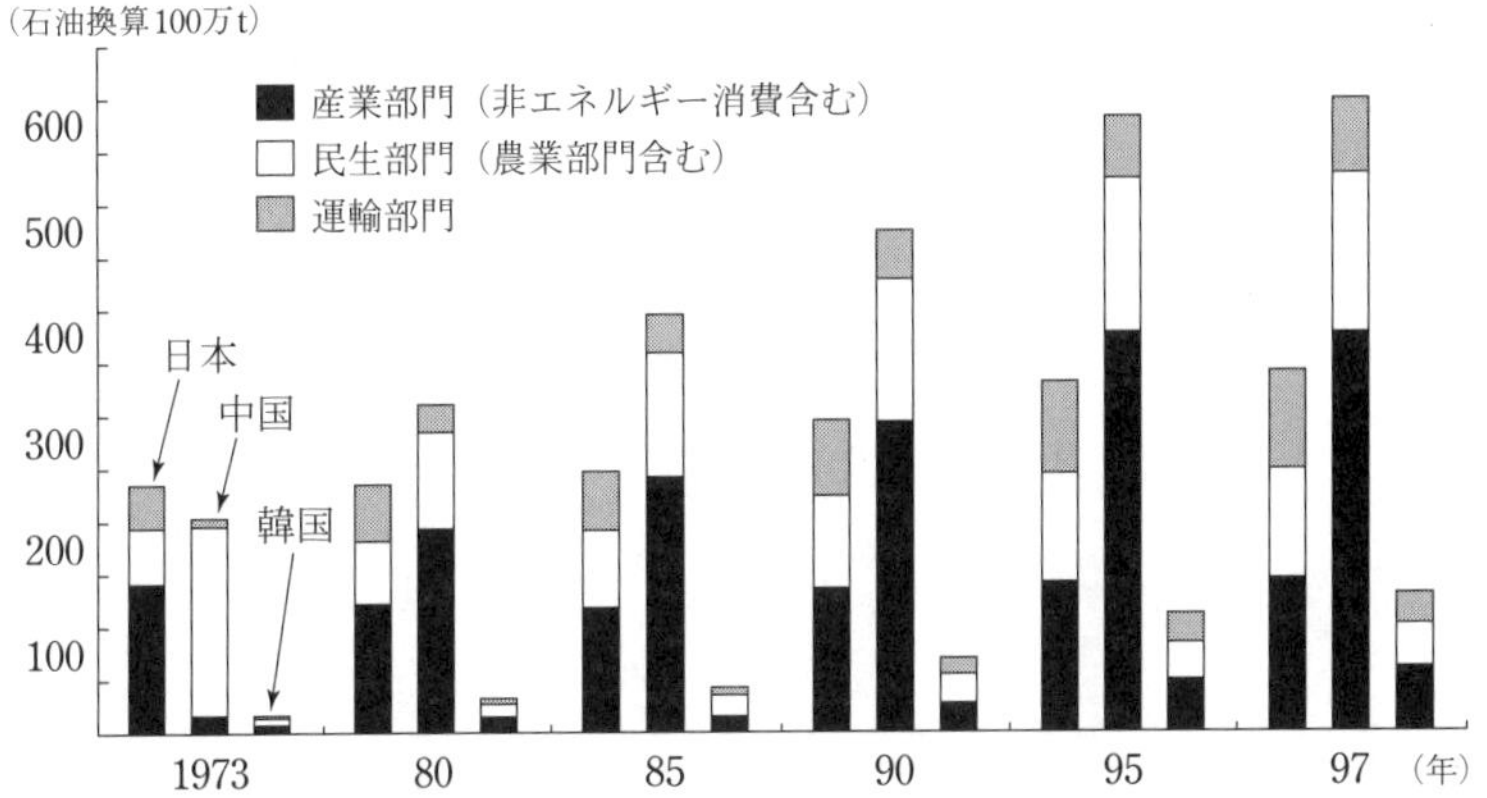

出所：日本エネルギー経済研究所・計量分析部『エネルギー・経済統計要覧2000』をもとに作成.

も大幅に増大し、八〇年代は年率約七%、九〇～九七年では年率約一〇%の伸びで推移した。アジア通貨危機により九八年のエネルギーの消費量はマイナス成長に転じたが、その後は経済が回復に向かい、九九年には九七年を若干上回るまでにエネルギー消費は回復している。

部門別の消費量をみると、民生部門が比較的緩やかな伸び率を示しているのに対し、産業、運輸部門は一九九〇年代に入り著しい伸びを示している。韓国はアジア通貨危機による景気減退後、経済構造の根本的な見直しを迫られることになり、産業界においても、基幹産業における過剰設備、過剰投資を解消し効率化を図る観点から、五大財閥間の事業再編成が進められている。これは、産業部門におけるエネルギー効率化をいっそう進展させるものと思われるが、加えて産業構造もエネルギー多消費型産業から徐々に寡消費型産業に移行していくため、今後産業部門の消費の伸びは抑えられていくものと考えられる。しかし一方、民生、運輸部門においては、個人のライフスタイルの変化により消費が拡大していくものと予想される。韓国エネルギー経済研究院（ＫＥＥＩ）の予測によると（以下韓国の将来予測についてはＫＥＥＩの予測による）、今後、従来ほどの急速な伸びはみられないものの、エネルギー消費量は二〇一〇年時点で一九九九年の約一・五倍の石油換算約二・八億トンになるとしている。

2　日本、中国、韓国のエネルギー源別消費状況（図3―2）

❶　石油

石油について日本、中国、韓国の消費状況をみると、日本、韓国が比較的類似した構造を有しているといえる。日本、韓国は石油危機以降、石油の構成比を徐々に低下させたが、現在でも日本は五〇%、韓国は六〇%の水準を維持している。両国とも今後、石油の依存度低下に努めていくことが予想されるが、エネルギー消費が増大する見込みの韓国では、石油の消費量も拡大し、二〇一〇年の輸入量は約一・四億トンに達すると予測されている。日本はエネルギー消費が抑制される結果、石油の消費量は若干減少すると予測されるが、消費の規模自体は依然として大きく、二一世紀の最初の一〇年において年間二・五億トン程度の石油を輸入し続けると予測される。

一方、中国の石油消費は、構成比でみると二〇%程度にすぎないが、韓国の全エネルギー消費を上回るほどの規模である。中国では、環境面の理由から石炭の消費を合理化することが喫緊の課題であり、石炭から石油への燃料転換もみられる。これに加えて、中国は現在、モータリゼーションの時代を迎えようとしており、石油の消費は増えつづけている。その結果、中国は、一九九三年以降石油が純輸入に転じている。一方、石油の供給面については、国内で年間約一・五億トンの石油を生産し、今後も新油田の開発が見込めるものの、消費量の増加に追いつけるほどの生産の増加は望めないため、輸入量が大幅に拡大し、二〇一〇年には純輸入量が一億トンを突破しているものと予測されている。

❷　石炭

石炭について、日本は早い段階から国内生産が減退したため、一九八〇年代以降その構成比は大きく変化していない。一方、韓国は一九八〇年代前半まで石炭の国内自給率が八〇%を超えており、構成比も三〇%以上であったが、その後は徐々に国内生産量が減退したこともあり、現在では構成比が二〇%を割る水準まで低下してきている。今後、両国とも発電部門における石炭の消費量増加が見込まれているが、日本では環境負荷の高い石炭消費を抑制する対策がとられ、消費量が減少することも考えられる。

中国のエネルギー構造は、石炭の消費量の多さが特徴としてあげられる。石炭が一次エネルギー消費構造に占める比率は依然七〇%を超えている。今後、環境面の理由から他のエネルギーの消費が増加し、石炭の構成比が減少することも予測されるが、石炭が中国の主要エネルギーでありつづけることは間違いない。

❸　天然ガス

天然ガスは、北東アジア周辺に豊富に存在することと、環境負荷が低いことから、各国の注目を集めている。日本も、環境にやさしい石油代替エネルギーとして天然ガスに期待しており、消費は拡大していくと考えられる。今後、原子力開発が停滞する状況で温室効果ガスの排出削減を目指す場合、天然ガスの役割はより重要となり、その構成比は一五%を超え二〇一〇年には六〇〇〇万～七〇〇〇

図3－2　1次エネルギー消費のエネルギー源別構成比
（「その他」のエネルギー源は含まず）

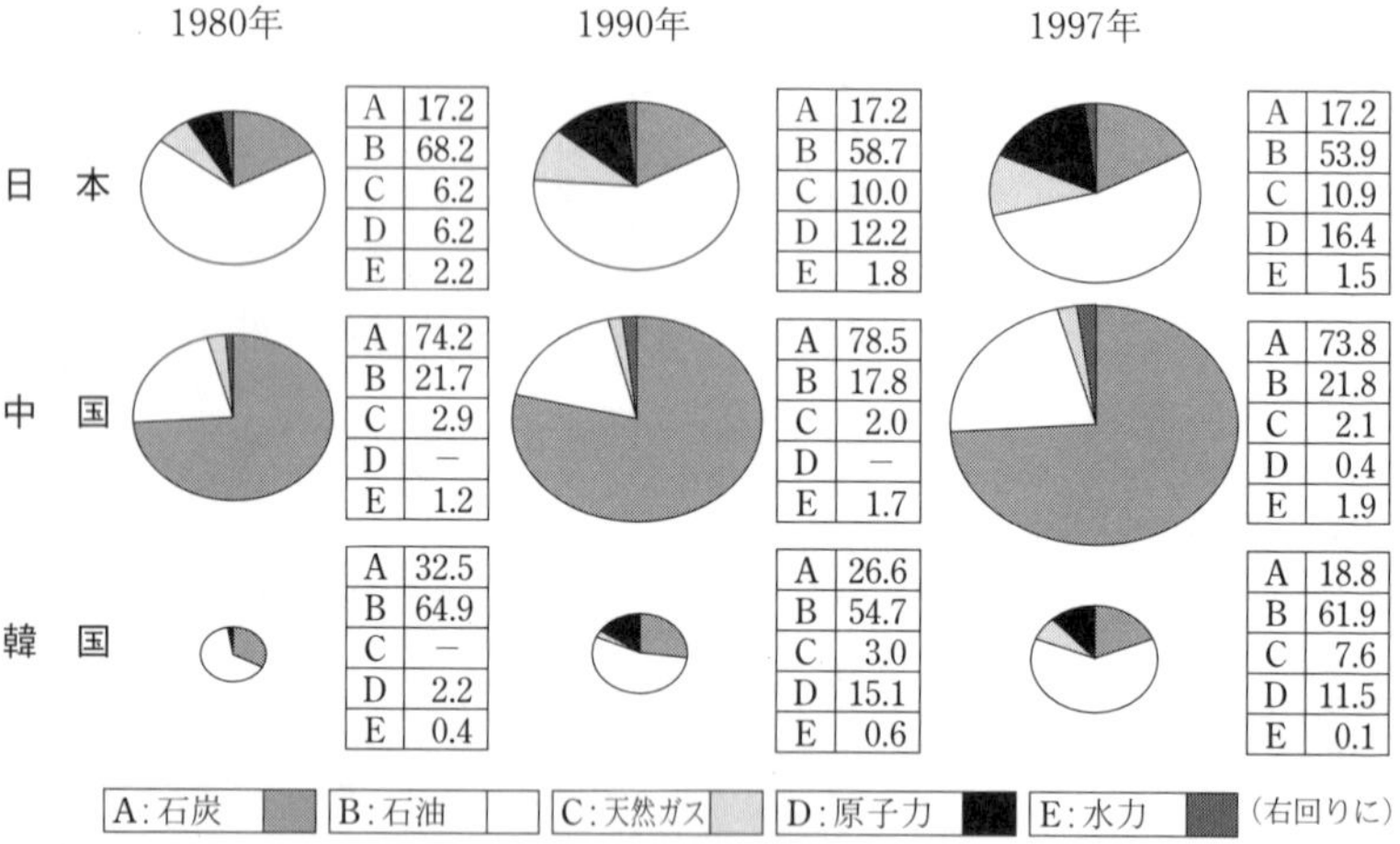

		1980年	1990年	1997年
日本	A	17.2	17.2	17.2
	B	68.2	58.7	53.9
	C	6.2	10.0	10.9
	D	6.2	12.2	16.4
	E	2.2	1.8	1.5
中国	A	74.2	78.5	73.8
	B	21.7	17.8	21.8
	C	2.9	2.0	2.1
	D	－	－	0.4
	E	1.2	1.7	1.9
韓国	A	32.5	26.6	18.8
	B	64.9	54.7	61.9
	C	－	3.0	7.6
	D	2.2	15.1	11.5
	E	0.4	0.6	0.1

出所：図3－1に同じ.

万トン（LNG換算）の消費量になるものと予測される。また、韓国では国内のガスパイプラインの整備が進んでおり、都市ガス普及率にも伸びる余地があることから、天然ガスの消費は二〇一〇年には一九九九年の約二倍の約三三〇〇万トン（LNG換算）になることが予測されている。

一方、中国は国内に豊富なガス資源を有しているが、開発、輸送等に多額の投資が必要であるため、従来、消費は生産地周辺に限られ、構成比も二％程度であった。しかし、近年、陝甘寧ガス田から北京へ至るパイプラインが完成し、また、今後新疆から上海までの東西を結ぶパイプラインが計画されていることなどから、二〇一〇年には一九九五年の約五・六倍の約七〇〇〇万トン（LNG換算）の天然ガスが消費されると予測されている。また、この消費の急増に生産が追いつけないことが予想されるため、LNG、パイプライン両方による輸入計画が検討されている。

❹ 原子力

原子力についても、各国は精力的に導入を図っている。中国においては原子力の発電利用はまだ初期段階であるが、日本、韓国では、原子力はすでにエネルギー供給のなかで重要な地位にある。各国とも数基の原子力発電所を建設中であり、それらは全世界の建設中原子炉の約三分の一を占めている。各国加えて計画中の原子炉も多く、各国とも原子力によるエネルギー供給量は増大すると見込まれている。しかし、日本では原子力をとりまく国内外の環境の変化による計画の遅れが目立っており、韓国でも住民運動が起こり始めていることから、計画どおりに原子力が導入されるか否かは不透明な状況になっている。

3　北東アジアのエネルギー供給源

以上みてきたように、北東アジアでは今後エネルギー消費の拡大がみられ、それに伴いエネルギーの域外からの輸入も拡大していくことが予測されている。特に、一次エネルギー供給に占める割合が高い石油については、二〇一〇年時点において、日本、韓国、中国合計で約五億トンもの純輸入量になる。これは一九九五年時点で日本の約四割程度であった韓国、中国合計の年間石油純輸入量が、二〇一〇年には日本と同程度の量に達することを意味している。この大量のエネルギーの供給源をどこに求めるかは重要な問題である。

❶　ロシア、中央アジア

資源の埋蔵量および地理的側面から考えると、今後供給源として有望視されるのが、旧ソ連地域（ロシア、中央アジア）である。この地域の石油埋蔵量はアジア太平洋地域を上回り、天然ガスでは世界最大（世界の三九%、BP Amoco 統計資料より）である。

旧ソ連地域の中でも最大の埋蔵量を有するのが西シベリアである。また、中央アジアもカスピ海北部やトルクメニスタンで多くの資源埋蔵が確認されている。これらの地域はヨーロッパと北東アジアからほぼ等距離に位置しており、両者のサプライヤーとして期待できるが、現状はロシアを経由してのヨーロッパ向けの輸出が中心である。また東シベリア（イルクーツク）やサハリンでも資源埋蔵が確認されており、サハリンでは開発が開始されている。これらの地域は北東アジアに近いため、より北東アジアにとって有望な供給ソースといえるであろう。

西シベリア、中央アジアについては、輸出を拡大するため、既存のヨーロッパ向け以外のルートを模索している。特に中央アジアはロシアを通過しないルートを積極的に検討している。現状ではトルコへ抜けるルートが有力であるが、北東アジアへの輸出も視野に入っており、トルクメニスタンは中国とのエネルギー面での協力関係の構築に合意している。一方、北東アジア向けのルートが最も有力な東シベリアについては、ロシア、中国、韓国によるガスパイプラインのフィージビリティ・スタディが開始されている。

しかし、これらの地域では開発が本格化しておらず、供給ルートについても今後検討していかなければならないことから、北東アジアの供給源と考えるには課題も多く残されている。

❷　アジア太平洋地域

現在、中東に次いで北東アジアへのエネルギー供給を担っているのがアジア太平洋地域である。特に北東アジアにおける中東依存度上昇の抑制について、インドネシアを代表とする東南アジアの役割は大きく、地理的な近接性を考えても北東アジアにとって重要な供給源である。

しかし、石油についてみると、東南アジアでは今後生産量がほとんど増加しないことが見込まれている（一九九五年一・一三億トン〈実績〉、二〇一〇年一・一五億トン〈予測〉、APEC "Energy Demand and Supply Outlook updated September 1998" より）。東南アジアの発展に伴い自身の石油消費が増加するため、今後、石油の輸出が減ることはあっても増えることは期待できない。

❸ 中東地域

現在、北東アジアはエネルギー供給の多くを中東に依存している。輸入石油量中の中東依存度は、日本が第一次石油危機前の水準である八五％超、韓国が七五％超、中国が五〇％弱となっている（日本、韓国は九八年、中国は九九年）。

資源の埋蔵量や、確立された供給ルート、他の石油大生産地（北海、南米、アフリカ）と比較した地理的近接性を考えると、北東アジアは今後も中東にエネルギーの多くを依存していくことになろう。また、上述したように北東アジアの既存供給源である東南アジアからの輸出量が減少すると見込まれること、新規供給源としてのロシア、中央アジアにも課題が多いことから、これらの地域での開発が活発化しない限り、中東への依存度は今後一層拡大していくものと思われる。

第三節　北東アジアにおけるエネルギー・環境協力の必要性・意義

1　北東アジアのエネルギーセキュリティ

以上みてきたように、北東アジアはエネルギー供給の多くを中東に依存し、今後その依存度は拡大していくものと予想される。中東は、資源面では当面枯渇の心配がないといえるが、政情の不安定さやマラッカ海峡の交通量の飽和状態を考えると、今後エネルギー需給構造の脆弱化が進む北東アジアは、エネルギーの主軸となっている石油について、供給途絶時の対応策を講じるとともに石油市場の安定性を高める必要がある。また、日本、韓国の石油への依存度が高いことが北東アジアにおけるエネルギー需給構造の脆弱性の根本的な要因であり、これを代替するエネルギー源の開発・利用を推進する必要がある。

(1)　北東アジアの石油備蓄

一九九九年から二〇〇〇年にかけての石油価格の高騰は様々な教訓を与えた。一つは、OPEC（石油輸出国機構）の動向が石油市場へ与える影響の大きさについて再認識されたことである。その一方で、もう一つは、石油の商品性の高まりとともに、金融技術と金融グローバリゼーションの進展による投機的石油取引が拡大し、投機資金の流出入が石油価格に大きく影響するようになっていることである。現下の石油市場は、わずかな需給の乱れでも、価格の大きな変動につながりかねない状況になっている。また、M&Aが進む石油業界においてはグローバリゼーションの進展による国際競争力強化の必要性から、ジャストインタイム方式の製品供給体制（在庫管理の徹底による低在庫操業）に移行しつつあり、この点も安定供給を脆弱化させる一要因となっている。石油価格の高騰が経済に与える影響は大きく、石油市場を安定化させる仕組みの必要性は、国際的に急激に高まっている。

一方、石油市場を安定化させる仕組みとしては、IEA（国際エネルギー機関）による石油備蓄に関する国際連携システムがある。石油備蓄は、石油の供給不足への対応策という性格に加えて、備蓄により供給量をコントロールすることで市場を安定させるという効果も有する。また、平時においても産油国や投機筋を牽制するといった意味で市場の安定に貢献する。石油備蓄放出の効果は石油市場を通して全世界に波及するが、現在この効果に対するフリーライダーの増大がIEAで問題視されるようになってきた。つまり、発展途上国の石油消費の増加により、OECD加盟国による枠組みであるIEAの負担が増加し、その国際連携システムの効果が限定的なものになりつつあるのである。

石油市場をより安定化させるためには、発展途上国をも含む世界規模の国際連携システムが必要となっている。こうした状況は、IEA加盟国と石油消費量の大きいIEA非加盟国が同居する北東アジアにそのままあてはまる。北東アジアは、中国、韓国の石油輸入が増加傾向にあるにもかかわらず、石油備蓄体制は域内全体でみるとけっして十分とはいえない。ただし、その一方で、中国では石油備蓄保有についての検討がすでに始められており、韓国もIEAへの加盟を果たすなど、石油備蓄体制構築に向けた動きは活発化している。

石油危機やそれに伴う石油価格の上昇は、局地的に起きるものではなく世界規模で同時に発生し、かつ、ある国が石油危機により経済に影響を受ければ、経済のグローバル化を通じて直接の影響を受けなかった国にまで被害が波及する恐れがある。このため、日本、韓国、中国は連携して北東アジアの備蓄システムを構築する必要がある。石油備蓄の協調放出など北東アジア諸国間における連携によって各国それぞれの備蓄機能（効果）を拡大させることが可能となり、混乱の抑止力が拡充すると考えられる。なお、この備蓄システムはＩＥＡの機能を補完・強化することができる。

(2) 北東アジアの天然ガス開発

石油を代替するエネルギー源に関しては、大気汚染をはじめとした環境問題の深刻化、地球温暖化問題の現実化により、近年、化石燃料のなかでは環境への負荷が相対的に小さい天然ガスが注目を集めている。天然ガスは、発電、採暖、炊事における利用が可能であるうえ、自動車燃料として利用する技術も進んでおり、広い範囲で石油を代替することが可能である。北東アジア各国の一次エネルギーに占める天然ガスの割合は、日本が一一%、中国が二%、韓国が八%という現状（一九九七年実績、日本エネルギー経済研究所計量分析部『エネルギー・経済統計要覧二〇〇〇』より算出）（なお、すでに天然ガスの利用が定着している欧州ＯＥＣＤ加盟国は二〇%に達している、同上）にあるが、広範囲な石油代替が可能なことに鑑みれば、北東アジアでは天然ガスの需要が伸びる余地は大きいといえる。中国、韓国では、増大の続くエネルギー需要に対し、種別の多様化や環境への影響を考慮してエネルギー供給を行ううえで、天然ガスがきわめて重要であり、また日本でも原子力発電所立地の停滞をカバーする役割が予想されている。このため二〇一〇年の北東アジア地域における天然ガス需要は、すでに一定規模の需要に達している日本で一・二〜一・三倍、中国で四倍、韓国で二倍にまで達する（近年実績比、NIRA、中国能源研究所、KEEIの予測による）と見込まれている。

この場合、北東アジアでの天然ガス需要の増加に対する供給源としては、第一に東南アジアからのLNG（液化天然ガス）を考えることができる。しかし、東南アジアに残された優良プロジェクトには限りがあり、北東アジアにおける天然ガスの需要増加の全てをまかなうことは困難とみられている。一方、北東アジア（中国）およびその周辺（ロシア、中央アジア）には、豊富な天然ガス資源が未開発のまま残されており、上記の状況から考えれば、これを開発していくことが重要となる。

また、現在、日本や韓国が輸入しているLNGの価格は原油価格にリンクしているため、エネルギーの多様化を進めているにもかかわらず、石油価格の高騰時のバッファー機能は限定されている。しかし北東アジア周辺地域の資源開発を進めこの地域の天然ガスを輸入できるようになれば、LNG輸入に対するバーゲニングパワーが生まれ、新たな価格スキームが形成されることが期待できる。

このように北東アジアでの天然ガス利用の拡大は、石油に関する有事（供給途絶や価格高騰）の影響の緩和につながる。このため、エネルギー安全保障メカニズムとして東アジア全域で天然ガスの開発を促進していくことが望ましい。

しかし、天然ガス開発には多額の投資が必要であり、一定のリスクも存在する。また日本、韓国が大陸内陸部で生産される天然ガスを有効に利用するためには、いくつかの国境を越えて輸送パイプラインを敷設しなければならず、土地利用権、関税などをはじめとする様々な問題を解決しなければならない。欧州において天然ガス利用のために各国が共同してパイプライン網を整備してきた事実に鑑みれば、北東アジア諸国は天然ガス資源の開発・利用のために、域内における資源、労働力、資本、技術、市場を相互に補完するなど、連携していくことが必要であろう。

2　北東アジアの環境問題

エネルギー利用に起因する環境問題を考える場合には、大気汚染問題と地球温暖化問題とに大別して考える必要がある。まず、大気汚染問題についてみてみよう。

北東アジアにおいては、急速な経済発展をとげている中国の大気汚染問題が非常に深刻な状態にある。中国は石炭中心のエネルギー構造であるために、日本、韓国に比べSO_2の排出量が圧倒的に多く、日本と中国を比較すると、中国はエネルギー消費一単位当たりで一六倍、GDP当たりで二〇〇倍のSO_2を排出している（一九九六年『エネルギー・経済統計要覧二〇〇〇』、『エネルギー経済』二〇〇〇年三月より算出）。このためSO_2汚染や酸性雨による被害が深刻になってきており、それらの影響を受ける範囲は、中国全土の四〇％に達するとされ、中国能源研究所によれば、「一九九五年に酸性雨が与えた農作物、森林、人体健康への経済損失は、その年のGNPの二％に相当する推計一一〇〇億元にも達している」とされている。そしてこの中国の酸性雨汚染は、偏西風に乗って韓国、日本にまで広がっているという指摘もあり、もはや中国だけの問題にとどまらず、国境を越えた地域の問題となっている。

一方、中国政府は環境問題の深刻性を十分に認識しており、規制の強化や天然ガス利用の促進といった対策を進め、確実に成果を上げているが、中国の多くの国有企業は改革のさなかにあり資金繰りが苦しく、また、地方政府の財政状況も厳しいために、環境対策投資が行われにくい状況にある。このため日本は、政府開発援助（ODA）を利用し、排煙脱硫装置の設置を支援するなど、長期にわたる協力を実施してきている。しかし、中国において、今後いっそうエネルギー消費が増大することを考えれば、ODAでできることには限界があり、より持続性の高いメカニズムの構築が必要となっている。

また、韓国も今後エネルギー消費が増加することから、中国と同様のことがいえる。日本と比べ韓国は、エネルギー消費一単位当たりで四・五倍、GDP当たりで一六倍のSO_2を排出している（一九九七年『エネルギー・経済統計要覧二〇〇〇』、『韓国環境白書』より算出）。韓国のSO_2排出量は減少傾向にあり、自律的な改善が期待できるが、依然として環境問題は重要な課題となっている。

他方、一九七〇年代以来環境対策に取り組んできた日本は、SO_2などの大気汚染問題については、ほぼ克服したといえるレベルに達している。しかし、比較的最近取り組みの必要性が明らかになった地球温暖化対策については十分な準備ができていない。

地球温暖化へ影響を与えるとされる温室効果ガスであるCO_2の排出量は、北東アジア各国ともエネルギー供給の増加に伴って増加を続けている。日本は、一九九七年に行われた気候変動枠組み条約第三回締約国会議（以下COP3）で、二〇〇八年から一二年の五年間平均で温室効果ガス排出量を一九九〇年比六％削減することをコミットしたが、温室効果ガスの大半を占めるCO_2だけみても九六年の日本のCO_2排出量は九〇年比九％増となっており、二〇〇一年三月に経済産業省が示した見通しによれば、現状の対策をベースに考えると一〇年には一九九〇年比七％増になると見られていることから、国内対策だけでコミットメントを達成することは容易ではない状況にある。国内対策で削減目標を達成できない国は、排出権取引、共同実施、クリーン開発メカニズム（CDM）という京都メカニズムによって、海外から排出権や排出クレジットを確保しなければならないが、日本はかなりの部分を京都メカニズムに依存することになると予想される。

現在、地球温暖化問題に関し温室効果ガスの排出削減義務を負っているのは、東アジアでは日本だけであるが、地球温暖化がグローバルな問題であることを考えれば、GDP当たりのCO_2排出量が多い中国（日本の一七倍、一九九七年『エネルギー・経済統計要覧二〇〇〇』より算出）、韓国（三・七倍、一九九七年、同上）においても当該問題の重要性に対する認識が今後いっそう高まってくるものと考えられる。

こうしてみると、北東アジアは、それぞれ事情は異なるものの、環境面で大きな課題を抱えていることがわかる。環境の悪化は人体の健康を脅かすだけではない。洪水や集中豪雨の頻発化、砂漠化、さらに酸性雨汚染などは、農業、林業、漁業、畜産・酪農業すべてに影響を与える。気温の上昇は、生態系に大きな悪影響をもたらし、農作物や水産物の収穫量や種類にも変化をもたらすであろう。比較的目に見えやすい大気汚染はもちろん、地球温暖化も、人間の安全保障、食糧安全保障に直結する脅威なのである。

ただし、環境の改善はその脅威の大きさとは裏腹に、取り組みを進めるのは容易ではない。技術や資本が発展途上国にも行き渡る必要があり、さらには発展様式を持続可能に転換する際に一定程度の“痛み”を伴うため、各国の利害が錯綜するからである。当然、一国の努力でこれを乗り越えることは不可能であるが、この問題をこれ以上放置できないことは明らかである。また、上述したように国内対策だけでは国境を越える環境問題に対処することはできない。このため、北東アジア域内において、広域的環境問題に対して、資源、労働力、資本、技術、市場を相互に補完していく協力関係を構築していく必要がある。もちろんこの課題は、北東アジアに限られたものではない。東南アジアの各国もエネルギー消費の増加に伴う大気汚染に悩み、同時にCO_2の排出を増加させている。北東アジアを起点とする環境面の協力関係は、早期に東アジア全体に広げられる必要がある。

3　日本にとってのエネルギー・環境協力の意義

日本は人々が生活を営んでいくうえで必要不可欠なエネルギーの供給確保において、他の北東アジア諸国の経済発展に伴って、日本とこれら諸国との競合関係が深まっている。具体的には、日本は、エネルギーの主軸となっている石油について、その供給のほぼ一〇〇％を海外に依存している一方で、上述したように、韓国と中国を合わせた年間石油純輸入量は二〇一〇年には日本と同程度の量に達する見込みである。しかも、輸入先として中東への依存度が高いという点で日本と競合している。

今後、他の北東アジア諸国の経済発展に伴ってこうした競合関係は更に増大していく一方で、金融技術、金融グローバリゼーションの進展によって国際石油市場の不安定性は高まる傾向にあり、石油備蓄などわが国における安定供給確保のための方策についてはその実効性が低下していくと考えられる。

こうしたなか、日本を含めて北東アジア各国がエネルギーの供給確保について個別に対応していった場合、そこに発生する競争意識は互いに増幅され、日本における将来にわたるエネルギー安定供給確保を極めて不安定なものとする。

他方、他の北東アジア諸国との適切な連携を通じてわが国のエネルギー安全保障を高めていくことができる。上述したように、中国では石油供給の海外依存度が高まっていくなか石油備蓄の構築に向けた検討が開始されており、北東アジアにおける石油備蓄に関しての国際連携を通じて、国際石油市場の安定性を高めるとともにわが国の備蓄の効果を向上させていく必要がある。また、中国において エネルギー源多様化の観点から天然ガスパイプラインの構築が進展しており、天然ガス開発・供給における連携を通じて、石油への依存度が高いという日本のエネルギー需給構造の根本的な脆弱性を改善していく必要がある。

地球温暖化問題における北東アジアとの連携も必要である。気候変動に関する政府間パネル（IPCC）が二〇〇一年一月に発表した第三次報告書によると、二一世紀中に地球の全球平均表面気温が一・四〜五・八度C上昇すると予測しており、これは前回の報告書（一九九五年発表）の数字から〇・四〜二・三度C上方修正されている。このように地球温暖化問題が深刻化している中で、今後国際的規制がより厳しい方向に向かう可能性も高いといえよう。このように地球温暖化問題は将来にわたる長期的な取り組みを要するものであり、上述したCOP3における削減目標への対応という短期的な視点に止まらず、地球温暖化問題への長期的対処という視点にたって他の北東アジア諸国との連携に取り組み、地球温暖化抑止に対して能動的・継続的に貢献し得る体制を整備する必要がある。具体的には、日本は、環境保全面で優れた技術基盤を保持しており、これを高めていくとともに、今後経済成長に伴いCO_2の排出量の増加が見込まれるほかの北東アジア諸国への技術移転を進めるなど、CO_2排出量を広域的に削減していくという体制を整備する必要がある。

第四節　エネルギー・環境分野における連携

1　石油市場安定化に向けた連携

(1)　中国の備蓄増強中における協力

北東アジアにおける石油備蓄システムの構築を考えるうえでは、備蓄保有の検討をはじめたばかりの中国がいかにスムーズに国内の備蓄体制を確立できるかが重要となってくるが、備蓄基地の整備には、石油タンクや港湾施設の建設、貯蔵原油の買い入れが必要であり、相当のコストと時間を要する。このため、連携に際しては、中国が十分な備蓄を保有する以前に石油の供給途絶や価格高騰が生じることをまず想定することが必要である。この場合、韓国の自国備蓄増強の必要性を念頭におけば、協力の中心は日本と中国ということになり、韓国は可能な範囲でこの協力に参加することになろう。

協力内容の一つとして、日本の余剰タンクを有効活用することが考えられる。日本では規制緩和などを背景に設備過剰が問題となっており、タンクの容量に余剰が見られるようになっているが、これを中国に貸し出せば、中国は自国内におけるタンクの整備を待たずに計画的に備蓄原油を積み増しすることが可能となる。中国が日本で備蓄を保有することについて、緊急時の持ち出しや備蓄放出までのタイムラグ等で不安があるのであれば、緊急時の運用に関して、中国からの日本向け輸出原油と日本国内の中国が所有する備蓄原油とをスワップさせることも考えられる（図3-3）。余剰タンクの有

図3－3　余剰タンク内備蓄原油と輸出原油のスワップのイメージ

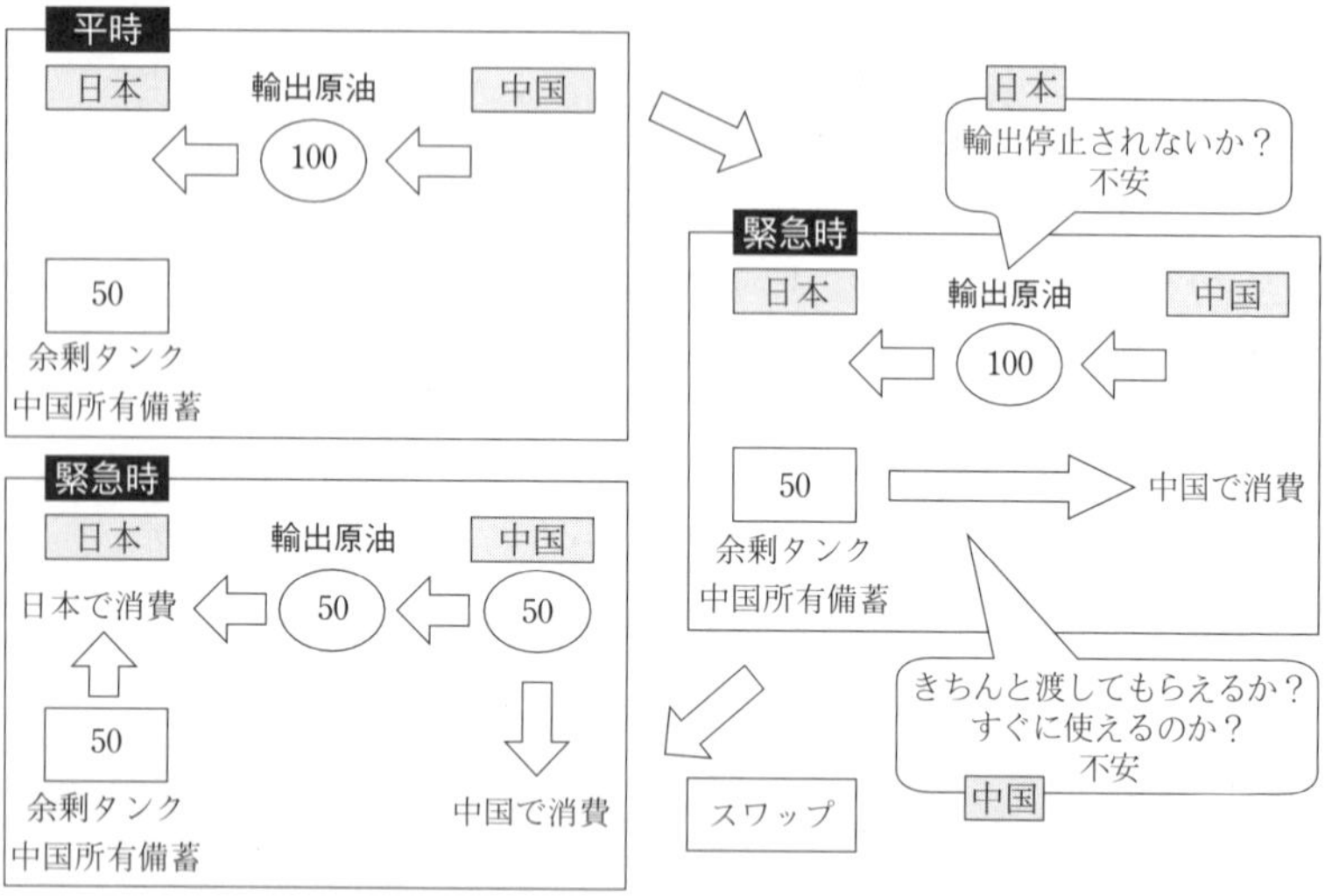

効活用は日本の石油業者にとっても有益であり、早急に検討すべき事項であるといえる。

また、比較的備蓄量に余裕のある日本との間で緊急時の融通体制や備蓄原油のリースなどの取り決めを行うことも、緊急時の対応としては有効である。事態が悪化する以前の適切な段階での対応を可能とするこれらの取り決めは、中国を支援する日本の負担を最小限に抑えることを可能にするであろう。

(2)　北東アジア石油共同備蓄機構

中国が一定の石油備蓄を保有するころには、すでに取り組みをはじめている韓国の石油備蓄体制の増強も完了していると予想されることから、北東アジアでの石油備蓄システムのあり方に関して議論を行うことが可能となろう。そしてこの議論の帰結として、備蓄運用に関する共通ルールとその執行機関（以下ではこの機関を「北東アジア石油共同備蓄機構」とする）が成立することが期待される。IEAがそうであるように、共同の枠組みのもとで備蓄を保有、放出することは単独でそれらを行うよりも、産油国、投機筋への牽制効果や各国の備蓄放出の効果が増すからである。さらに、この地域組織がIEAと協調することで、間接的にIEAと北東アジアのIEA非加盟国との相互補完関係が成立することになる。

なお、北東アジアでは経済力の異なる国々が共通ルールに参加するため、そのルールはIEAのそれよりも柔軟なものであることが好ましい。例えば、備蓄の実効性を高める義務量の設定については、当面は石油危機に最低限耐えうる量とすることが現実的である。また、放出ルールについては、近年、緊急時の初期段階において市場を沈静化することを目的としたCERM（協調的緊急時対応措置＝協調的備蓄放出）が重要視されており、北東アジアでもこのルールが採用されるべきである。そして北東アジアのCERMはIEAのCERMと協調することで、さらにその効果を増すものと考えられる。より深刻な供給途絶への対応としては、IEAにおけるESS（緊急時融通スキーム）のような厳密なルールよりも、経済水準の違いも考慮に入れた柔軟なルールの方が北東アジアの実情に即していると思われる。

こうして、北東アジア石油共同備蓄機構が成立することで、石油需給問題に関して「北東アジア」として国際的に発言することが可能になる。また、北東アジア石油共同備蓄機構を通じた石油関連の情報の共有化や、石油安定供給に関する関連プロジェクトの実施も可能となり、石油市場の安定化によりいっそう貢献することとなる。

具体的な関連プロジェクトとしては、共同備蓄基地の建設や、その共同備蓄基地も含めた域内の余剰タンクを北東アジア向けの物流基地として産油国に貸し出すことことが考えられる。この物流基地プロジェクトが実現すれば、シーレーンの封鎖や産油国の出荷設備での事故などが発生した場合にも、北東アジア諸国は物流基地からの供給を受けることができる。また、産油国の立場からも事故の影響で収入を減らすことがなくなる。さらに、消費地に近い物流基地からの出荷は変動する需要に対してタイムラグのない供給を可能にし、石油価格の安定に貢献する。

⑶　連携の拡大

ＡＳＥＡＮでは現在、ＡＰＳＡ（ASEAN Petroleum Security Agreement）と呼ばれる石油に関する緊急時の協力関係がある。これは、緊急時に産油国は消費国に優先的に石油の供給を行い、逆に供給過剰時には、消費国は産油国から八〇％以上の輸入をしなければならないというものである。しかし、今後のＡＳＥＡＮ諸国の生産力の停滞と消費量の拡大を考えれば、このスキームが効果を発揮するのかは疑わしいところである。このため、将来的にはＡＳＥＡＮ諸国も石油備蓄を必要とするであろう。

この場合、北東アジアの石油共同備蓄体制を東南アジアにまで拡大し、東アジアとしての石油共同備蓄体制を構築することが望まれる。先述したように、協調的な備蓄の保有、放出は有効であり、これは参加国が拡大するほど効果が増すからである。

また、このような連携の拡大を通じて、東アジアで石油安定供給に対しての共通認識が高まっていくことは、東シナ海や南シナ海の領有権が絡む地域での共同資源開発の実現を期待させるものである。

2　天然ガス利用促進に向けた連携

⑴天然ガスをめぐる北東アジアの状況

エネルギーに関する連携を考えるうえで、北東アジア近隣に存在している天然ガスの開発と利用拡大は、エネルギーの中東依存度の低減という面からも、そして地域の環境改善に資するという面からも大変意義のある連携分野である。現在、ロシアの東シベリア・極東に存在する豊富な天然ガス資源を利用するための国際天然ガスパイプライン構想についてはさまざまなルートの検討がなされており、最近の中国、ロシアの活発な資源外交にみられるように、二一世紀に向けて構想実現への機運が高まりつつある。

ここで、天然ガス利用インフラとなる各国の国内天然ガスパイプライン整備の状況を概観しておこう。最も国内パイプラインの整備が進んでいるのが韓国である。韓国は、国策として天然ガス利用を推進してきており、輸入独占権を持つ国営会社（韓国ガス公社）により一九八三年以降全国の幹線パイプライン網が整備されてきた。現在、ソウル首都圏から南東側へは釜山、南西側へは木浦までパイプラインが整備されている。今後南東部と南西部を結ぶパイプライン等の幹線網が整備されると、最終的には韓国の全家庭の八六％が天然ガスの供給対象となる予定である。

また中国は、天然ガスの利用拡大を進めるために、現在積極的に幹線パイプラインの建設に取り組んでいる。特に、タリム盆地—上海間を結ぶ四二〇〇キロの東西横断のパイプラインは、「西気東輸」（西部のガスを東部へ輸送する）プロジェクトとして二〇〇四年の一期工事完成を目指して建設が進められており、中国政府が進める「西部大開発」の大きな柱として位置づけられている。

一方日本では、これまで地域独占の電力会社・都市ガス会社がLNG（液化天然ガス）の形で天然ガスを輸入・利用してきたため、LNG基地を中心とした湾岸沿いのパイプライン網と、大都市圏における都市ガス配給網は存在するが、大都市間を結ぶ幹線パイプラインは存在しない。日本は国内天然ガスパイプライン整備に関しては他国よりも取り組みが遅れており、韓国、中国において天然ガスをパイプラインで輸入するための準備が着々と進んでいるのに比べて対照的である。日本に幹線パイプラインが存在しないことは、国際パイプライン接続の一つの障害になっているが、この点については後述する。

さて、二一世紀にはエネルギーの主役となる天然ガスについては、すでに世界的規模で国際石油資本（メジャー）を巻き込んだ争奪戦が始まっている。北東アジアにおいても、中国は、急速に天然ガスの消費が増加すると予想されることを背景に、自国のエネルギー確保のために資源外交を活発化させている。韓国も、ロシアの東シベリアの天然ガス開発に中国とともに参画するなど、天然ガスの需要拡大への備えを始めている。このような状況のなか、日本としても長期的な視点から天然ガス調達戦略を策定することが必要な時期にきているといえよう。

⑵　日本の天然ガス調達オプション

ここで、二〇一〇年をターゲットとして日本の天然ガス調達オプションを具体的に検討してみたい。NIRAの予測によれば、一〇年における日本の天然ガス需要は、LNG換算で六〇〇〇万～七〇〇〇万トンになる。一方、既存のLNGプロジェクトをベースに考えれば、日本のLNG輸入量は五五〇〇万トン程度と予想されるため、五〇〇万～一五〇〇万トン程度の天然ガスが不足することになる。このため日本には、この不足分をどこから、どのような手段で調達するかという戦略が必要となる。

結論からいえば、以下の理由により、従来のLNG調達だけではなく、パイプラインによる天然ガス輸入も選択肢に加えるべきである。

一点は、供給源の多様化という観点と、LNGへの過度の依存を避けるという観点からのエネルギー安全保障上の意義である。二点は、パイプラインガスとLNGとの価格競争によりエネルギー価格の低下が期待できることである。三点は、パイプラインで結ばれることにより、各国の相互依存関係が深まり、地域の安定感が増すことである。また、将来の水素エネルギーの時代を視野に入れれば、パイプラインが水素を供給するインフラになりうることもメリットとして指摘できよう。

次に、パイプラインによる天然ガス輸入を考える場合のルートの選択肢について考えたい。これには、大きく分けて、サハリンから輸入するルートと、大陸（中国、韓国経由）から輸入するルートが考えられる。はじめにサハリンについてであるが、北東アジアにおいて、最も開発が進んでいるといえるのがサハリンプロジェクトである。サハリン大陸棚の八鉱区のうち、サハリンⅠ、Ⅱの開発が先行しており、ともに二〇〇五年を目標に天然ガスの生産が開始される予定である。生産規模は、サハリンⅠがLNG換算で年間約六〇〇万トン、サハリンⅡが年間約八〇〇万トンである。サハリンⅠについては、パイプラインによる日本への輸出が検討されており、現在フィージビリティ・スタディが行われている。また、中国を輸出先とするハバロフスク経由のパイプラインも計画されている。サハリンⅡは、今のところLNGでの輸出を検討中であり、地理的に中国・韓国・日本は重要な輸出先になる。

続いて大陸からの輸入についてであるが、これも大きく二つに分けて考えることができる。一つはロシア・イルクーツクを主な供給源とするプロジェクトである。中国の北京を通り、中国沿岸から韓国経由で日本（北九州）に至るルートが代表的なものである。もう一つは、ロシアの西シベリア、あるいはトルクメニスタンなどの中央アジアを供給源とし、中国の東西横断ラインを通って中国沿岸から韓国経由で輸入するルートである。

以上のように、パイプラインによる天然ガスの輸入を検討する場合、日本は、北東アジア全体での天然ガス調達能力を高めるために、ロシアのサハリン、イルクーツクなどの東シベリア・極東だけでなく、西シベリア、さらに中央アジアにも視野を広げておくことが必要である。

(3)　天然ガスの開発、利用のための国際協力

日本がパイプラインによる天然ガスの輸入をする場合、サハリンからのルートを除けば、東シベリアや西シベリア、そして中央アジアからのルートは必然的に中国、韓国を経由することになるため、これらの国々との協力体制を構築しておくことが日本にとって重要である。

西シベリアや中央アジアの天然ガス資源は、欧州への供給源ともなり得るため、北東アジア向けのガスを確保するためにも、インフラ建設をはじめとして、日本はこの分野での国際協力を惜しんではならない。韓国、日本がロシア等からガスを輸入する場合、地理的な理由から、中国国内のパイプラインを利用することが不可欠になるが、韓国、日本がガスをできるだけ安く買うためには、この中国国内のパイプラインのコストダウンが重要となる。具体的には、すでに計画が実施されている中国の東西横断パイプラインについて、建設コストを下げるための技術・資金協力に加え、輸送コストを下げるために需要確保の面でも連携が必要である。また、ロシア、中央アジアなどから天然ガスを購入する場合には、中国・韓国・日本が連携して需要をとりまとめ、バーゲニングパワーを発揮すること

によってガスの輸入価格を下げるような戦略をとることも一案である。

さらには、国際石油資本（メジャー）も含めたガス田の共同開発も考えられる。各国が別々に開発を行う場合と比べて、ガス田開発に伴うリスクを分散させることが可能であり、これにより井戸元でのガス生産価格を下げることができれば、各国の利益につながるであろう。そして、こうした上流での協力に加え、ガスの消費段階での協力も必要である。具体的には、中国国内の天然ガス消費を拡大していくためのインフラ整備を幹線ラインの整備と同時に行う必要があり、発電分野における石炭から天然ガスへの燃料転換への協力などが考えられる。SO_2、NO_Xの削減による大気汚染防止に加え、CO_2の排出削減にも寄与することから、こうした協力がCDMプロジェクトとして実行できれば、日本企業も参加しやすくなるであろう。このような方策を通じて中国国内の天然ガス消費が拡大し、ガスの輸送量が増えれば、パイプラインの経済性も高まり、ひいては輸送コストの低減に寄与すると考えられる。

国際天然ガスパイプラインは、多額の資金や利害調整が必要な大規模プロジェクトである。日本としては、資金面でのサポートとともに、プロジェクトが円滑に進むような環境整備に貢献することが大きな役割となろう。国際天然ガスパイプラインの整備については、従来にも増して法制度の調整、投資環境の整備、ガスの輸送・貿易に関わる各種協定などを各国間で継続的に協議する必要がある。日本はこうした課題に対応するための対話の枠組みづくりに積極的に関わっていくべきである。

また、先にも触れたが、日本は国内の幹線パイプラインが整備されておらず、国際天然ガスパイプラインを受け入れるための素地が整っていない。日本が速やかに大きな天然ガス市場を創設していくことは北東アジアにおける天然ガス開発・利用に関する連携を加速させるうえで極めて重要である。

そのためにも、日本国内のパイプライン整備は非常に重要な意味をもつ。現在、エネルギー分野における規制緩和とガス需要の増加を背景に、国内のパイプライン網が徐々に広がりを見せつつある。これらの動きを加速させるためにもパイプライン敷設に係わる規制緩和を進めていく必要があろう。また、欧州において各種エネルギーおよび供給者間の価格競争により天然ガスの価格が日本の三〜五割程度の水準となっていることに鑑みれば、供給者間における価格競争を促進するための制度を整備し、天然ガス価格を低減させていくことも天然ガス市場を拡大するうえで必要である。これらハード、ソフト両面にわたるインフラを二一世紀の国家社会資本として位置づけ、その整備に早急に取り組んでいくことが、市場の提供を期待されている日本の重要な役割であるといえよう。

そして、これら北東アジアの国際天然ガスパイプラインを現実のものとするために、まず日本がしなければいけないことは、天然ガスパイプラインについてWait & Seeからの脱却を図ることである。つまり、日本の将来にわたる消費見通しに基づく天然ガス調達戦略を策定し、これを国内外に示し、天然ガスの開発と利用について関係諸国と協力して取り組んでいくという日本のスタンスを明確にすることが重要である。

なお、北東アジアでの国際天然ガスパイプライン計画には、北朝鮮も強い興味を示しており、またパイプラインルートを検討する際にも北朝鮮は地理的に重要な位置を占める。

北朝鮮のエネルギー供給源は、約九割が石炭と水力で、残りを石油と薪炭で補っており、現在天然ガスは使われていない。しかしパイプラインに関する国際会議に積極的に参加し、国内パイプラインの計画を明らかにするなど、北朝鮮は天然ガスの導入に強い意欲をもっているようである。しかし、北朝鮮の現在の経済力を考えると、北朝鮮が自ら国内パイプラインを整備することはもちろん、外貨を使って天然ガスを輸入することも極めて困難である。欧州のような、関係国の国営企業などが合弁会社をつくって事業を進める形は望みがたく、協力や支援といった概念を前面に押し出したKEDO（朝鮮半島エネルギー開発機構）のパイプライン版のような枠組みが必要になると思われる。

北朝鮮を縦断する天然ガスパイプラインは、ロシアもしくは中国経由でガス田へのアクセスが可能であり、下流では韓国の国内パイプラインに接続させることができる。こうして韓国が北朝鮮経由で天然ガスを輸入することになれば、北朝鮮は領土通過料（ロイヤリティ）が得られることになるため、パイプラインの敷設は北朝鮮の新たな外貨獲得手段となりうる。エネルギー確保を重視すれば、領土通過料に相当する天然ガスを現物で受け取ることも可能である。こうした協力は、北朝鮮の自立的発展を促すという意味で意義がある。

しかし、天然ガスの供給元となるロシアのガス田は開発が遅れており、北朝鮮がパイプラインによって天然ガスを輸入するには、まだかなりの時間を要すると考えられる。北朝鮮を含めた天然ガスパイプラインでの連携は、長期的な視野で取り組むことになろう。

このような天然ガスパイプラインでの連携も含めて、エネルギー・環境での連携は、エネルギー供給が深刻な状況にあるといわれる北朝鮮が地域全体の連携に参画する契機となると考えられる。

3　環境問題改善に向けた連携

(1)　北東アジア地域で必要とされる環境協力

上述したように、エネルギーに起因する環境問題は大気汚染問題と地球温暖化問題に大別できる。

北東アジアで環境問題改善に向けた連携を行っていく場合、第一に考えられるのは、大気汚染問題が深刻化している中国の環境をいかに改善していくかということであろう。ここでは、石炭のクリーン利用、電力分野での協力、省エネルギービジネスの推進を具体的連携策として取り上げる。

また、これらの連携策のなかで、エネルギーの優質化やエネルギー消費量の抑制を目的とした取り組みは、大気汚染の原因となるSO_2を抑制する一方で、地球温暖化の原因となるCO_2の排出抑制にも貢献する。したがって、これらの取り組みが資金や技術を提供する側にとって、より有意義なものとなるために、CDMを活用していくことが重要である。

このような環境分野での連携は、当面、環境改善技術を保有する日本と環境改善余地の大きい中国が中心となる可能性が高いと思われるが、環境意識の高まりがみられる韓国でも全体的な技術力が底上げされており、近々北東アジアの環境改善に十分な貢献ができるようになるものと期待される。したがって、日中間で行うプロジェクトであっても韓国の関与を呼びかけノウハウを普及させていくような開かれた連携を考えていく必要があるであろう。

(2)　石炭のクリーン利用

石炭は、石油や天然ガスに比べて資源量・資源分布・価格の面で優位性がある。このため、北東アジアにおいて石炭は、主要なエネルギー源として重要な役割を果たしており、今後も当分の間はその位置づけは変わらない見込みである。ただし石炭には利用時の環境負荷が大きいという決定的な欠点が存在するため、北東アジアでの環境改善を進めていくためには、石炭のクリーン利用が大きな課題となる。

中国では、カロリーの低い低質炭が大量に直接燃焼されており、石炭の燃焼設備も老朽化している。また、工業用ボイラーや石炭火力発電所への排煙脱硫装置の設置数も少なく、中国では石炭がクリーンに利用されているとはいえない状況にある。中国国内でも、酸性雨抑制地区、SO_2抑制地区を指定して石炭のクリーン利用を促進したり、炭質の規制を強化するなどの対策が採られているが、問題の深刻さに鑑みれば、中国自身の努力に加え、一層の国際協力も必要であるといえる。

中国での石炭のクリーン利用を考えるうえでは、比較的効果が明確に現れる排煙脱硫装置の普及方策がきわめて重要である。脱硫設備が高価であることが普及を妨げている面があるため、現在、脱硫率が七〇~八〇％で比較的低コストな簡易型脱硫装置の開発が進みつつあるが、排煙脱硫装置を普及させるためには、設備を設置しようというインセンティブが働くような何らかの仕組みを考える必要がある。ここでは、一案として、石灰石膏法排煙脱硫装置の副生成物である脱硫石膏を活用する仕組みを紹介したい。

中国では、北部を中心にアルカリ土壌が広く見られるが、このアルカリ土壌を農業が可能な土地に改良するうえで脱硫石膏が非常に有効であることが、瀋陽で行われた日本の電力中央研究所の新田義孝博士らの研究により明らかになってきている。瀋陽での成果が広がれば、中国において脱硫石膏の需要が大いに高まる可能性があるだろう。さらに脱硫石膏に市場価値が出るようになれば、副生成物の脱硫石膏の売却が可能になることによる経済負担の軽減が中国における脱硫装置の導入を促進する、という効果も期待できる。中国に農業や植林が可能な土地が増えることを考えれば、日本は、初期の実験や、モデルプロジェクトの実施に積極的に協力すべきであるといえよう。

(3) 電力分野での協力

電力化の進展は、家庭や小工場などでの化石燃料の非効率な小規模直接燃焼の抑制を可能にし、同時に排煙脱硫などの技術措置や法規制の導入を容易にするため、環境に与える影響を低下させることができる。北東アジアでは、今後北朝鮮・モンゴルを含め電力化の進展が予想され、各国のスムーズな電力化をサポートする仕組みを考えることが必要である。

電力化をサポートする国際的な協力として有望と思われるものは、ロシアの東シベリアに存在する豊富な水力資源を利用した中国の東北地区への電力供給である。これは、水力・石炭資源が乏しく大気汚染が深刻なこの地域のクリーンな電力化に資する。ロシア―中国間だけでなく、今後の国際協力の進展により中国東北地区、極東ロシア、韓国の送電線が北朝鮮に連結される可能性も高く、そうなれば北東アジアでの一大電力ネットワークに発展する。島国である日本への接続は容易ではないと考えられるが、実現すれば、ロシアの冬ピークと日本の夏ピークとの調整も可能になる。ネットワークが大陸部分にとどまる場合でも、送電技術や系統運用の面で高い能力を持つ日本は、計画をサポートすることが可能であろう。

また、クリーンな電力化ということを考えれば、ウィンドファーム（風力）事業に代表される再生可能エネルギーを普及させる協力も必要である。特に、送電ネットワークに組み込むことが難しい遠隔地の農村などでこのような電化を進めることは、燃料直焚きによる環境汚染を抑制するばかりでなく、貧困対策などの面でも有益であろう。

なお、深刻なエネルギー不足に見舞われている北朝鮮へは、電力分野における協力が有効かつ現実的な協力となろう。北朝鮮へのエネルギー協力としては、ＫＥＤＯプロジェクトをまず挙げることができる。出力一〇〇万キロワットの軽水炉二基、計二〇〇万キロワットの原子力発電所を建設するというこのプロジェクトは、北朝鮮の電力供給能力を大きく向上させるものである。しかし、現時点では完成が二〇〇八年以降になると見られており、危機的に切迫している北朝鮮の電力事情を考えれば、とてもKEDOによる発電所建設を待っていられる状況にはない。電力供給体制が整わなければ経済復興がおぼつかないのは明らかであり、KEDOプロジェクト完了までの〝つなぎ役〟となるエネルギー協力の必要性は高い。

その意味で、早急に手をつけなければならないのが、北朝鮮国内の送電・変電等の電力ネットワークの改修である。IEA資料によれば、一九九八年の送電ロスは八四%にも達しているが、設備の改修を行い送電ロスを低減させることには、発電所の新設に等しい効果がある。また、これは、ネットワークの信頼性向上にも貢献するため、KEDOによる原子力発電所を効率よく、かつ安全に利用するためにも必要であるといえる。

(4)　省エネルギービジネスの可能性

省エネルギーは、エネルギー消費を抑制することで環境改善に寄与するだけでなく、エネルギーコストの削減をも可能にする。しかし、省エネルギーには一定の初期投資が必要であるため、企業のインセンティブは希薄となりがちで、その結果、省エネルギーは進まなくなる。しかし、資金手当を含む省エネルギーに関わる一切の業務を包括的に提供し、エネルギー効率改善で得られる経費削減分でその事業費や事業者の利益を賄うというESCO（Energy Service Company）事業であれば、その問題を解決することができる。

工場やビルにおけるエネルギー効率改善ビジネスであるＥＳＣＯ事業は、受け入れ企業側に初期投資負担がないため、資金繰りの苦しい企業が多い中国には適しているといえる。中国では、世界銀行などの資金援助により北京市・遼寧省・山東省においてモデル的にＥＳＣＯ事業が展開されており、十分な成果が確認されている。ＥＳＣＯ事業により、エネルギーコストが削減できれば、それは企業の競争力強化につながり、また、ＥＳＣＯ事業の普及は環境産業を育成することにつながるため、中国にとってメリットは大きい。中国では資本が不足しているが、省エネルギーの余地は大きいため、政府が啓蒙や法制、税制などの面で市場整備を行えば、国際連携による民間ベースの環境改善が可能となるであろう。

(5)　地球温暖化問題への協働

ＣＯＰ３において、日本は二〇〇八年から二〇一二年の五年間平均で温室効果ガス排出量を一九九〇年比六％削減することをコミットした。政府は、二〇一〇年のエネルギー起源のCO_2排出量を一九九〇年レベルに抑えることを前提に、目標達成への道筋を描いているが、原子力開発の停滞などにより、その前提が崩れることが十分に予想される。その場合、日本は海外から多くのCO_2排出クレジットを調達しなければならなくなるが、その方法として重要と思われるのがＣＤＭである。

ＣＤＭは、先進国が発展途上国で温室効果ガス排出削減プロジェクトを行うことで生じる排出削減量（排出クレジット）をホスト国である発展途上国と資金や技術を提供する先進国とで分け合う仕組みである。先進国は、取り組みのコストが相対的に低い発展途上国で温室効果ガスの排出を抑制でき、一方、発展途上国も先進国の投資や技術を呼び込み環境改善を行うことができるため、ＣＤＭを行うことは双方にメリットがある。すなわち、日本が中国でCDMプロジェクトを行えば、日本に排出クレジットが与えられ、中国ではSO_2を含む環境問題が改善されるのである。なお、ウィンドファーム（風力）事業など再生可能エネルギーには、経済性の面で普及が難しいという問題があるが、CDMを利用することで、これが緩和されることが期待できる。

CDMには、先進国と発展途上国の複雑な利害が絡む難しさもあるが、発展途上国にとっても利益のあるメカニズムであり、モデルプロジェクトを積極的に展開するなどCDMの仕組みが機能するよう北東アジア各国が協調していくことが必要である。

ここで、CDMを上手く機能させていくための一案として、排出クレジットの有効利用について提案したい。

今後、世界的に地球温暖化対策が進むと、石炭消費が減少する可能性がある。このような状況は産炭国である中国にとって経済的には好ましい状況ではない。また、中国で石炭火力発電から天然ガス火力発電への転換をCDMで行おうとすると、国内で消費されなくなった分の石炭を輸出する必要性が生じる。これらの問題を緩和するために、石炭の輸出促進策として、CDMの実施によって中国に配分された排出クレジットを石炭とセットにして輸出することが考えられる。石炭の輸入国であり、かつクリーンコールテクノロジー先進国の日本は、CO_2排出増加の懸念なしに安価で供給安定性にすぐれた石炭を利用できるというメリットがある。

第五節　協力をサポートする仕組み――北東アジアエネルギー・環境フォーラム

北東アジアのエネルギー・環境問題は、相互に利益のある様々な協力を行うことで緩和していくことが可能である。そして、そのような様々なエネルギー・環境分野の連携を実行に移すためには、より専門的な議論を可能とする多国間組織・枠組みの整備が必要とされる。しかし、北東アジアには、国際協力のためのオフィシャルな政府レベルの多国間組織・枠組みが存在しないために、協力の必要性は認識されても、なかなか実行に至らないのが現状である。政府レベルの経済協力組織として代表的なものにAPEC（アジア太平洋経済協力会議）があり、エネルギーに関してはAPEC内にエネルギーワーキンググループが組織され、主に天然ガス利用の促進について議論がされているが、参加メンバーが多様であり、北東アジアに特化した議論ができない難しさがある。

ヨーロッパでは、天然ガスパイプラインネットワークの拡大とともに醸成された信頼感、共通認識が基礎となって、エネルギー憲章の制定を経てエネルギー憲章条約へと至ったが、北東アジアは、これから様々な協力を積み重ねようとする段階にあり、各国の政府が前面に出る枠組みの形成は困難である。むしろ、エネルギー・環境協力を積み重ねようとする動きについては、近年、天然ガスを一つの軸にした多国間の民間任意団体などの活動が活発化しており、非政府的なものの方が先行しているといえる。また、実際に連携プロジェクトを形成し、運営していくうえで、民間石油業者の余剰石油タンクの貸し出し、広域天然ガスパイプラインの敷設・運営、持続的な環境改善のためのビジネスベースでの取り組みなど民間部門の果たす役割が大きい。

こうしたことを踏まえると、北東アジアがエネルギー・環境分野で様々な連携を積み上げることでヨーロッパのような強固な結びつきを実現しようとするのであれば、様々な連携に関する議論を深め、これを促進するための場として、既にみられるような民間部門による取り組みを強化するとともに、そこに政府関係者が参加することで重層的なネットワークを形成していく必要があろう。具体的には、官民が一体となった「北東アジアエネルギー・環境フォーラム」（以下、「フォーラム」）を設立することが考えられる。

この「フォーラム」は、先述のような広範な協力の可能性について、具体的、包括的に話し合う場であり、幅広い分野の専門家が議論に参加することが重要である。北東アジアのエネルギー・環境のビジョンを政策提言するためには、化石燃料から再生可能エネルギーに至る各エネルギー種別はもちろん、開発金融、技術開発など付随する分野もカバーすることが必要である。また、「フォーラム」での議論を各国内でフォローアップし、次回の「フォーラム」へフィードバックできるような仕組みも必要となる。具体的には、関係各国内に「フォーラム」のフォローアップを目的とした国内委員会を設置したり、研究組織と連携するなど、構造を重層化することが望まれる。この構造ができあがれば、「フォーラム」で提案された構想を各国内でも議論し、成果を「フォーラム」にフィードバックすることが可能となるとともに、国内議論を経ることで国内世論の形成にもつながっていく。

そして、この「フォーラム」での活動が進展する中で、欧州にみるような、エネルギー・環境協力の基盤・指針となるエネルギー・環境憲章が策定されることが考えられる。

少資源国であることや、温室効果ガス排出削減をコミットしていることなど、日本が北東アジアでのエネルギー・環境協力に対する積極的理由を有していることを考えれば、日本は協力を促進する仕組みである「フォーラム」の形成あるいは既存の非政府組織・枠組みを拡大し「フォーラム」化することに積極的に関わっていく必要がある。「フォーラム」を支援してエネルギー・環境協力の実効性を高めていくことは、日本に求められる役割の一つであるといえよう。

エネルギーの安定的確保の難しさや、環境問題の深刻化は、北東アジアの各国が地域協力に目を向ける大きな要因となった。具体的な連携・協力の内容は、以上のとおりであるが、北東アジアがエネルギー・環境の面で協力していくことは、グローバルな視点から見ても意義のあるものである。グローバル化した経済のもとで、北東アジアの経済問題が顕在化すれば、それは瞬く間に他の地域にも広がっていくであろう。それを未然に防ごうとする取り組みには重大な意義があるのである。

例えば、国際石油市場に与える北東アジアの影響の大きさを考えると、北東アジアでの石油備蓄や天然ガス利用の促進といった取り組みは重要である。また、近い将来世界最大のCO_2排出国になると思われる中国を含めてＣＤＭなどの環境改善を進めることや、長く地域の不安定要因とされてきた北朝鮮を地域の枠組みに迎え入れることも、世界が安定した状況で持続的な発展の道を歩むためにきわめて重要である。

これまで地域の協力関係が希薄であった北東アジアにとって、協力の実績を積み上げることはチャレンジングなことである。しかし、ここに見たように、その世界的な価値は大きいといえよう。

本稿は、総合研究開発機構自主研究「北東アジアエネルギー・環境共同体構想についての研究」における討議をまとめたものである。本研究では総合研究開発機構研究員（中井康貴、中島啓之、多田智和、小舘央、二〇〇〇年一二月時点）による研究チームを組織し討議を重ねてきたが、研究を進めるにあたっては、数多くの専門家の方々にヒアリングなどの場を通じて、貴重なコメント、ご示唆をいただいた。紙面の都合上、お名前をご紹介することができないが、ご協力いただいた方々にこの場を借りて感謝申し上げたい。

【参考文献】

Asia Pacific Energy Research Center "APEC Energy Demand and Supply Outlook updated September 1998", 1998.
Asia Pacific Energy Research Center "Emergency Oil Stocks and Energy Security", 2000.
BP Amoco ホームページ（http://www.bp.com/）.
Peter Hayes et,al "Energy Security in Northeast Asia", 2000 EWC/KDI Conference.
U.S. Geological Survey（USGS）（http://www.usgs.gov）.
アジアパイプライン研究会「北東アジアの国際パイプライン」一九九八年。

エネルギーフォーラム編集部「国家的命題・サハリンプロジェクト始動」『エネルギーフォーラム』一九九九年。

韓国エネルギー経済研究院 "The Third Year of Planning Nation Action for United Nations Framework".

神原達、三関公雄「天然ガス指向を強める最近の中国」『石油／天然ガスレビュー』石油公団、二〇〇〇年。

国際エネルギー機関（ＩＥＡ）ホームページ（http://www.iea.org/）。

国際資源問題研究会『国際資源』二〇〇〇年四～一一月号。

通商産業省資源エネルギー庁「総合エネルギー調査会需給部会中間報告」一九九九年。

通商産業省資源エネルギー庁長官官房国際資源課、石油部開発課「二一世紀、脚光を浴びるアジアの天然ガスエネルギー」一九九九年。

世界銀行／GEF中国節能促進項目弁公室『中国節能的形勢、任務与節能机制転換文集』。

中国国家発展計画委員会能源研究所『NIRA研究報告書「北東アジアのエネルギーと安全保障の研究――中国のエネルギー需給の展望と課題――」』総合研究開発機構、二〇〇〇年。

中国国家発展計画委員会能源研究所『NIRA研究報告書「中国のエネルギー・環境戦略――北東アジア国際協力へ向けて――」』総合研究開発機構、二〇〇一年。

中上英俊、村越千春「ESCO事業の過去・現在・未来」『エネルギー・資源』Vol.20, No.6。

（財）日本エネルギー経済研究所「アジアAPEC諸国の石油セキュリティに関する政策動向」二〇〇〇年。

（財）日本エネルギー経済研究所計量分析部『エネルギー経済統計要覧』（財）省エネルギーセンター、二〇〇〇年。

（社）日本原子力産業会議『原子力年鑑'98/'99』一九九八年。

（社）北方圏センター「ロシア極東・東シベリアエネルギー資源調査報告書」一九九六年。

（株）三菱総合研究所天然ガスパイプライン事業部『国土幹線ガスパイプライン』東洋経済新報社、二〇〇〇年。

李志東、戴彦徳「硫黄酸化物汚染対策に関する日中比較分析」『エネルギー経済』（財）日本エネルギー経済研究所、二〇〇〇年三月号。

第四章　食料・農業分野における東アジア諸国の連携

第一節　食料需給構造の脆弱性

東アジアはこれまで、高い経済成長を実現してきたが、その中で食料消費の多様化（肉類等の消費増加と米消費の減退）が進み、食料需給構造が脆弱化する等様々な問題が生じている。

1　食料消費の多様化

東アジアにおける食料消費の多様化の進展についてみてみよう(1)。

まず穀物については、米の消費量（一人当たり消費量を示す。以下同じ）はすでに上限に達しつつあり、減少傾向に入る国が増えていることがわかる（図4－1）。消費水準の高いインドネシアなどの国でも米の消費量は横ばい傾向にある。一方、小麦はパン消費をはじめ加工用需要の増加に伴い各国とも消費が増えている。

一方、野菜・果物については、総じて消費量が増加している。特に、中国ではこの二〇年間に野菜

図4－1　コメの1人当たり消費量（精米供給ベース）

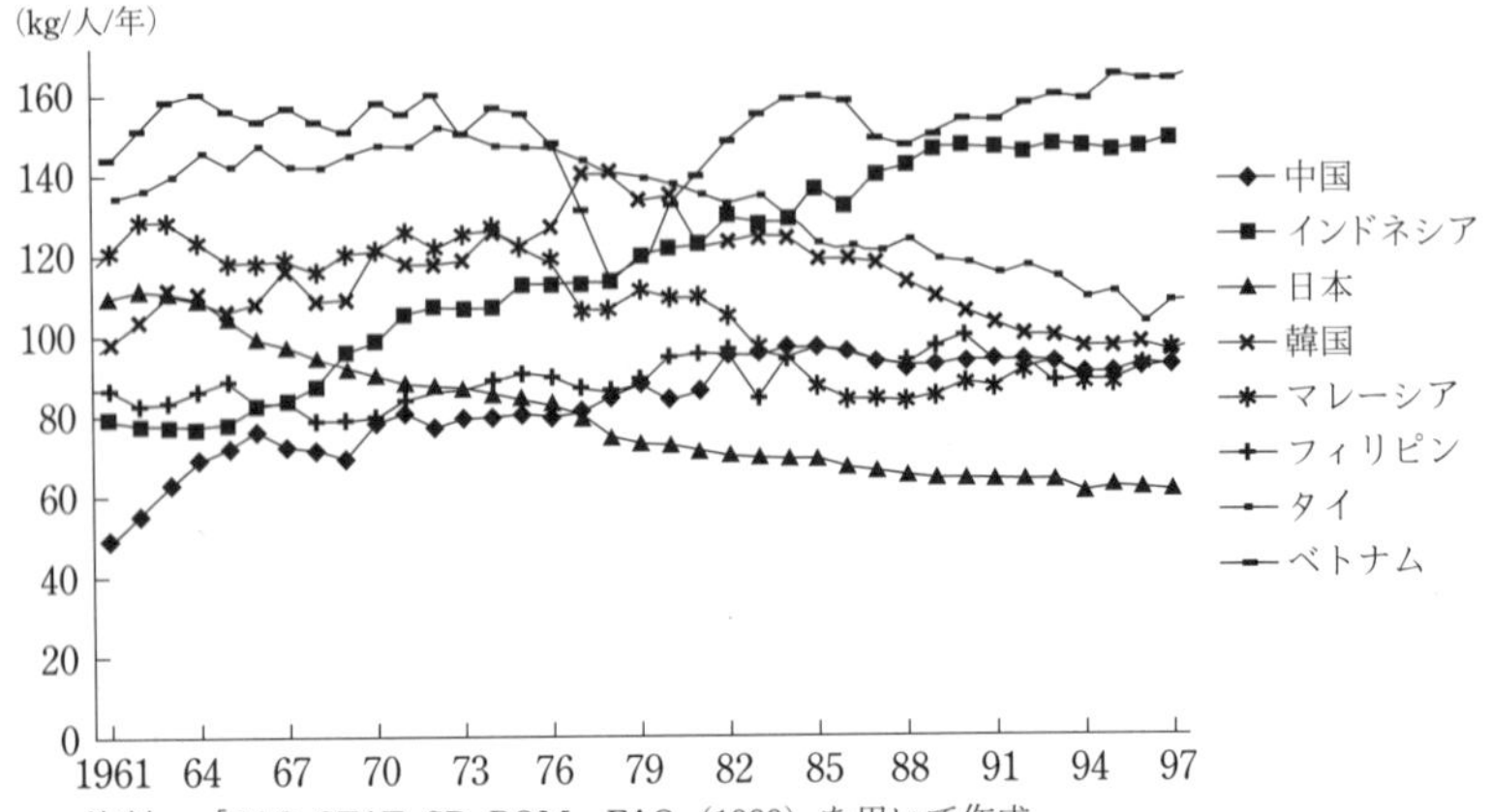

資料：「FAO-STAT, CD-ROM」, FAO（1999）を用いて作成.

の消費量が三倍近く、果物は四～五倍になるなど増加が顕著である。野菜・果物は基本的には自給している国が多いが、東南アジアの国々でも近年野菜や温帯果物の輸入が増加傾向にある。

また、畜産物の消費は近年急激な速度で増大している。中国では豚肉の消費水準はすでに相当高いが、鶏肉・牛肉もその消費量が確実に増大している。フィリピンは豚肉の消費量が最も多く、マレーシアは鶏肉の消費水準が極めて高い。一方、インドネシアの肉類消費は極めて低い水準であるが、それでもこの二〇年間で消費量は約二倍近くに増加している。

さらに、畜産業に不可欠な飼料について人口一人当たりで換算した穀物需要の推移をみると、高度経済成長東アジア諸国において日本を除き概ねその需要が急激に高まっている。基本的にはトウモロコシの占める割合が大きい（図4－2）。

図4−2　1人当たり換算年間穀物飼料需要量

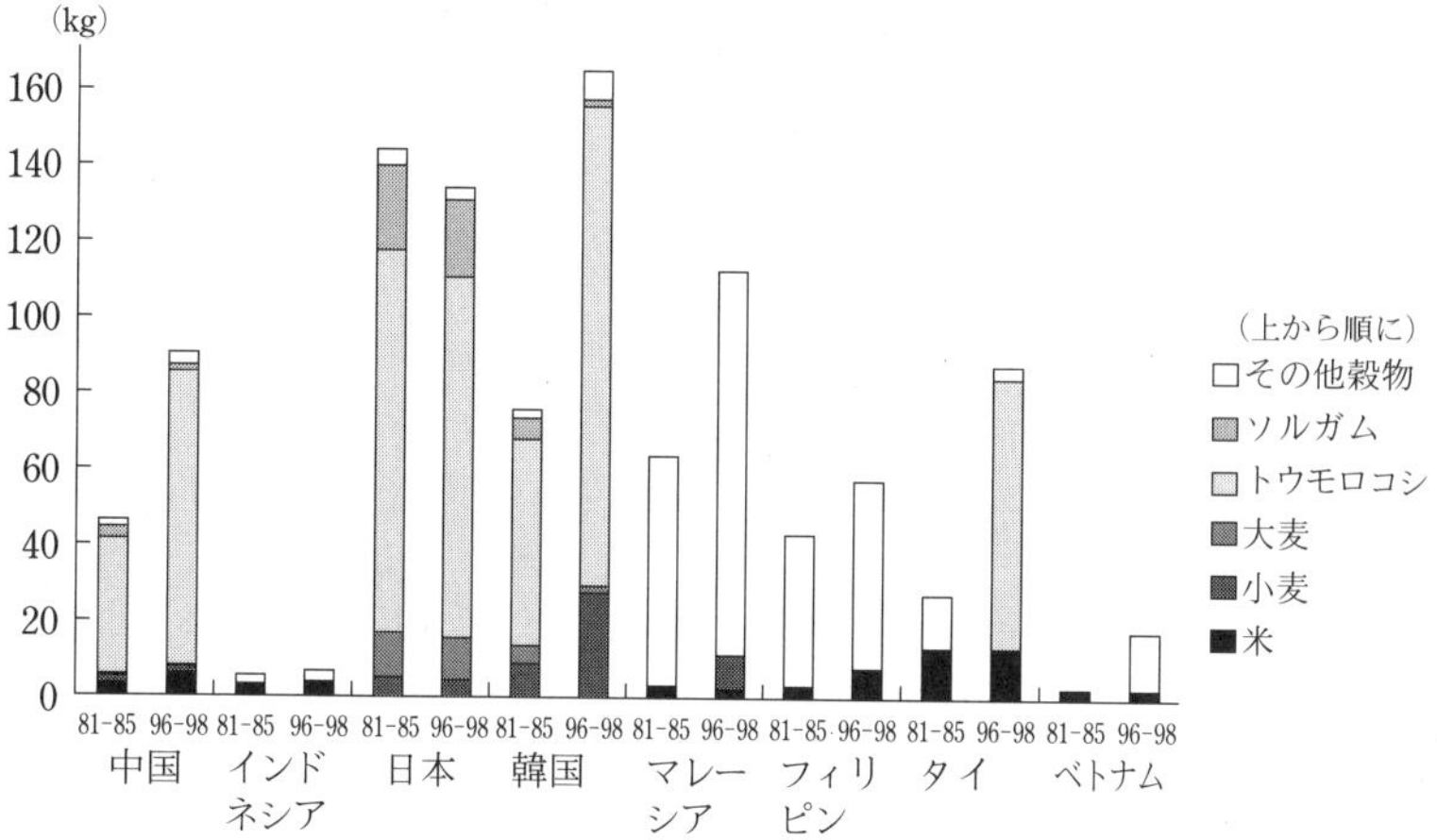

資料：FAO, FAOSTAT

2　生産構造の硬直性

　肉類（鶏肉、豚肉）、野菜、果物等の消費の高まりに対しては、高度経済成長東アジア諸国はこれまでのところ基本的には国内生産の増大によって対応してきた。これは、畜産、特に鶏肉の生産において顕著にみられるところであり、需要動向の変化に対応した国内生産の多様化が始まっている。また、タイ東北部では大規模な畑地造成でトウモロコシ、キャッサバ、大豆等の生産が拡大し、マレーシアでもオイル・パームの生産が拡大した。中国でも市場経済化によって米以外の作物も大幅に拡大した。しかしながら、このように生産構造の変化は見られるものの、農業生産全般からするとその変化は比較的限られたものである。零細な水田農耕を主体とする東アジアの支配的な地域では、水稲作からの転換による生産の多様化はあまり進んでいないのが現実である。

　東アジアの国々は、自然的制約や生産基盤の問題に加えて、これまでの政策が米中心で行われてきたこともあり、その農業生産構造および流通構造は、消費の変化への弾力的対応を困難にする様々な問題を抱えている。さらに、安全性・衛生面だけでなく環境問題といった新たな制約も加わりつつある。

(1) 自然資源と生産基盤

これまでの農業発展を支えてきた最大の要因は、「緑の革命」に代表される穀物の反収の向上であったが、近年水稲の反収は全般的に停滞傾向を強めるなか、灌漑面積の拡大が限界にきたことが指摘されている。灌漑に要する水資源も、中国をはじめ河川の枯渇や地下水位の低下、工業用水との競合等が問題になっており、新たな水資源の開発は極めて困難になりつつある。とりわけ消費の多様化への対応のためには、湿田の乾田化や畑作地帯への灌漑が重要な課題となろうが、これは技術的にも投資面でも大きな問題を提起すると思われる。

さらに、耕地面積の拡大も限界に近づいているなか、各国とも著しい経済発展の過程で都市近郊の優良農地が大規模に潰廃されつつあり、今後増大し多様化する需要に対応すべき生産基盤の確保は容易ではない。そもそも、需要が急速に拡大している飼料穀物、とりわけトウモロコシは東アジアでは一部の限られた地域にしか向かない作物であり、しかも東アジア特有の零細小農制のもとで新大陸に対する競争力を確保することは、本来不可能に近い。これは近年中国やタイのトウモロコシが価格競争力を失いつつあることにもあらわれている。

(2) 農業政策

東アジア発展途上国においては、その農業就業人口比率の高さから、農業は国民経済上重要な地位にあり、各国政府は、農業部門における所得の安定・向上に非常に大きな関心を払ってきた。「緑の革命」による米の増産の可能性は農業政策を決定するうえで極めて重要な役割を果たしたと考えられる。高収量品種の出現は、米の増産を積極的に押し進めることで国内の食料需要を賄い、同時に生産のインセンティブによって農業部門の所得向上を可能にした。

こうした政府による取り組みはそれまで十分な米の自給能力を持たなかった国ほど顕著であったと考えられる。米生産に対するインセンティブとしては肥料や殺虫剤などの経常投入財に対する補助金の交付や灌漑設備の整備など米生産に対する政府支援が積極的に行われた。また、生産に対するインセンティブの付与と同時に、政府が一定量の政府管理米を確保するために、米の政府買入価格、すなわち価格政策が重要な農業政策となった。このように、種子、投入財の普及と政府米の効率的な確保の必要性から、政府が米流通を部分的に支配する機能を備えるようになった。

上述したことを背景に米は政治的安定性の鍵を握る極めて重要な作物となる一方で、米を中心とする農業政策は、生産者の米への単作傾向を助長し、生産者への危険分散能力の付与や生産段階における品質管理システムの構築などへの資源配分を妨げてきたことも事実であり、今日、結果的に消費の多様化に対する生産基盤、流通基盤の立ち遅れをもたらしている。

(3)　流通機構の立ち遅れ

この地域は、流通・輸送システムを整備するには気候的に不利であり、東南アジアなどの熱帯地域では、生鮮食料品の保蔵や輸送には十分な設備が必要になる。米の場合には、国家が生産から消費まで一貫して介入する必要から、流通システムが比較的各地方のレベルにおいても整備されてきているが、相対的な意味において、野菜・果物の流通システムの整備は非常に立ち後れてきたといってよい。

農産物の流通過程をみると、現在でも一般的には非常に伝統的な形での流通が行われている。品質や形・味などが非常にまちまちな野菜・果物の流通では、経験・知識・情報を有する仲介業者・商人が大きな役割を果たしている。この場合、「彼と取り引きすると間違いがない」といった日々の取引のなかで培われる信用が非常に重要になってくるが、取引や値決めは固定的な顧客間での相対で行われ、外部からは全く不透明なものになってしまうと考えられる。実際、かなりの部分が固定契約になっていることが確認されている(2)。また、小農である生産者から始まる流通の過程において、多くの仲介業者が多段階に存在し、各段階で外部からみると極めて不透明ともいえるマージンが取られることになると考えられる。品質や形・味などが非常にまちまちであるという財の性質上、そのような取引の形態および流通過程自体はそれなりに合理的なものかもしれないが、しかし市場機会、ビジネスチャンスを求める新規参入者にとっては参入障壁となる可能性がある。

(4)　安全性・衛生上の問題と環境問題

消費者の食品に対する安全志向が高まるなか、現在日本でも有機農産物などの認証に関し非常に大きな関心が持たれている。このような認証制度が必要となるのは、農薬、化学肥料を本当に用いていないのかどうかを消費者の側からは確認できない、もしくは確認に多大なコストを伴うためである。遺伝子組み替え食品にも同様の必要性がある。すでに東アジア諸国でも有機農産物への需要は高まっているが、各国の認証基準の整備の進捗に差があったり、そもそも認証基準が異なれば、海外取引に際し安全性を確認するためのコストは膨大なものになる。

また、基本的な事項として衛生上の問題があるが、求められている衛生レベルは国によって違いがあり、まだまだ不十分なところも少なくない。加えて、東アジアでは工業化の進展の中で用水の水質の悪化が懸念されており、衛生上の問題は貿易の活性化を図る場合非常に大きな課題となろう。

一方、農産物生産に課される環境面での制約が厳しいものになっている。例えば、地球温暖化が影響しているとも言われるエルニーニョは、一九九七年から九八年のインドネシアの米生産をかなり低め同国の経済危機に追い討ちをかけた。他方で、食料消費の多様化を通じた国際的な取引の高まりが輸出国における環境破壊や生物資源の乱獲といった事態を引き起こすなど、食料生産自体が環境に与える負荷も問題となっている。ややもすれば一時的な輸出ブームが現地の生態系の崩壊といった事態を招きかねないことを強く認識すべきである。

3　貿易構造

「緑の革命」に象徴される東アジアの米生産力の増大と食料消費の多様化は、一方では域内の貿易構造を変化させ、他方では域外市場との繋がりを増大させた。

まず、米についてみると、各国とも「緑の革命」によって自給率を高め、八〇年代に入ると東南アジア全域で米の輸入は大幅に減少した。しかし、反収向上が限界に達したことに加え、九〇年代後半に至って構造調整に関連した政策の変更に気象災害が加わり、マレーシア、インドネシア、フィリピン等で再び輸入が急増している。一方、米の輸出は長い間タイが殆ど市場を独占してきたが、近年ベトナムが急速に輸出を拡大し、タイの増勢は九〇年代に入り著しく殺がれている。なお、これまで微々たる量の輸出しかしていなかった中国が九七年頃から輸出を増加させていることにも注目する必要がある。

穀物全体の貿易は八〇年代初めまで拡大を続けたが、米の動向を反映して八〇年代なかごろにやや停滞が見られ、その後、畜産業の発展等を反映して急増した。ＡＳＥＡＮ諸国だけでも九〇年代後半には一七〇〇万トン前後の輸入量に達し、その内約一二〇〇万トンは米以外の穀物（小麦、飼料穀物等）の輸入とみられる。韓国も約一二〇〇万トンの米以外の穀物輸入があり、これを加えれば米以外の穀物輸入量は日本のそれの九割に達している。輸出国であった中国、タイでも畜産の発展による国内消費の増加に伴い若干の輸入超過になっており、インドネシア、フィリピン、ベトナムでも近年輸入が増加し始めている。しかもこれら諸国の輸入先は概ね日本と競合しており、今後これらの国々で需要が急増した場合、大きな不安材料を抱えることになる。

こうした飼料穀物輸入の急増の裏には畜産物消費の拡大、とりわけ食肉消費の拡大があるが、食肉自体の輸入も増大している。ＡＳＥＡＮ諸国ではこれまでのシンガポールとマレーシアに加え、近年フィリピンでも輸入の急増がみられる。これに対し食肉の輸出はタイを中心に増加してきたが、九〇年代に入り減退傾向を示している。一方、中国が九三年の人民元の切下げ以降鶏肉の対日輸出を急増させており、今や最大の対日輸出国になっている。食肉の域内貿易も増加しつつあるが、牛肉についてはこの地域の輸入量の九八％が域外依存であり、穀物と並んで大きな問題をはらんでいる。

一方、ＡＳＥＡＮ諸国でも近年野菜・果物の輸入が急増している。マレーシア、シンガポールが中心であるが、近年フィリピン、インドネシアの急増が見られ、食肉によく似た変化を示している。ＡＳＥＡＮ域内での野菜・果物貿易はまだ限られたものであるが、東アジア域内でみれば、消費内容の高い類似性を背景として相互依存関係は着実に深まっており、野菜の六割、果物の四割が域内貿易となっている。なお、この地域から日本へ輸出されている野菜・果物や肉類は、近年生鮮品の急増が見られるが、依然としてその三分の二は冷凍品や加工品であり、域内におけるアグリビジネスの結びつきは高まっている。

以上のように、食料消費の多様化に伴い、東アジア地域の農産物貿易は域内での相互依存関係も強まっているが、この地域で生産し難い農産物を中心に域外依存が急速に拡大している。とりわけ小麦や飼料穀物の域外依存が強まっており、穀物自給率が低下傾向を示す国が増えている。輸入飼料穀物はこの地域の中小家畜の原料として不可欠の資源となっており、その供給変動はこの地域の畜産業の存立を脅かす可能性すらでてきた。九七年の経済危機に際してはインドネシアやマレーシアでトウモロコシの輸入が激減し、インドネシアでは鶏肉や鶏卵の生産が三割も減少した。海外原料依存による畜産業の持つ脆弱性を浮き彫りにしたもののように思われる。

今回の経済危機は東南アジアのなかでも輸出国と輸入国で対称的な効果を与えており、同一国内でも輸入資源依存型の農業と国内資源依存型の農業ではまったく異なる影響が見られたが、総じて国内農業生産の存在が経済危機の国民経済や国民生活に与える影響を一定程度緩和する要因として働いていたようである。タイでは一時的とはいえ数十万に上る過剰労働力が農村に還流したことが観察され、雇用変動のクッションとしても農村が一定の役割を果たしたことが確認されている。このため、マレーシアでも国内農業生産の意義に対する再認識が進んでいるようである。

第二節　農工間所得格差問題と雇用問題

これまで東アジア諸国の経済発展の過程でみられた法則の一つに、ペティ＝クラークの法則がある。これは、経済成長に従って付加価値額ベースで見た農業部門のシェアが低下することを示したものである。この場合、就業構造においても農業部門のシェアは経済成長に連れて低下するが、一般的にはそのスピードは所得（付加価値額ベース）でみた産業構造の変化のそれに比べて緩慢であり、その結果、一人当たりの所得について農業部門と非農業部門間に格差が生じることになる。

東アジアの場合、付加価値額ベースでみた農業部門のシェアの低下にそれほどの各国差があるようには見受けられないが、労働市場の調整機能に各国で違いがあるため、部門間の所得の格差に着目した場合、国による差異は大きい（**図4－3**）。すなわち、経済成長の初期段階ではどの国も労働市場の調整が遅れ、非農業部門の所得と農業部門の所得の格差は拡大していくが、その後労働市場の調整能力がうまく働き始める国を見い出せる。図4－3で付加価値額シェアと労働力シェアが再び接近している国々であり、日本、韓国、マレーシアが該当する。その一方で、両者のシェアの差が逆に拡大し接近の傾向を見せない国々、すなわち農工間所得格差が拡大する国々がある。タイ、インドネシアがそれにあたる。フィリピンは、一九七〇年代半ばまでは所得の差が縮小を続けていたが、その後拡大する方向に転じている。

この部門間所得格差の問題は、産業構造の変化を通じたマクロ経済の成長経路とも関係している。農業部門の成長の局面はマクロ経済との関係では三つの局面、すなわち耕地の拡大の局面、耕地の拡大が限界に直面し農業部門に労働力が滞留する局面、そして非農業部門への労働移動が中心になる局

図4−3　付加価値額および労働力における農業部門シェア

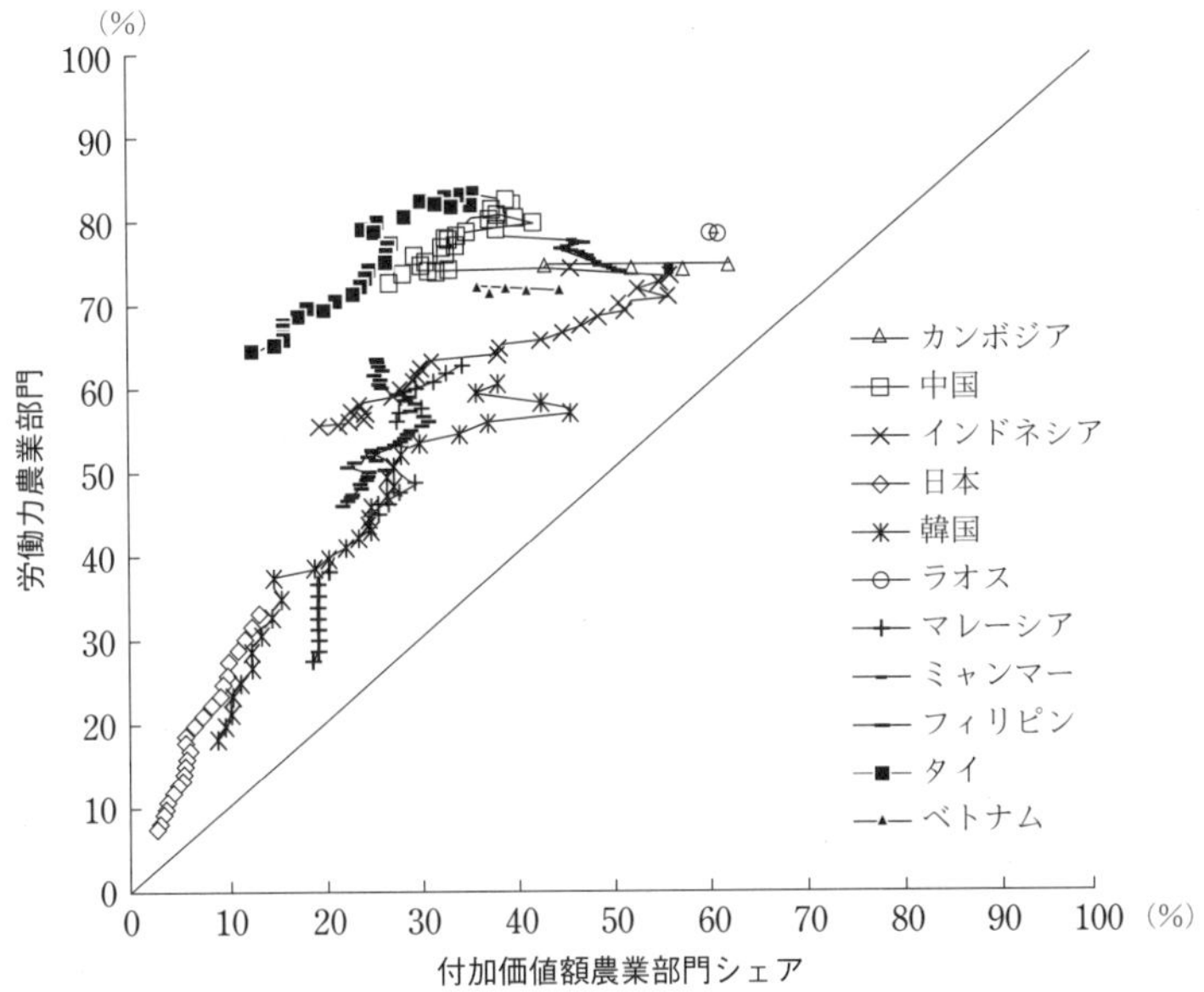

資料：World Bank, "World Development Indicators".

面に分けてみることができる。いわゆるS字発展仮説である（図4−4）。

これをみても、日本、韓国、マレーシアは第三の局面に入っており、その他の東アジア諸国は、概ね、耕地の拡大はすでに限界に達し、農業部門に人口圧力を抱えながらも、収量を増大させる局面に移行したと読みとることができる。

ここまでの各国の状況をまとめてみると、日本・韓国・マレーシアでは部門間の労働移動が比較的スムーズであり、部門間の所得格差も広がる傾向にない。一方で、その他の高度経済成長東アジア諸国であるタイ、インドネシア、フィリピンでは、農業部門の付加価値額のシェアはかなり低まりつつあるものの、労働市場の調整が余り機能しておらず、部門間の所得格差が増大する傾向にある。また、ベトナム、ミャンマー、ラオス、カンボ

図4−4　S字型発展

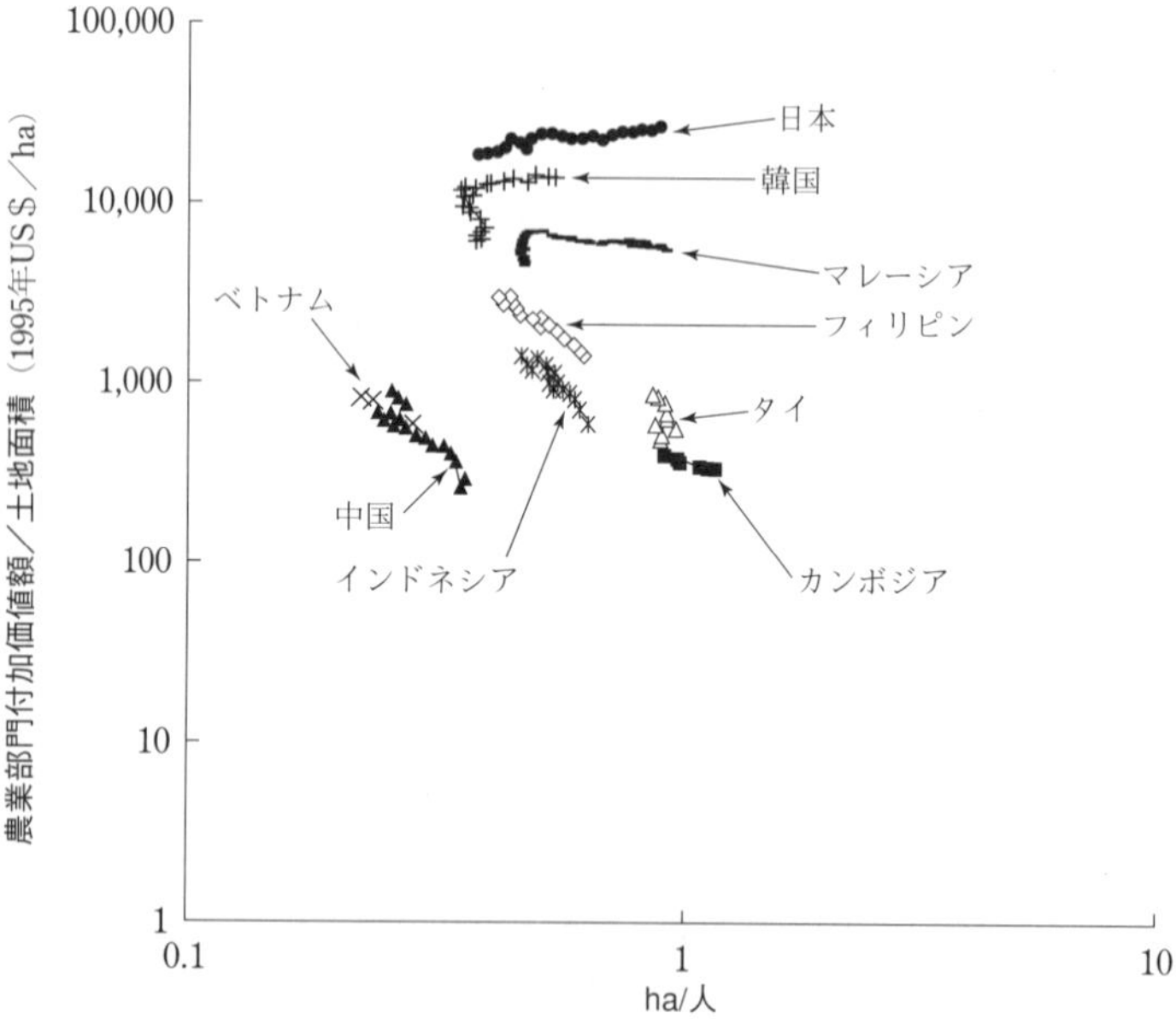

資料：World Bank, "World Development Indicators".

ジアなどは農業部門の役割が未だに極めて大きい国といえる。

　また、日本の経験では、労働力の都市への移動と同時に、農村にいて兼業を行う形態が広範に見られた。時間を経て兼業収入が主となる農家も増大した。こうした問題意識にたって、労働力としての農業就業人口と農村人口の比率の推移を、農業部門の付加価値額でみたシェアとの関係でみると（図4−5）、日本は農村に過剰な農業就業人口を大量に滞留させずに産業構造を変化させてきたことが読み取れる。マレーシアは近年、日本に近い経路を辿っているが、韓国はこの比率の低下が両国に比べて緩慢である。他の東アジア諸国は未だに低下傾向が見られない。

　このような部門間の所得格差の存在、すなわち農業部門・農村部における過剰

図4－5　農業・農村人口対比農業部門付加価値シェア

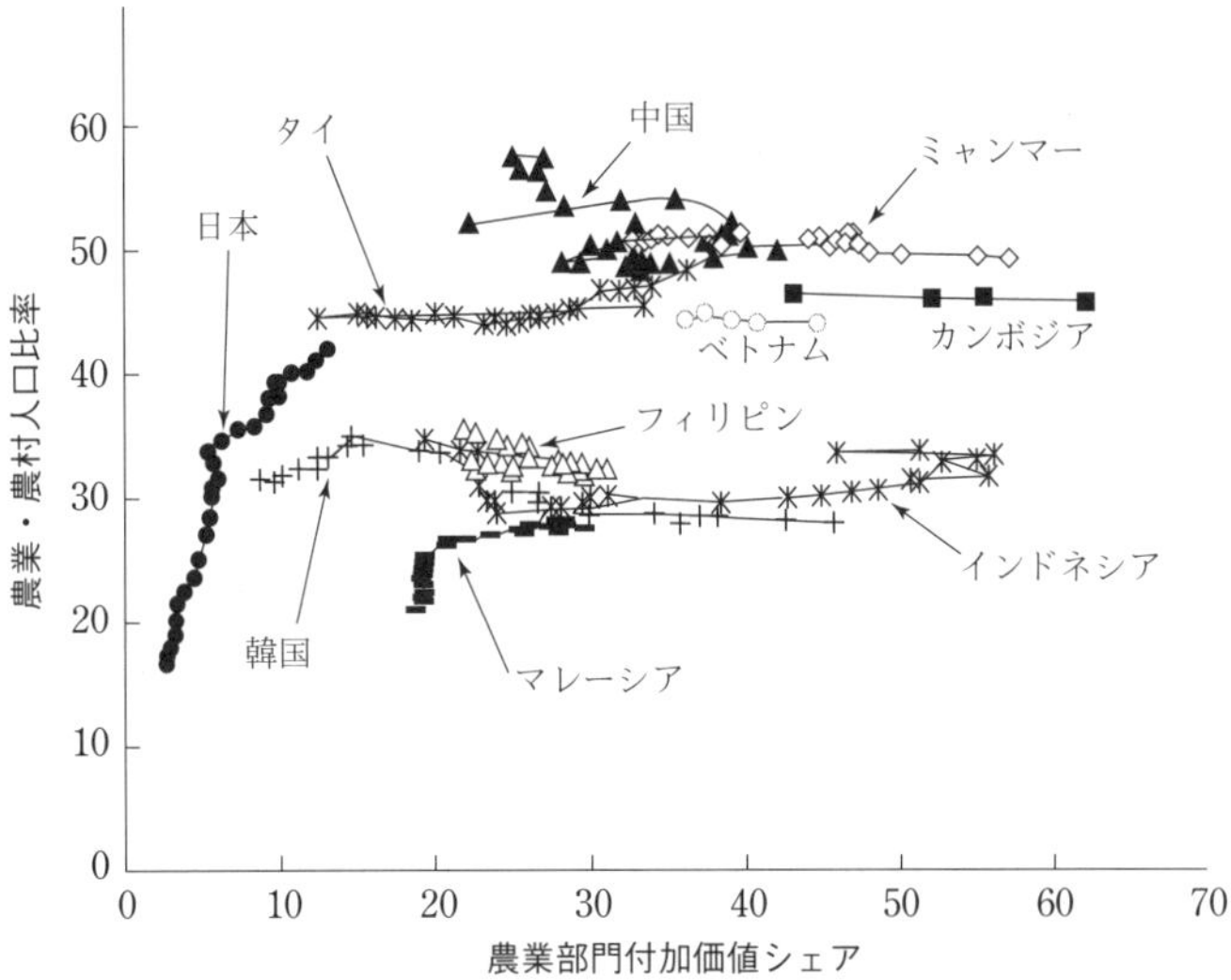

資料：World Bank, "World Development Indicators".

な就業人口の存在は、古くから開発戦略の課題としてとらえられてきた。上記のように各国で労働市場の調整に差が生じた点に関して、ここでは特に、工業化の経路に着目して若干の説明をしておく。

日本は東アジア諸国の中ではもっとも時間をかけて工業化を進めてきた国である。既に、第二次大戦以前に繊維産業を中心とした広汎な軽工業の発展をみるが、これらの軽工業は、養蚕と結びついた形で絹織物産業が立地したことにもみられるように、それまでの副業や農村工業が十分に発展していたところで展開された。このように軽工業の輸入代替・輸出促進の時期に地方市場のある程度の規模が形成されたことは、農村部からの非農業へのアクセスを容易にした一因となった。

もちろん、高度経済成長のなかで太平洋ベルト地帯への集中がみられたことも事実であるが、この時期に長期にわたって国内産業の保護政策と固定為替レートの維持をなしえたことは、工業全般で緩やかに雇用吸収を行う時間的余裕を与え、経済成長の恩恵をすでに存在していた地方市場とそれにつながる農村部においても広げることを可能にした。同時にこのプロセスにおいて、工場の地方分散を積極的に行うとともに、道路整備・土地改良事業などの公共事業を展開することで、農村部における過剰人口を摩擦無く非農業部門に吸収してきたわけである。こうして我が国は、海外の技術を取り入れながらもほぼ自国の労働力、資本によって高度成長を達成し、内需型経済発展を実現することができた。

一方、他の東アジア諸国の経済発展は、主に戦後に急速に行われた。東アジアの経済発展戦略の特徴は、初期の段階では重化学工業も含めた輸入代替工業化を指向し、そののち労働集約的産業などで輸出促進を図った点であり、外国技術の吸収も主として外国資本の導入によって行ってきたことが指摘されている。

その結果、東アジア諸国の経済発展は、立地の集中、部分的な産業での雇用吸収の二点において東アジア諸国の状況を日本の経験と異なるものとなった。すなわち、重化学工業を中心とした輸入代替工業化、そして輸出加工区における外資誘致をはじめとする輸出促進政策は、いずれも、海外との交易上のアクセスの容易な地域への立地の集中をもたらした。労働市場全般からみると、地方市場への広がりがないことから、農村部における非農業部門へのアクセスは非常に限られたものになり、また、直接投資による加工・組立を中心とした産業発展では他の産業への連鎖が非常に限られたものであったといえる。なお、日本の他に労働市場の調整が比較的機能している国として、韓国とマレーシアがある。

韓国の場合は、六〇年代の軽工業を中心とする労働集約的な輸出指向型工業化の段階を経て、七〇年代以降重化学工業化の成功によって先進国並みの経済発展を達成したことによりASEAN諸国とは比較にならない強い雇用吸収力を発揮し、農業就業人口の大幅な流出をみた。しかし、工業発展が基本的には財閥企業によって沿海部の大都市中心に行われたため、日本に比べると中小企業や地方への展開が弱く、農村部に広汎な兼業機会が発生することはなかった。また、マレーシアについては、その背景として、人口約二千万人強という他の東アジア諸国と比べた人口規模の小ささとともに、これが故に可能となったと考えられるいわゆるマレー人優遇政策として知られるプミプトラ政策を指摘しうる。

しかしながら、韓国、マレーシア以外では農村の人口の急激な流出はみられず、工業の地方分散等も進まないため、農村での兼業機会もあまり拡大しない。加えて、財政状況の悪化や農村の高齢化の進展など農工間の所得格差の縮小は極めて困難な状況にあり、今後これが大幅に改善される見通しも持ちにくい。これは将来、各国の経済発展や政治的安定の上にも影を落す要因となりかねない。

第三節　グローバリゼーションと国内政策の整合性

1　グローバリゼーションの進展

東アジアの工業化は、国際市場への参入の恩恵を受けてきたものであるが、一方で、農工間所得格差問題や雇用問題を激化させ、他方で、都市部における所得の向上を背景とした食料消費の多様化を通じて食料需給構造の脆弱性をもたらした。そして、グローバリゼーションの進展はこうした問題をより困難にすると考えられる。すなわち、今後のグローバリゼーションの過程のなかで、工業化は外資の導入やＩＴ技術等新たな技術革新を通じて進んでいくと考えられ、その場合、新たな雇用吸収力の大きさについては、これまでと同じか、場合によっては小さくなる可能性がある。また、国際市場の変動が激しくなることによって国内食料市場に混乱がもたらされる可能性もある。

この点に関連して、今回のアジア経済危機は、食料価格の急騰を通じて食料・農業面におけるグローバリゼーションの危うさを教えるとともに、経済基盤が脆弱で依然として雇用の大きな部分を農業部門に依存している東アジアの発展途上国がグローバリゼーションによる不測の変動の影響を最小限に抑えるためにも農業・農村の健全性の確保が重要な課題であることを改めて認識させるものであった。

グローバリゼーションは今後さらに加速していくことになろう。そして、食料・農業面においても、食料消費の多様化や流通面における技術革新の進展などを背景として、グローバリゼーションは進展していかざるをえないであろう。また、輸出国・輸入国ともにみられる農業部門、特に稲作部門への資金の投入は、多くの財政負担を伴うものであり、そのような事態は遅かれ早かれ見直さざるをえなくなっており、こうした観点からもグローバリゼーションは進展するだろう。これは東アジア発展途上国が内向きの経済運営のもとで時間をかけてその抱える上述した問題を一つ一つ解決していくことを困難なものとするであろう。グローバリゼーションは国民経済、国民生活の安定を脅かす可能性も秘めている。

このグローバリゼーションに関しては、各国の農業政策に影響を与えるとみられるＷＴＯ、ＡＰＥ

C、ASEANにおける国際貿易・投資ルールの形成への取り組みについてもみておく必要があろう。

現在、WTOについては、交渉の進め方などコンセンサスを模索している状況である。現在既に進行しているのがAPEC、ASEANであるが、ここでは緩やかにコンセンサスを形成していくとの認識を共有し、自由化の進め方に関しても形式的な一律的枠組みを強制するのではなく、各国の状況を踏まえて自由化に留保を設ける等の弾力的な措置がとられている。とはいえ、ASEAN、APECが自由化に向けて動き出していることは明らかな事実であり、APECにおいては、一九九四年のボゴール宣言で、先進国は二〇一〇年までに、途上国は二〇二〇年までに域内で貿易・投資を自由化することが確認されている。一方ASEANでは、APECのボゴール宣言でうたわれた時期よりもさらに早期の自由化（AFTA）の実現が想定され、域内の共通特恵関税措置として、大半の品目の関税率を最大五％までに引き下げる旨の合意がなされていた。さらにこうした多国間での取り組みに加え、二国間での自由貿易協定への動きも高まっている。

グローバリゼーションの流れのなかで、また国内の財政上の問題から農業部門への政策介入、特に保護主義的なそれは今後かなりの変更を迫られることは間違いない。各国ともグローバリゼーションへの取り組みがもたらすメリットを十分に理解しながらも、一足飛びには実現し得ない理由と困難さがここにある。

2　グローバリゼーションと国内構造調整問題

グローバリゼーションの議論の根底には、自由化することによって各国共に利益を得るとする考えがあるが、そこには実は二つの大きな想定がある。一つは、産業間で資源の移動が非常にスムーズであること、もう一つは経済上の利益とは恒常的なそれであり、変動からくる利益・損失に関しては、あまり多くを語っていない点である。

前述のように、東アジアの農業・食料市場の特徴としては、①食料消費の多様化によって国際市場への依存度が高まり、その結果市場の短期的な変動に対して非常な脆弱性を持つようになったこと、②幾つかの国では、部門間の労働移動がうまく機能しておらず、部門間の所得格差が顕著になっていること、特に農業部門が抱える人口の大きさの問題が高度経済成長の過程においても依然として解決されていないこと、が指摘される。このような問題を抱えている場合、貿易・投資の自由化のメリットが制約を受けることは避けられない。

米を中心とした農業政策は、農業部門の所得の向上とその安定化及び国内市場の変動を緩和する役割を担ってきた。このような国内政策体系の見直しは、農工間所得格差問題や雇用問題をより困難なものとし、また、国内市場が国際市場に影響されやすくなることを意味しており、後者については、特に短期的な市場変動を国内市場に持ち込む可能性がある。

市場変動に対しては、民間生産主体や仲介業者が自らリスク分散を行う努力を行うことが考えられるが、その能力には限界がある。このとき政府はなんらかの措置を講じる必要があるが、そもそも、あらゆる地域、あらゆる作物で生じる可能性がある変動に保険機能を提供することは非常に困難である。また、現在東南アジア諸国には米以外の作物に対する積極的な生産多様化政策はまだみあたらず、それを実施する財政的余裕もないのが実情である。米政策の見直しはリスク分散に要する多大な労力とコストのために結果として生産の多様化を進めるとは限らず、むしろ雇用問題と食料市場の脆弱性を増すおそれさえあるかもしれない。

米政策の見直しは農業部門の所得創出とその安定化に対する国内政策の自由度を低下させ、東アジアが一様に抱えているといえる農工間所得格差問題や雇用問題、食料需給構造の脆弱性の問題をいっそう浮かび上がらせることになる。グローバリゼーションのメリットを最大限に得るためには、こうした問題への取り組みが不可欠となる。

第四節　連携としてのリージョナル・フード・セキュリティ

1　連携の考え方

現代世界はグローバル化の時代である。経済面では多角的貿易交渉で世界経済の統一化が叫ばれている。そこでは経済制度の国際的収束、すべての国の経済が画一的な普遍システムに収斂していくことを暗黙の前提としている。

資本主義経済はいかに通貨・金融が重要な役割を果たすとはいえ、その基盤となる生産を離れてはありえない。生産は土地、人、資本を三大要素とする。生産は土地を離れてありえない。自然・生態を利用する農業はまさにその典型である。商業、金融業が間共同体的なものとして本質的にグローバル化を志向し、工業が今や国際的投資活動を通じて国境の限界を乗り越えつつある。人々は歴史を通じて土地を求めて移動し続け、それゆえにまた土地を守るために人々の移動に高い障壁を設けてきた。

　これに対して農業は移動が不可能な土地の制約を最も強く受ける産業であり、ナショナルなもの、歴史的多様性を代表するものとして、グローバリズムに対抗する。農業は国際間の移動は本質的に不可能な産業である。このことはEUやNAFTAの形成にあたって農林水産物政策、貿易問題が常に最後まで困難な問題として立ちはだかったことを見ても明らかであろう。農業はその意味で普遍的な資本主義にとって最も苦手な分野であり、グローバリズムに対抗するナショナルなものとして立ちはだかってきた。これがナショナルな市場の限界を超え、資本主義の利益を享受しつつ、ナショナルな特殊性を容認しうる経済システムとして地域連携が探求される所以である。農業は多様な土地、自然を基盤としており、本質的に多様性、特殊性を相互に承認し、理解することを基本として、共通の利益に向かっての連携の道を探らなければならない。

　東アジア諸国はアジア湿潤気候帯に属し、基本的に米を主食とし、稲作中心の零細分散耕作という共通性をもっている。これら諸国にとって米は経済財にとどまらず、社会安定のキーとなる政治財であり、米を中核とする食料安全保障は共通の関心事項である。また、東アジア諸国では、飼料穀物等において国際分業による域外依存が強まっており、それらの安定的供給確保も共通の関心事である。さらに、市場経済の浸透に伴う零細小農の経営困難など農業の構造問題、農村の雇用問題や自然環境保全の問題も共通した関心事である。これらの問題は新大陸諸国や、ヨーロッパ諸国の大規模畑作を基盤とする農林水産業のもつ問題とは極めて異なった問題であり、グローバリゼーションのなかでいっそう困難性を増すおそれもある。これらの共通の関心事項に関して東アジア諸国が相互の連携によってこれを克服し、それぞれが利益を高めていくようななんらかの措置をとることが可能ではないか。また、域内依存関係が着実に高まっている様々な農産物・食料品の安定的供給・供給確保についても連携の可能性があるのではないか。これが連携の考え方の基礎にある。

2　連携の必要性

(1)　穀物市場における地域連携

【米市場の安定】

上述したように、輸出国・輸入国ともにみられる稲作部門への資金の投入は、財政負担の観点から見直さざるをえなくなっており、今後域内の相互依存関係が強まる可能性がある。このため、各国とも域内の米市場の動向に関心を払わざるをえなくなっている。一方、アジアは米の主要な生産・消費地域であり、米の国際市場はほぼアジア域内市場の動向に依存することになるが、現在の域内の米市場は、その取引量の規模からみて非常に薄いものである。このことは、域内の米市場が各国の生産・消費の動向に大きく左右されやすい構造になっていることを意味する。このような状況のもと、輸出国と輸入国とでは域内の米市場の動向について上述した関心のウェイトの置き方が違ってくると考えられる。

すなわち、米市場の動向については、大きく短期的なものと中長期的なものとに分けられるが、まず、短期的な変動に関しては、輸入国はフード・セキュリティの確保の観点から，輸入量の安定的な確保ばかりでなく、価格変動にも注意を払わざるをえない。複数国で国内生産の一時的な後退が生じた場合には，国際価格が高騰し輸入に対する支払いが膨大なものとなることが懸念される。

短期的な供給変動に対しては、わが国のように想定される供給減少に対応できるだけの備蓄米を各国それぞれ独自に保有することも考えられるが、ある程度の数量を確保するための備蓄コストは莫大なものであり、かつ品質の経年劣化に伴う価値低下も大きな負担となる。むしろ、近年東アジアでも各地で気象災害が頻発するようになってきていることを踏まえれば、地域としての保険機能をもつ米の共同備蓄を構築する方が効率的であろう。これに関しては、なんらかの理由で米を確保できない緊急の事態が発生した場合、各国にその状況を告知し、理解を得たうえで、融通してもらうという米の共通備蓄がＡＳＥＡＮですでに設けられている。この仕組みを東アジアへ広げていくことが考えられる。

このような相互に融通する仕組みに関しては、国内生産の変動の波が互いに打ち消しあうような国々によって構成されることが望ましいが、過去の国別生産変動の相関分析の結果によれば、域内のある国と他の国とを組み合わせることによってそれぞれの国内生産の変動を打ち消しあわせることが可能なようである。ただし、複数の国で米を確保する必要が生じる場合、融通する必要量が相当な規模になる場合には、実効性が問われるおそれがある。また、域内での備蓄とはいえ、国家レベルで供出可能量を確保する必要があり、共通備蓄の規模が大きくなればなるほど、結果的にはこれまでの国内での買い上げ・緩衝在庫運営上の政府介入とかわらなくなるおそれがある。このように様々な問題はあるものの、米の短期的な生産変動に対しては、東アジア地域全体としての協力体制の構築が必要となろう。

一方、中長期的な域内米市場の動向も重要である。今後消費の高度化によって米の消費水準が低まれば相対的に供給超過基調となり米価は低下するが、その一方で、域内の所得・生活水準の向上により、一部の地域・階層で米の消費が増加する可能性も否定できない。但し、一九八〇年代以降、実質価格でみて国際米価は低下傾向を辿っており、国際米市場は既に供給過剰基調にあるとみることもできよう。米の輸出国はこれに対し非常な関心を払っている。国内の構造調整がうまく進まず、労働移動や作物選択が硬直的で制限されている場合、農業生産者の所得が低下する可能性があり、カンボジア、ミャンマーなどへは経済発展の速度にすら影響を与えかねない。

これに関連して、商品協定の締結による需給の安定化が考えられる。二〇〇〇年夏にタイとベトナムにおいて輸出協定への動きがみられたことは注目に値する。ただし、これまでいくつかの一次産品において締結された商品協定は基本的に永続性・実効性が十分なものではなく、米についても同様の問題があろう。これに加えてそもそも協定を東アジア全域に広げて構築することが可能か否かという問題がある。原理的には、輸出国としては価格を高位に保ちたいし、輸入国としては安価に確保することが望ましいため、双方の利害が相反する。また、仮に東アジアでこのような協定を通じた価格水準の取り決めにコンセンサスを得たとしても、その仕組み、価格水準が他の地域・国のアクセスを妨げるようなものであれば、これはブロック化の可能性ありとしてWTOのルールに抵触する可能性すらある。

しかし、東アジアにおける米需給の中長期的な動向は、米の輸出国は勿論、輸入国にとっても忽せにできない問題である。輸入国といえども米は基幹作物であり、国際価格の中長期的な低落傾向は農業保護費用の増大を招くけでなく、政治的安定を脅かす問題でもあるからである。東アジア地域として知識・情報の蓄積、共有化を図りつつ、中長期的な観点から需給と価格の安定化を目指した協力関係の構築が必要になっている。なお、米が中長期的に過剰基調になったとしても、米の国際市場が極めて薄いものであることを考慮すれば、短期的な生産変動に対する備蓄等の備えは別途必要であることはいうまでもない。

【その他の穀物の安定供給】

小麦、飼料穀物については、食料消費の多様化のなかで飼料や加工原料として需要が高まっており、東アジア域外への依存を高めている。このうち、トウモロコシは、新大陸への依存が圧倒的に大きくなっている状況にあり、ここでの生産動向が東アジア諸国の安定的な食料確保に影響を及ぼすという構図となっている。近年米国産のトウモロコシは気象変動の影響もあって収量変動が激しくなっており、将来東アジアの飼料穀物需要が大幅に拡大した場合、この地域の穀物需給は大きな不安材料を抱え込むことになりかねない。グローバリゼーションが進展するなか、東アジア諸国はこの問題に対して連携して取り組んでいく必要がある。他方、世界の穀物の期末在庫率は穀物需給が著しく逼迫した七〇年代初めの水準をも下回って推移していることに鑑みれば、この問題は世界全体の不安定要因になる可能性があり、世界需給の安定を図るためにも、連携した取り組みが求められている。

小麦やトウモロコシについては、輸入先が競合するため新たな枠組みの創設は容易でないが、世界最大の輸入地域として各国の需給見通し、輸入先からの供給見通しなどについて相互に情報交換を行うことは有益であり、それを基礎として地域的な需給安定の方策を検討していく意義は大きいと言えよう。更に、中国、タイ、インドネシアなど域内におけるトウモロコシの生産地域で生産の増大を図る可能性についても地域全体の問題として検討する必要がある。そこには、生産基盤の問題、多収品種の開発、ロスの削減を含めた流通システムの問題など、国際的な協力を要する様々な事柄があると考えられる。

【自然資源の循環的利用と飼料資源の開発・普及】

既にみたように、畜産・酪農における飼料の大部分を輸入穀物に頼っているということが東アジアにおける食料需給構造の脆弱性を生み出している。この脆弱性を緩和していくには、飼料自体の多様化および国内・域内飼料の活用が重要となってくる。その際、注目されるのが国内生産能力を十分にもつ農産物の利用である。東アジアが最も得意とする穀物である米の飼料としての活用は、輸入飼料穀物に比べて価格が高いということもあってあまり進んでいないが、オイルパームやサトウキビ等を含めて東アジアが高い生産力をもつ新たな飼料作物の開発・実用化・普及のプロセスは東アジアにおいて共有できる地域公共財としての性格を有しており、資源の循環的利用の観点からも連携した取り組みが必要である。より多くの飼料作物についてそれぞれの利用可能性を広げていくことは重要であろうし、開発の過程から各国で情報を共有するとともに共同研究を形成していくことは開発の速度・効率性をあげる有効な手段となろう。

米の飼料としての活用についても、カンボジアなど今後米生産の拡大の余地が大きいと見込まれる地域において米の飼料用への利用の拡大も念頭に置きながら積極的に生産の増強に努めるべきであろう。それには、超多収品種の開発も必要となるが、日本で現在研究が進められている米のホールクロップ・サイレージ（稲発酵粗飼料）が実用化されれば、輸入飼料穀物との価格差の問題はクリアーされる可能性がある。

(2)　農業生産の多様化と所得の確保

【農業生産の多様化およびその生産基盤の強化】

今後零細な生産者がニーズの変化に対応してどこまで生産の多様化を進めることができるか、現在の生産流通構造や信用制約のもとでは極めて心許ないと言わざるをえないが、都市近郊の購入飼料による加工型畜産は今後も発展するであろうし、「緑の革命」の過程で過度な単作化が進んでしまった東アジアの村々でもかつては多様な農業生産が行われていた歴史があり、東北タイの農村における集落協同による複合部門の導入にみられるように、現在稲作中心の農村にも多様な作目を導入する可能性は残されているはずである。

消費の多様化は今後も進み、今後いくつかの国では農業者の高齢化など労働供給の問題から国内の生産能力を縮小せざるをえない国も存在するため、域内での貿易量は高まる可能性がある。これらの国々にとっても急激な変化は好ましくないとしても長期的な安定供給確保の視点に立った合理的な補完関係、協力関係の構築が必要となっている。また、今後東アジアの国々でも有機農産物への需要が高まり、大きなマーケットに成長する可能性もある。したがって、生産多様化へのニーズは国内市場にとどまらず、国際的広がりをもったものになる可能性が高い。問題は、これに答えられる体制をどう構築するかである。農民への信用供与、営農上の改善、市場情報の提供、効率的な流通システムや集荷・保蔵設備といった生産・流通基盤の充実といった諸問題に対する連携の可能性を意識しておく必要がある。

また、農業生産基盤の整備は今後の東アジアの食料生産の拡大にとって不可欠の前提条件である。それは生産力の絶対的な拡大のためにはもちろん、生産性の向上のためにも不可欠である。しかし、新たな耕地の拡大にしても水資源の確保にしても、従来の方式での拡大はますます困難になりつつあり、今後の開発は、投資の規模からみても技術の点でも、また環境に与える影響からみても一国での対応には限界があり、国際的な取り組みあるいは共同行動が必要になろう。また、新規開発の余地が今後限られてくるとすれば、既存地域の再開発や既存投資のメンテナンスも重要なテーマとなる。今後の消費の多様化に対処するためにも、また既存水田の生産力の向上のためにも、水田の乾田化、排水施設の整備はますます重要になる。これまでの国際農業協力における問題の改善も含めて、今後、国際的な協力体制のもとでの取り組みを強める必要があろう。

【農業部門・農村内での雇用・所得の創出】

今後のグローバリゼーションの過程のなかで、工業化は外資の導入やＩＴ技術等新たな技術革新を通じて進んでいくであろう。その場合、新たな雇用吸収力の大きさについては、これまでと同じか、場合によっては小さくなる可能性がある。とすれば、今後の農村地域の就業機会と所得の確保は、単に工業化の進展に期待するのではなく、農村内部あるいは流通加工部門と結びついた形で独自に農村工業を開発する努力が極めて重要となる。

一口に農村内部での就業機会の確保といっても、その実現はけっして容易ではないが、中国の郷鎮企業のような地場の中小零細企業の潜在的発展可能性のある地域では、積極的にその育成に取り組むべきであるし、先進国や域内の先進地域では今後も食品の加工度の向上へのニーズが高まることは確実であり、その加工工程の一部を農村内部に取り込む余地は十分にあるはずである。また、ＩＴ技術の発展は、農村内部に分散する零細な企業にもマーケット・アクセスの機会を提供する可能性を秘めている。その意味では、今後、農村内部での情報システムの整備や新たな加工技術の導入、製品化のための加工流通施設の整備、さらには道路整備や輸送システムの整備等あらゆる面での総合的な支援が必要であろう。就業機会の確保は単に農産物加工部門に限られるわけではなく、流通や情報部門まで含めて考えれば極めて広い裾野をもつと考えられる。

このような農村工業の開発を進めるためにも、農業部門の複合化は重要な課題となる。複合部門の導入はそれ自体農村に雇用機会の増加をもたらし、余剰労働力を利用して複合部門の生産物の一次加工を付加することによって付加価値をつけることも可能であり、所得機会の増大は農村そのものの活性化にもつながる。農村地域への外部資本の導入もこのような条件整備によって初めて可能となり、農村工業の導入は農業の複合化をさらに進める契機となる。このような農業関連産業への投資機会の意義は、東アジア経済の発展に伴いより高まっていくものと考えられ、投資環境の整備や域内での市場機会の拡大については地域で共通に認識すべき課題として、連携の可能性を意識して必要がある。

【生産の多様化のための条件整備】

今後農業の複合化を進めるうえで必要となる条件は何か、それをどのように実現するかと言うこと自体、十分な検討がなされていない。単に市場の提供や投資の促進をすれば済むというものではない。これまで水稲中心に行われてきた生産基盤の整備は今後どうあるべきか、営農指導や市場情報の提供あるいは信用供与をどうするか、水稲生産以上に価格変動に曝される可能性の高い多様化作目の価格安定のシステムないし保険システムをどうするか、流通システムや物流施設をどうするか等々検討課題は山ほどある。特に、生産段階や流通段階でのロスの削減が今後の重要なテーマとなる。今後の多様化部門へのニーズが東アジア全域の国際的ニーズになると考えられ、各国間での効率的な作目分担のあり方も検討されるべきであろうし、それに対応した各国の政府や民間部門の取り組み体制についても再検討が必要となろう。

最後に、有機農産物や低農薬農産物の認証基準の問題、また衛生管理や安全性基準に関する法的整備についてふれてみる。

これらに関する各国の基準がまちまちであれば、原材料を確保することは実質的に難しくなり、企業的な展開や投資がなされない状況を生み出すと考えられる。その結果、市場機会を逸してしまう生産地も存在することになり、認証基準の統一は域内の投資活動・企業活動を活発化するためにも必要なものである。ただし、生態系や地勢上の条件が異なる東アジアで、あまりに基準の統一化に重点を置きすぎると、結果としてどの生産地域も恩恵を受けず、また投資のインセンティブも小さなものになってしまうおそれがある。このような状況をさけるためにも、各国の有機農業や衛生・安全性管理に関する知識の共有が認証基準の制定と同時的になされるべきであろう。

(3)　環境問題、持続的な農業生産への取り組み

東アジア域内での食料市場の発展においては、同時に、環境への負荷の問題を意識する必要がある。漁業資源は各国で共有している資源であり、生態系の維持、将来にわたっての漁獲量の確保について各国の連携が必要である。また、域内他国における急激な需要の高まりを背景とした資源の乱獲やそのニーズに合わせた生産方法の適用によって生態系の維持機能が著しく損なわれてしまう事例は多い。日本やアメリカにおけるエビなど海産物の需要の高まりによって漁業資源の乱獲が生じたり、日本の市場向けの野菜生産に殺虫剤散布が多量に行われるために土壌中・地下水の汚染が甚だしいというような状況も生まれている(3)。消費の多様化が高まり，域内の農産物・食料市場の相互依存が深まるにつれ、このような状況を生み出しやすい点は、常に意識されるべきである。

一方、中国黄河の水量減少の問題は、農業生産の高まりによって生じた水需要の増大に加え、工業の発展によって、さまざまな部門間での水資源の利用が高まった結果、黄河からの取水が増大し、つ

いには渇水の事態が生じているというものである。このように発展途上国においては、その国内要因によって環境が破壊される場合も少なくないが、今後こうした国に食料供給を依存することになろう域内先進国においても長期的な安定供給確保の視点に立って問題を共有し解決にあたるべきである。他方、東アジアだけの問題ではないが、地球温暖化が域内の食料の安定確保に影響を及ぼすおそれがあることについても共通に認識しておくべきである。

いずれにせよ、持続的な資源管理は、将来へのフード・セキュリティの確保にとって重要な基礎となるものである。地域的な食料市場を考える以上、地域的な環境への取り組みは当然必要とされる。以上の自然環境問題と並んで、近年、東アジア諸国では化学肥料・農薬の多投や農業生産の単作化、都市近郊農地のかい廃や耕作放棄等農業生産の持続性を脅かす問題も出てきており、農法や生産システムの開発、制度のあり方等を含めてその解決の方途を協力して探求していく必要がある。

3　東アジアの食料・農業問題を協議するための常設機関の設立

これまで、東アジアでの食料・農業分野における連携の必要性や連携に向けての主要な課題について考察してきた。これらの諸課題を検討するためには、関連情報の組織的収集、分析を基礎に継続的な議論の積み上げが必要不可欠である。ところが、こうした東アジアの食料・農業分野における地域経済秩序の枠組みを構築するための課題・連携内容についての議論は、現在までのところきわめてアドホックなものにとどまり、組織的に議論を積み重ねてきたとは言いがたい。特に、農業は多様な土地、自然を基盤としており、域内の食料・農業生産の多様性、特殊性の相互の承認、理解を基本として、共通の利益に向かっての連携の道を探らなければならない。そのためには、地域農業の現状と変化の方向を恒常的に把握、蓄積し、連携や協力の理念と枠組みについて議論を積み重ねるための場として、常設の協力機関が必要不可欠である。

この常設機関は閣僚レベル、事務レベルでの政府間の会合とあわせて食料・農業市場の活動の主体となる民間、ビジネス関係者にも参加・利用可能な開かれた機関であることが望まれる。特に各国内の食料・農業市場の状況のモニターは現地でビジネスを展開している企業や生産者団体の情報提供が不可欠であり、またそこで収集された情報によりビジネスの機会を見い出す可能性もあろう。さらに、農林水産業をめぐる環境の状況や地域の雇用・賃金など他産業との関係についての情報収集・共有も東アジアにおける連携のために重要である。

食料・農業分野における連携・協力の強化のためには、研究者、学識経験者の参加も重要な要素である。この常設機関は食料農業分野において連携を話し合う場を提供するばかりではなく、試験・研究の組織化、支援機関としての性格も併せ持つ必要がある。また、農業経済政策研究でも各国の大学や経済研究機関との継続的な連携を組織すべきであろう。さらに、各国の農業協同組合など非政府機関や関連分野のNGOとの組織的・継続的な連携・協力を視野に入れた組織として構築すべきである。

この食料・農業分野についての本研究はいわば将来このような常設機関で討議すべき課題のスケッチである。

第五節　東アジアの食料・農業分野の連携における日本のあり方

【日本の米市場と米貿易】

東アジアの米輸出国のなかには、わが国の米輸入の拡大に期待する向きもあるが、それら諸国と同様、わが国においても米は依然として基幹的作物であり、かつ主食であるだけに極めて政治性の強い作物である。米輸入の拡大はいたずらに政治的混乱を助長するだけになる可能性が高い。米が安いということ自体では評価されないわが国の特殊な米市場を前提にするとき、単なる生産性や価格差だけに着目した国際分業的発想は、米に関するかぎりは、現実的ではないであろう。

一方、米は再び過剰基調を強め、米価の低落が専業的米作農家の経営を直撃しており、米需給の均衡化と主業的農家の経営安定の同時達成を図る方向での政策の見直しが必要となっている。そこには、米の需給均衡と併せて気象災害等による一時的な不足に対してどう備えるかという問題がある。この問題については、日本は一定の備蓄米を持つことによってこれに備えることとしているが、前述のように東アジア地域のなかでの共同備蓄等についても検討すべき時期にきているのではなかろうか。なお、今後かなりの長期を考えれば国民の米に対する嗜好が変化することもありうるであろうし、東アジアの国々でも円粒種や良質米への嗜好が強まりつつあることを考慮すれば、長期的には米のなかでの部分的な相互補完ということもありえよう。

食料消費の面でも農業構造の面でも類似した問題に当面しつつあるこの地域において、将来の米の需給と市場の安定、需要に見合った生産構造の構築をどうするかは共通の課題であり、同じく米を主食とする国として、将来もにらんだ長期的視点にたってこれらの課題に協力して取り組むことが必要である。

【飼料穀物等をめぐる諸問題】

わが国は畜産飼料用にトウモロコシ等の飼料用穀物を大量に輸入しており、その量は国内米生産量の二倍近い水準に達している。食用に輸入されている小麦等の穀物を加えれば、わが国の穀物の総輸入量は国内生産量の約三倍に達している。国内産米が飼料穀物等として利用できれば穀物輸入のかなりの部分が軽減できることは確かであるし、困難を極める米の転作問題も解決の目途がたつ。

これがなかなか進まない背景には、言うまでもなく輸入飼料穀物と国内産米との隔絶した価格差の問題がある。しかし、米の転作も限界に近づいており、コストの問題はあってもホールクロップ・サイレージ化による稲の飼料化が避けて通れなくなりつつある。すでにそのための品種改良や飼料化の技術開発等低コスト化の技術的研究が積極的に進められており、実用化される日も遠くないと思われる。

米の飼料化は単に転作問題の解決のためだけではなく、わが国の穀物需給のミスマッチの軽減にも寄与するものであり、ひいては将来の東アジアの飼料需給の安定にも寄与しうるものであり、地域全体の課題としてその実用化に向けて取り組むとともに、情報の共有をはじめ他の東アジア諸国の試験研究機関と連携・協力する必要がある。

【長期的視点にたった農産物貿易関係の構築】

砂糖、コーヒー、バナナ等の熱帯産品や大豆等の大陸性産品に加え、近年ではわが国の賃金水準の上昇や農家の高齢化を反映して加工・半加工農産物や生鮮野菜の東アジアからの輸入も急増している。このような輸入の急増をめぐっては、生産者サイドを中心に国内生産への影響を懸念する声があがっているが、近年の輸入急増の背景には円高とともに国内の加工賃の上昇や農家の高齢化による一部野菜の生産の減退、消費者の周年供給へのニーズ等、構造的な要因が存在しており、今後、生産農家の高齢化がいっそう進むなかで、この地域への輸入依存度は強まるおそれもある。短期的な急激な輸入増加は問題となるも、むしろ長期的な安定供給確保の視点に立った合理的な補完関係、協力関係の構築が必要である。

東アジア諸国にとっても、今後他作物への生産の多様化を図ることが課題となりつつあるので、わが国としてもこの動きを支援するとともに、そのなかでわが国が将来必要とする農産物の安定供給の基盤を確保してゆくことは、重要な連携課題であり、国際農業協力もこれを踏まえて展開する必要があろう。

一方、総じて近年の低価格指向に基づく東アジアからの農産物や加工品の輸入については、現地の生産条件や環境への影響等を無視したものが少なくなく、かつての木材やエビの輸入に見られた如く、極端にいえば低価格輸入と引き換えに国内では許容されない環境破壊を輸出していると見られないこともない。今後、長期的視点に立って東アジア諸国との有機的な連携関係を構築してゆくためにも、農産物輸入については相手国の生産条件や自然環境へ悪影響が出ないよう十分に配慮することは輸入企業としての責務であり、場合によってはそれらのコストを内部化する努力も必要となろう。

【農産物輸入と国際農業協力の方向】

急速に高まっている有機農産物へのニーズに対して国も表示の基準を決め、二〇〇一年四月から全面的な表示の義務づけが実施された。この措置は、表示の信頼性について消費者に安心感を与えることになる一方、「有機」や「オーガニック」と表示された農産物が市場から激減する可能性も秘めている。この制度は外国の生産者にも開放されており、日本の登録認定機関の認定さえ受ければ東アジアの生産者も「有機農産物」の表示をした農産物を日本に輸出できる。有機農産物は慣行農法による農産物より人手を要するため日本では割高になり易く、しかも日本でも本格的な生産の開始はこれからという段階であるから、東アジアの生産者にとっては日本市場への参入の好機とも言えよう。ただし、植物検疫があるため生鮮野菜等は事実上輸入困難とみられるが、漬物等加工・半加工製品にすれば参入の可能性はあると考えられる。

高度経済成長を達成してきている東アジア発展途上国に対する農業協力は今後、従来の総じてハード面、それも米の生産力増強を主眼としたものから、マーケット情報を含めたソフト面の協力に力を入れて、多くの国々が当面しつつある需要の変化に見合った農業生産の多様化を促進する方向へと舵を取ることが必要である。米以外の農産物については、生産面でも販売面でも米以上に多くのソフト技術の指導が必要であろうし、マーケット情報の提供や流通インフラの整備と併せた一体的な援助・指導がのぞまれる。そのためにも、自然や社会のあり方も含めて現地の状況とニーズを十分に把握し、現地にマッチした協力のあり方を構築することが重要である。

さらに、以上の農業援助と併せて、今後は農村整備や農村における就業機会の確保のための援助を充実してゆくべきであろう。都市の雇用吸収力に多くを期待できないとすれば、農村内部あるいは近隣都市との関係で何らかの所得機会を創出してゆくことが必要になる。東アジアの国々においても農村の商品経済化とともに農業生産の単純化がすすみ、かつての農村社会に見られたような多様な就業機会は失われつつあるが、東北タイの農村にみるように、改めて養魚や養蚕等失われた複合部門を導入し、複合農業を復活して就業機会と所得の増大、農村社会の活性化に成功した例がでている。

このような方向は、環境と調和した持続的農業生産を定着させてゆくためにも重要である。ベトナムのＶＡＣ運動（農作物、養魚、畜産による複合生産推進運動）も単なる伝統的農業の復活ではなく、生産の多様化とともに、農場内で有機的連鎖のある複合経営の創出、持続可能な農業の確立をねらいとしている。前述の農業生産の多様性も、単に米から他の一つの商品作物に転換するというだけでなく、所得と就業機会の確保、複合生産による持続的農業の定着、農村社会の活性化等の総合的な目標をもったものにしてゆく必要がある。わが国の農業協力も、このような立体的、総合的な農村振興政策の方向を強めてゆくことがのぞまれる。

【東アジアとの連携と日本の食料・農業のあり方】

これまでわが国は、この狭い国土のなかで一億を超える国民に飽食といわれるほど豊かな食生活を保証し、農家には都市住民と均衡する所得を保証してきた。このことが長期にわたる政治の安定に大きく寄与したことは否定できないが、その結果、穀物等の極端な内外価格差の形成、米の消費の減退と慢性的な過剰生産、食料自給率の大幅な低下、農業従事者の高齢化等々の問題を抱え込むこととなった。その中でグローバル化への対応を求められ、農業保護政策の枠組みそのものの見直しを迫られているが、近年の農産物価格の低落や財政事情の変化の中で政策変更自体が極めて困難な状況に直面している。

以上のような我が国食料・農業が当面する諸問題は、東アジアの水田農耕社会が経済社会の急激な近代化・国際化に対応する場合に当面せざるをえない、ある種の共通性をもった変化への対応の帰結とみることもできる。未だに膨大な農村人口を抱えながら一方では既に食料供給基盤の脆弱化の兆しが見え始めているこの地域の食料・農業問題は、わが国の場合よりいっそう困難なものであろう。それは東アジア開発途上諸国の問題にとどまらず、わが国自体の将来にも重大な問題を投げかけるものである。わが国の食料・農業は既にこの地域と不可分であり、今後のこの地域の発展のなかでの食料・農業の変化はわが国に大きな影響を与えるであろうし、わが国の食料・農業のあり方もまだこれらの国々に決定的な影響を与えていく。わが国の食料・農業の今後のあり方も、このような東アジアの相互依存・相互協力関係の強化を図る中から探求されなければならないといえよう。

【注】

（1）“FAOSTAT,, FAO（以下、特に表示しない限りFAOSTATによる）。

（2）諸外国の卸売市場、特に青果物のそれに関しては、小林康平・甲斐諭・諸岡慶昇・福井清一・浅見淳之・菅沼圭輔著『全集　世界の食料　世界の農村２０　変貌する農産物流通システム　卸売市場の国際比較』農山漁村文化協会、一九九五年。

（3）桜井国俊「アジアの環境問題と私」環境経済・政策学会編『アジアの環境問題』東洋経済新報社、一九九八年。

（4）石弘之『地球環境報告Ⅱ』岩波新書、一九九八年。

食料・農業分野における東アジア諸国の連携に関する研究会

（委員名簿）

座　長　原　洋之介　東京大学東洋文化研究所長
副座長　大賀　圭治　東京大学大学院農学生命科学研究科教授
委　員　小山　修　農林水産省国際農林水産業研究センター企画調整部連絡調整科長
　　　　柴田　明夫　丸紅経済研究所主任研究員
　　　　首藤　久人　筑波大学農林学系講師
　　　　辻井　博　京都大学大学院農学研究科教授
　　　　福井　清一　神戸大学大学院国際協力研究科教授

（事務局）

蜂巣　賢一　総合研究開発機構客員研究員
服部　高明　同国際研究交流部主任研究員
大平　信　同研究企画部主任研究員
坂本　里美　（前）同研究企画部研究員
武田　大介　同研究企画部研究員
永瀬　久敬　（前）同研究企画部研究員

（二〇〇〇年一二月時点）

第五章　保健・医療分野における東南アジア諸国間のパートナーシップの構築

中村　安秀

はじめに

一九九七年七月のタイ・バーツの下落に端を発したアジア通貨危機という暴風雨は、アジア諸国を席巻し、アジア経済の発展に大きな爪あとを残した。なかでも、インドネシアにおいては、深刻な経済危機をもたらしただけでなく、さながら竜巻のように政治、経済、社会を直撃し、インドネシア社会全体に多大な影響を与えた。スハルト長期政権の末期的状況や旱魃、石油価格下落などの状況と重なり、九八年五月にはスハルト政権の崩壊という政治の変革に至った。その後、ハビビ政権下において九九年六月に総選挙が実施され、九九年一〇月に第四代大統領としてアブドゥル・ラフマン・ワヒッド氏が選出された。しかし、アジア通貨危機においてインドネシアが蒙った影響は大きく、ワヒッド政権の道のりは険しいものがある。政治的な民主化の課題、多様性のなかの統一という原理が崩れたなかでの民族問題、経済危機からの脱却、地方分権化の促進など、政治、経済、社会全体にわたる重要課題のすべてが改革の真っ只中にあるといっても過言ではない。

一方、アジア通貨危機を経験した国々では、経済危機の反省とその回復の過程の中で、社会保障分野の重要性が再認識された。とくに、経済危機で最も打撃を受けた社会的弱者集団である貧困層を救済するためのソーシャルセーフティネット（Social Safety Net：SSN）の必要性が認識された。しかし、従前の社会保障システムの財政基盤の脆弱さ、伝統的に存在しているコミュニティや家族制度との関連、今後の中長期的な施策のあり方など種々の課題が山積している。また、東アジア諸国に共通の課題として、グローバリゼーションに伴う衝撃への準備、近づきつつある高齢化社会への対応などを視野に入れて検討する必要がある。

本研究では、まず、激動のなかのインドネシアにおける通貨危機の健康や保健医療における影響を考察し、保健医療分野において経済危機が与えた具体的な影響を栄養問題や保健医療サービス利用の面から現地調査を行い明らかにした。また、政府や援助機関の具体的な施策とその効果について考察し、今後の社会保障分野の最大の課題である健康保険制度について考察と提言を行った。また、今後、保健医療分野において、東南アジアにおけるパートナーシップの構築を念頭におき、東アジアにおける人びとの健康を増進するための連携のあり方や日本の役割についても考察した。

第一節　インドネシアにおける通貨危機の影響

今回のアジア通貨危機はインドネシアをはじめアジア諸国の住民の健康状態に大きな影響を与えたが、世界的にみると、経済危機により住民の健康状態が悪化した事例は数多くあげられる。

一九八〇年代にラテンアメリカでは債務超過により長期的な経済危機が生じ、保健医療システムなどの改革が行われた［Musgrove, 1987］。また、九〇年代の初めには、旧ソビエト連邦の崩壊に伴い、ロシア、中央アジア、東ヨーロッパでは、いわゆる成人病による中高年の死亡が増大したのが特徴であった。同じく九〇年代に、アメリカ合衆国の通商禁止の影響を受けたキューバでは、低出生体重児の増加、結核や肺炎などの感染症による死亡の増加、自転車事故や薬物事故の増加などがみられたが、乳児死亡率に影響は見られなかった。とくにキューバにおいては経済危機以前の統計指標が整備されていたこともあり、実証的な研究が行われた。そして、出生時体重が二五〇〇g未満の低出生体重児の割合が八九年の七・三％から九・〇％に上昇するなど、健康指標の悪化が認められるのは経済危機直後ではなく、その数年後にも及ぶことが明らかとなった［Garfield, 1997］。

現在までの各国における経験を一般化すると、経済危機が健康に与える負のインパクトは、収入減少、食事摂取減少、受診機会減少、保健医療サービス低下の四要素にまとめることができる（表５－１）。

まず、経済危機により大企業、中小企業が直接的な影響を受け、失業率が増加する。ことに、途上

表5－1　経済危機の健康に対する影響

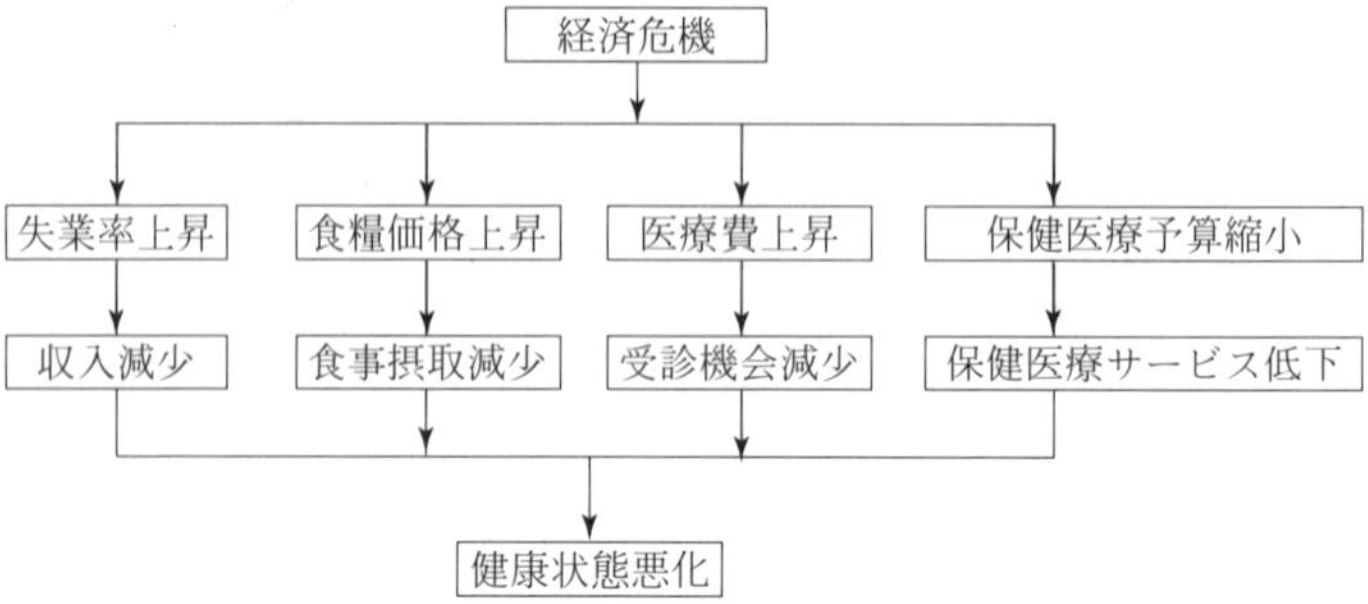

国においては、統計的な実証が得られないことが多いが、インフォーマル・セクターにおける実質的な失業状態が非常に高まると思われる。このような失業率の上昇により、中低所得者層においては家計収入の著明な減少をきたし、ひいては、栄養状態の悪化、医療受診の遅れなどをもたらし、健康状態の悪化につながる。

　また、通貨危機による輸入食品や農薬の価格高騰、農地整備の遅延、需要供給バランスの不安定、経済危機によるインフレーションなどの理由により、米、小麦などの基本的な穀物を含む食料価格が上昇する。中低所得者層が食料価格の急激な上昇に対抗する手段は、食事摂取量を減らす以外にない。最もすぐに影響を受けるのが、肉類、卵、牛乳など動物性たんぱく質の摂取量の減少であり、経済危機が長期間持続することにより、米、小麦などの穀物摂取量が減少するようになると事態は非常に深刻である。栄養失調の状況は、乳幼児の疫学的調査により、身長の伸びが悪い慢性栄養失調と体重減少を主症状とする急性栄養失調に区別されるので、栄養学的な調査が重要になる。

　多くの途上国において、医薬品あるいは医薬品原料、注射器などの医薬消耗品、医療機器の多くは輸入に頼っている。したがって、為替レートに影響を与える通貨危機は、直接的に医療費の高騰につながる。医療費の上昇により、民間病院の患者は無料あるいは低額の公立病院や保健所（*Puskesmas*：地域保健診療所。インドネシアでは予防だけでなく治療も行い、なかには入院設備を有する施設もある）に移り、保健所などで診療を受けていた住民のなかには医療機関を受診せず、家庭での自己治療で済ますものもでてくる。また、急性疾患においても、医療機関を受診する時期が遅れ、手遅れになるケースも少なくない。このように、経済危機により収入が減少した中低所得者層にとって、医療費の上昇は受診機会の減少につながり、健康状態の悪化をもたらしている。

経済危機は、保健医療システムをも直撃する。保健医療予算の縮小により、病院や診療所の設備や医療機器のメインテナンスは悪化し、医師や看護婦の給与も滞り、医薬品の供給も十分に行われなくなる。その結果として、保健医療施設が老朽化し、故障した医療機器の修繕は行われず、医師や看護婦の欠勤も多くなり、医療機関に医薬品のストックがなくなり、住民は公的医療機関を信頼しなくなるという事態が生じる。経済危機が長引くことにより、保健医療サービスが低下した場合には、その信頼を回復するには長い時間がかかると考えられる。

以上のような、経済危機の健康に対する一般的な影響を考慮したうえで、アジア通貨危機の影響を最も激しく受けたインドネシアにおける健康被害の状況をみていきたい。

1　通貨危機がもたらした健康への影響

アセアン諸国および韓国というアジア通貨危機の影響が大きく及んだ国々のなかでも、インドネシアは最大の経済的影響を受けた。マクロ経済指標では、一九九八年の実質ＧＤＰ成長率はマイナス一三・二%の落ち込みを示し、支出項目別の年変化率を見ると固定資本形成のマイナス三五・五%という大きな落ち込みが見られた。これは、生産活動の落ち込みとそれに伴う投資の崩壊として特徴づけられる。また、危機前には、一US$=二四〇〇ルピアであった為替レートが九八年六月には一万六〇〇〇ルピアを割り込んだ。その後、一US$=八〇〇〇ルピア前後で推移しているが、危機前に比較して為替レート減価率が極めて大きかったこともインドネシアの特徴である［国際協力事業団 二〇〇〇］。

その結果、失業率の上昇とともに、貧困人口が激増した。中央統計局によると、一九九六年には総人口の一一・三%、約二二五〇万人であった貧困人口が、九八年一二月には総人口の二四・二%、四九五〇万人と推定され、短期間で約二倍以上の増加をみた。農村部と都市部を比較すると都市部の貧困人口の増加割合が高く、今回の経済危機が都市部の中低所得者層に大きな打撃を与えたことが推測される。

保健医療分野において、経済危機の直前まで、インドネシアの健康指標は着実な改善をみていた。スハルト政権による開発五カ年計画に沿って、保健医療行政システム、保健医療従事者の育成、住民参加によるコミュニティ活動の活性化などを積極的に行い、乳幼児死亡率の低下、出生率の抑制、感染症の減少など、インドネシアの健康水準は高まりつつあった。

しかし、今回の経済危機により、保健医療全体の問題として露呈したのは、保健医療システムの財政基盤の脆弱さであった。一九九八年の段階では、貧困層、失業者、乳幼児、妊婦、障害者、老人などの社会的弱者層を直撃し、保健医療サービスへのアクセスの低下が生じていた［Gani, 1998］。保健所およびコミュニティレベルでは、正確な情報が非常に不足していたが、民間病院からのシフトにより患者数の増加が見られた。また、地域活動を行うための交通費・ガソリン代などの不足により、予防接種率や家族計画実施率の低下が危惧されていた。すでに結核が増加傾向にあるという報告もあったが、ＨＩＶ／ＡＩＤＳを含めた感染症の増加が懸念されている。長期的には、保健所活動の沈滞と職員の意欲喪失により、この一〇年来営々と築いてきた保健所に対する住民の信頼性が低下することが最も深刻な問題であろう。

病院においては、特に輸入品の医薬品、医療用消耗品、検査試薬などの価格上昇は著明であったが、特殊な医薬品や消耗機材を除いた基本医薬品（エッセンシャル・ドラッグ）は品切れにはなっていなかった。むしろ、病院給食やガソリン代といったランニングコストの不足が大きな問題であった。物価上昇にもかかわらず公立病院の医師診察料は留め置かれていたために、病院の収入は減少し支出は大幅な増加になっていた。今後は、公立病院における財政的負担増が増加し、小規模民間病院やクリニックにおいては経営状態の悪化から閉鎖に追い込まれるところも出てくるであろう。また、メインテナンスコストの削減により、将来には高度医療機器の故障や使用不能が増加すると予想される。

大学医学部などの教育機関では、多くの研究プロジェクトが中止せざるをえない状況であった。また、保健所レベルでは従来から行われていた各種の研修が中断されていた。このような状況が続けば、地域保健や病院では保健医療関係者やパラメディカルの質の低下や意欲喪失が生じ、地域保健人材の質的低下が危惧される。また、大学では先端的な研究が行われなくなり、中進国としての医療技術を目指していた研究水準は大きく後退すると考えられる。

インドネシアは医薬品の自国生産を奨励してきたが、実は多くの国内ブランドの医薬品においても医薬品原料の九〇％を輸入に依存していた。経済危機後は、輸入原料の高騰により、医薬品の価格は上昇し、医薬品業者の多くは生産規模を縮小するなどしており、十分量の医薬品が供給できない状況である。このように、医薬品に関しては、経済危機による価格の上昇だけでなく、原料確保ができないための供給量の低下という問題をかかえている。検査用試薬、医療機材、医療機器の多くも輸入されており、それらの価格も経済危機以降高騰していた。

今後は、保健財政全体からみて、適正な病院運営、医薬品の適正使用、健康保険制度の導入などが大きな課題となろう。貧困層における健康状態の悪化も大きな問題であるが、タイでみられたような自殺の増加といった精神的問題の表出、経済的に崩壊した家庭がもたらすストリートチルドレンの増加といった社会問題にも注意しておく必要があるだろう。

経済危機により、失業率上昇、食料価格上昇、医療費上昇、保健医療予算縮小が生じ、その結果として家計収入が減少し、食事摂取量の減少をきたし、医療機関を受診する機会が減少し、保健医療サービスの低下がすでに認められている。このように健康水準を維持するための条件が悪化しているので、今後の健康状態の悪化が懸念されている。

経済危機前には、全国に展開されたポシアンドゥ（*Posyandu*：Integrated Service Post：住民参加を主体とした乳幼児と妊婦のための健診システム）などを通じた栄養改善事業により、インドネシア小児の栄養状態は著明に改善していた。しかし、経済危機以後は、各地で重度栄養失調であるマラスムスやクワシオルコルなどの症例や栄養失調による死亡例が報告されるようになった。しかし、栄養状態による影響は、インドネシアのなかでも地域による格差が大きいと考えられる。

栄養状態の悪化に加えて、地域全体の衛生環境状況の悪化、保健医療サービスへのアクセス低下などにより、感染症の増加が懸念される。衛生環境状況の悪化は下痢症の増加をきたし、保健医療サービスへのアクセス低下は早期の抗生剤投与を必要とする急性呼吸器感染症（ARI：Acute Respiratory Infection）を増悪させる。経済危機前の疫学的なデータが乏しいために、明らかな増加を実証することは困難であるが、今後も注意深く感染症の推移を見守る必要があろう。

一般的に、経済危機においては、収入の減少により、医療費の高い民間病院から公立病院や保健所などへのシフトが起こるといわれている。インドネシアにおいては、正確な情報が不足しているが、民間病院からのシフトにより保健所における患者数の増加が見られた。妊娠・出産においては、経済的な理由のため、伝統的助産婦（ＴＢＡ）による出産介助を受けた自宅分娩が増加するのではないかと懸念されていた。また、政治危機に伴う民主化の流れを受け、従来は全く公的な場で議論できなかった人工妊娠中絶の問題がクローズアップされてきた。

2　社会的弱者への対策

通貨危機以前のインドネシアでは、スハルト長期政権下において中央政府による保健支出はGDPの〇・七％という低水準に抑え込まれた状況にあった。保健省は公務員や軍人といった政府職員と貧困層以外の健康保険制度には財政支出を行わず、管理医療（Managed health care）の一種ともいえる地域健康保障制度（*Jaminan Pemeliharaan Kesehatan Masyarakat, JPKM*, ジェーペーカーエム）に関する法令を整備しただけで、その普及については専ら国民の自助努力と市場原理にゆだねてきた。その結果、通貨危機直前の時点において、なんらかの医療保障にカバーされていたのは全国民のうちわずか一五％に留まっていた。住民に医療へのアクセスを保障していたのは、健康保険制度ではなく、公立病院の診察料や入院料が定額制であったこと、その額が国公立病院や保健所といった医療機関ごとに安く設定されていたので、患者が自らの支払能力に応じて医療機関を選べたからであった。

通貨危機後の国際通貨基金（ＩＭＦ）からの融資受け入れの見返りとして、インドネシア政府は財政支出の大幅削減を行うことになったが、世界銀行（ＷＢ）はそれによる激変を緩和するための措置としてソーシャルセーフティネット（ＳＳＮ）の整備を強く迫った。政策立案作業を経て一九九八年半ばに実施に移されたＳＳＮプログラムは、総額約一九〇〇億円を一七分野に投入するという大規模なものとなり、財源はアジア開発銀行（ＡＤＢ）とＷＢからの緊急融資であるソーシャルセーフティネット調整ローン（ＳＳＮＡＬ）に求められた。

インドネシアにおけるソーシャルセーフティネットは、①食糧の確保、主要食品の適正価格での販売、②プライマリヘルスケアと教育、特に女性と子供の将来への悪影響を食い止めること、③雇用と収入、現実的な雇用の創出、④中小企業対策、共同方式で地域の経済活動を通じた生産環境の整備という四つの社会保障プログラムを重点目標としている。保健省も社会保護プログラムの一翼を担っており、Social Safety Net–Health Sector（SSN–HS、インドネシア語での名称を短縮したものが *JPS–BK*, ジェーペーエスベーカー）と呼ばれるプログラムを実施中である。

一方、インドネシア政府は二〇一〇年を目標とする「国家保健計画二〇一〇（Healthy Indonesia 2010）」を一九九九年四月に策定し、今後の保健政策の方向性を示して保健分野の機構改革を行おうとしている。従来の治療中心の保健サービスから予防医学や健康増進活動を重視し、公平で住民が負担可能な質の高い保健サービスの拡充を目標に、以下の四つの戦略に基づいて保健医療セクターの改革を推進している。

第一に健康増進を掲げ、保健以外のセクターも巻き込み、予防活動や健康増進活動に積極的に取り組む姿勢を示した。第二は保健従事者の技術とモラルの向上で、保健医療従事者の再訓練やモラルの向上、地方分権化の実施に伴う州や県レベルの保健スタッフの計画・管理運営能力の強化を図る。第三は地域健康保障制度（*JPKM*）の推進である。第四は地方分権化で、それぞれの地域のニーズに基づいたプログラムの実施、各地域のエンパワーメントを促進するために、明確な指標に基づいたガイドラインの整備や持続的な人的資源開発政策などを実施していくことである。

二〇〇一年から〇五年の国家開発政策では、「国家保健計画二〇一〇」の四つの戦略に基づき、コミュニティの参加による健康な行動への啓発、保健衛生環境の整備、感染症対策や母子保健、栄養など保健医療活動および保健医療施設の向上、保健医療従事者の人的資源開発、医薬品・食品・危険物の管理、保健政策とマネジメントの強化、保健に関する科学技術の推進などを重要政策項目として挙げている。

これらの基本保健政策と整合する形で、経済危機がもたらす社会的弱者への影響を和らげるために、政府は緊急的な対策としてＳＳＮプログラムの実施を通して貧困層の保健医療へのアクセスを確保しようとした。特に妊産婦や二歳未満の子供の健康と栄養への影響を緩和するために、コミュニテイ・レベルでの母子保健活動を重視し、助産婦および保健ボランティアの活動を活性化し保健サービスへのアクセスの維持が図られた。また、保健所における基本的保健医療サービスの提供を維持するための財政支援を行い、貧困層の医療サービスへのアクセスを維持しようとした。とくに、貧困層に対しては、無料診察カードを配布し、診察や基本的医薬品および妊産婦検診と分娩介助の無料化、栄養失調の乳幼児や妊婦への食糧配布などを行っている。

しかし、政府や外国からの資金援助が明確な目的をもって供与されたとしても、全国の津々浦々の保健所や助産婦にまで届き、実際に住民に裨益効果をもたらすだけのマネジメント能力が備わっているとは限らない。また、地域の実情によっては、画一的な資金援助が地域の自主的な回復への意欲をそぐ結果にもなろう。現在までのモニタリング結果を見ても、子どもの年齢が高くなるに従い補助給食プログラムの受益率が低下しているとか、保健所から離れた遠隔地での受益者をカバーしていないといった問題点も指摘されている［国際協力事業団　二〇〇〇］。今後、ＳＳＮプログラムのモニタリングや評価結果が明らかになることにより、実際にどれくらいのインパクトがあったのかが明らかになると思われる。

一方、経済危機で影響を受けた貧困層に対する保健・医療面における支援はＮＧＯを通しても実施された。従来は、インドネシアの保健医療分野におけるＮＧＯは、政府高官が代表をしているような極めて政府寄りのＮＧＯであったが、経済危機後の民主化の流れを汲んで、現在多くのＮＧＯが保健医療あるいは社会福祉分野で活動している。ただ、彼らの多くは設立されたばかりで活動歴も浅く、ＮＧＯに対する今後の積極的な育成と能力開発が必要であろう。

3　健康保険の制度

一九六八年には公務員とその家族をカバーするための健康保険制度の前身となるものが創設されたが、七〇年代半ば以降アメリカから管理医療の手法を導入し始めた。八七年には合理的な医薬品使用を促すべく保険金の支払いを限定する医薬品リストを制定し、翌八八年には人頭割り前払い方式を採用して保障する医療費の上限額を設定し、今日の *JPKM* モデルの嚆矢となった。

そして、一九九一年に法人格を獲得したものが株式会社 *ASKES* である。加入者は現職または退職した公務員とその家族であり、保険料は現職公務員の給与から二％分が天引きされて、政府から *ASKES* に振り込まれる。*ASKES* は公的医療機関と契約を結んでおり、プライマリヘルスケア機関での外来サービスに係る医療費は人頭割り計算で前払いしている。加入者が契約医療機関でサービスを受ける限り、外来診療、入院診療、出産、専門医による治療、臨床検査、薬剤、制限範囲内での歯科処置が保険でカバーされることになっている。従前から強制加入であった公務員、軍人、警察官とその退職者・扶養者に限れば、対象者一六〇〇万人のうち一五六〇万人（九七・五％）を既にカバーしている。

民間事業所従業員向けには、*JAMSOSTEK* 基本法（一九九二年制定）に基づき労働省の外郭団体として設立された国策的株式会社 *JAMSOSTEK* が労災保険、死亡給付、老齢給付とともに健康保険（*JPK*）を提供してきた。ただし、実際に保障する医療サービスはきわめて不十分な水準であり、多数の事業所は *JAMSOSTEK* には未加入であった。これら未加入の事業所の従業員に対する健康保険加入の勧めは、一九九二年以後に免許を獲得した民間 *JPKM* 事業体に任されてきた。しかし二〇〇〇年一月の段階でも、免許を取得できた *JPKM* 事業体は二〇社であり、加入者総数はわずか約二〇万人（一九九五年時点）にすぎなかった。

この他に、地方の農村部ではダナ・セハット（村落健康基金）と呼ばれる簡易的な *JPKM* 制度が存在し、都市、農村の別を問わず貧困層に対して健康カード（*Karte sehat*）が発行されて基本的な医療サービスが無料で受けられるようになっていた。

しかし、インドネシア社会の圧倒的多数を占めるのは農民、自営業者、インフォーマル・セクターに就労する人々である。彼らの多くは現金収入が不安定であり、彼らに健康保険加入を積極的に勧めるJPKM事業体もなければ、自発的に加入する個人も少なく、ほとんどが健康保険制度の傘の外に放置されていたのが経済危機直前までのインドネシアの実情であった。

通貨危機後の一九九九年に発表された「国家保健計画二〇一〇」において、JPKMの推進が四大戦略の一つとして位置づけられたことは画期的な出来事であった。JPKMという標語を掲げながら、平時には実現できない保健医療セクター改革を敢行することこそが目標となっている面もある。すなわち、国民皆医療を唱いながら、民間部門の資金をいかに動員して国民医療費全体をまかなっていくか、政府部門内の限られた財源をいかに大胆に組み替えて保健予算を確保するかに主眼が置かれているとみるべきである。社会保障とりわけ健康保険に関しては、JPKMの枠組みを基本としその普及率を上げるという方針に変更はない。以下、今後の健康保険制度の整備の方向性と問題点を考察する。

まず、自発加入に任せていても一向にJPKM加入者が増加しないことから、一般住民の間での保険意識の薄さも段々と明らかになってきた。ダナ・セハットが一定の成功を収めた農村部を別にすると、都市やその周辺に住む人々はもはや農村的な共同体意識などもちえなくなってきており、保険加入においても相互扶助の伝統に代わって保険制度の利点についての現代的な理解が不可欠となっている。具体的に、住民の保険に対する関心を喚起し、健康保険という制度そのものを理解してもらうという基本的なことから、取り組み始めたところである。

政府は、自発的な負担意思を尊重する方向でJPKMの推移を見守ってきたが、加入者数の伸び悩みは誰の目にも明らかとなった。保健省の一部には、強制加入制への大転換を通じてこれまで到達することが難しかった住民グループをも一気に制度内に取り込もうという主張もみられる。従来の自助努力と市場原理というアメリカ合衆国の医療保障のあり方から、脱却しようとする動きであると評価される。しかし、現実的な受け皿の問題や地方分権化との整合性などがあり、実現までの道のりはまだまだ険しいといえる。

管理医療に基づく保険制度が円滑に運用され、かつ加入者に満足されるサービスが供給されるためには、定額前払い制の限られた予算内での診療行為に習熟した医師を確保することが必須となる。アメリカ合衆国の「家庭医」に近い存在のこの種の医師の養成は、従来のインドネシアの医学教育のなかでは行われていなかった。すでに、五つの大学の公衆衛生学部で家庭医の養成プログラムが開始され、卒前、卒後にまたがるカリキュラムが組まれている。しかし、*JPKM* を本格的に全国に普及させようとするならば、現在の養成体制では明らかな医師の不足を生じる。

このように、今後の *JPKM* の展開にはまだまだ解決すべき課題も多く抱えているが、経済危機という経験をバネにして、大胆な改革に取り組もうとする保健医療関係者や行政官の熱意は大きい。

第二節　東南アジアへの展開

東南アジアは近年の経済成長を背景として、ここ十数年の間に保健医療水準が飛躍的に向上した地域である。しかし、熱帯感染症の蔓延、種々の栄養障害の存在、保健医療システムの問題、伝統的医療との相克などまだまだ解決すべき課題が山積していることも事実である［中村一九九八］。

東南アジアを均一の地域と捉えがちであるが、乳児死亡率については、日本とほぼ同じ水準に達しているシンガポールから、乳児死亡率が一〇〇（出生一〇〇〇当たり）を超すカンボジアやミャンマーまで国によって大きく異なる。また、出生時の平均余命をみると、五〇歳台のカンボジア、ミャンマー、ラオス、六〇歳台のインドネシア、フィリピン、ベトナム、タイ、七〇歳台のマレーシア、シンガポールと分けることができる。これらの健康水準は、国の経済力や住民の教育レベルと深い関連をもっている。一人当たりのＧＮＰ（国民総生産）の高い国は乳児死亡率も低く（ベトナムは例外であるが）、識字率の低い国では健康水準も低いレベルにとどまっている。ただ、インドやパキスタンなどの南アジアと異なり、東南アジアの国々では一般的に識字率が高く、女子の教育も比較的よく普及しているのが特徴である。

東南アジアの疾病構造において、先進国との大きな違いは、乳幼児の死亡が多いことである。乳幼児死亡の直接原因の七〇％以上は感染症によるものであるが、その背景には乳幼児自身の栄養失調、親の教育不足、劣悪な衛生環境が大きな要因となっている。そして、これらの諸要因はまさに貧困と深く結びついている。途上国では、貧困、急激な人口増加、農村や都市の環境の悪化が相互に作用して、人びとの健康に重大な影響を及ぼし、これらの社会経済的要因が健康問題と深くかかわっている。しかし、人口動態統計でみると、日本と同じように心疾患、脳血管障害、ガンなどが死因の上位を占める。経済成長やそれに伴う都市化のために、いわゆる成人病が東南アジアでも増加していることは確実である。しかし、シンガポールを除く多くの国では農村部における死亡診断が十分でないために、原因不明の死亡が多く、その多くが感染症に起因すると考えられている。このように、東南アジアの保健医療統計をみるときは、その正確さを考慮する必要があろう。

東南アジアで最も一般的な感染症は下痢症、急性呼吸器感染症、マラリア、結核であり、一九九〇年代になってHIV感染症・エイズ（HIV／AIDS）も非常に大きな課題となっている。マラリアは熱帯、亜熱帯に広く分布し、ハマダラカにより媒介される熱帯性原虫感染症である。東南アジアでは一部の大都市を除きほとんどがマラリア流行地であり、主に熱帯熱マラリアと三日熱マラリアがみられる。治療の第一選択剤はクロロキンであるが、東南アジアではクロロキン耐性や多剤耐性のマラリア株が報告されており、治療が難しくなっている。マラリア予防対策として、殺虫剤を塗布した蚊帳（ベッド・ネット）を普及する試みが流行地で行われている。また、HIV／AIDSに関しては、社会状況の違いやエイズ対策の効果などにより、国によって感染率に大きな差異がみられるのが特徴である。カンボジア、ミャンマー、タイでは一五〜四九歳人口の一％以上がHIV／AIDSに感染しているのに比べ、インドネシアでは一万人当り感染者数はわずか五人、フィリピンでは七人にすぎない［UNAIDS, 2000］。

都市部の富裕層では肥満や糖尿病などが問題となっているが、東南アジアの多くの住民は十分な栄養を摂取することができない状況にあえいでいる。東南アジアを含む途上国の乳幼児の約三六％が栄養失調状態にあると推定されており、その原因は家庭での食糧不足だけではなく、下痢などの感染症との悪循環や母乳栄養や離乳食に関する親の知識の欠如も大きな要因となっている。乳幼児の栄養改善のためには母乳哺育と離乳食の改善が推奨され、東南アジアでは生後三ヵ月までは母乳栄養のみ、生後六〜九ヵ月に離乳食を付加し、二歳までは母乳哺育を継続することが薦められている。また、鉄欠乏性貧血、ビタミンA欠乏、ヨード欠乏症なども大きな問題である。鉄欠乏性貧血を生じやすいのは妊娠中の女性、授乳中の母親、乳幼児であり、とくに妊婦の半数以上に鉄欠乏性貧血がみられる。

地方病性ヨード欠乏症は土壌のヨード含有量が低いためにヨード摂取量が低下することによって発生し、東南アジアではインドネシアが多発地帯として知られる。ビタミンA欠乏症による視覚障害の予防のために、ユニセフではビタミンAカプセルの投与を行っている。

東南アジアでは、医療従事者や医療施設の絶対数の乏しさに加え、極端な大都市への医療の遍在が見られる。人口の大多数が住んでいる農村部の診療所では医師もいないし薬もほとんどない状況がある一方で、大都市の近代的病院では最新の検査機器やレントゲン機器が完備している。また、東南アジアのほとんどの国々ではプライマリヘルスケアに則り保健医療行政が遂行されているが、農村部に行くほど人材や予算の手当が手薄になっているのが現状の姿である。これらの矛盾を克服するためには、多くの人口を抱える村落レベルにおいてプライマリヘルスケアによる補足的な保健活動を強化し、ヘルスセンターなどの一次医療や地域病院での二次医療につなげるシステムを確立する必要があり、各地で地域保健医療システムの強化が試みられている。

東南アジアは古くから中国やインドの影響を受け、また近世には植民地としての経験を受けつつも、古来からの伝統的な文化や習慣を受け継いできた地域である。近代的保健医療の導入後も、民間薬草や民間療法などは根強く住民から支持されている。伝統的助産婦（Traditional Birth Attendants：TBA）は妊娠出産の介助だけでなく、薬草の処方や呪術師を兼ねていることが多い。ＴＢＡは原則的には女性であり、比較的高齢者が多く、また読み書きのできないものも少なくない。とくに資格はなく、実母や先達から経験的に出産介助の取り扱いを学ぶことが多い。インドネシア、ラオス、フィリピンなどでは、出産の半数近くあるいは半数以上は、このＴＢＡが介助者となっており、農村部では保健医療の重要な人的資源となっている。

以上のように、東南アジア諸国は経済発展の段階により、健康指標や保健医療水準は大きく異なるが、一九九九年四月にカンボジアが加わったアセアン一〇の一〇カ国には、保健医療システムを支える基盤となる社会背景や家族構造など共通点も多い。また、もともと東南アジア諸国は人口密度が高く、近年の経済発展に伴って産業労働者が急激に増加しているなど、健康保険の成立にふさわしい条件を備えていることが多い［Ensor, 1999］。

東南アジアにおける疾病構造や保健医療水準の共通点と、国や地域による相違をよく理解したうえで、東南アジアへの展開を図ることが重要であると思われる。

第三節　東南アジアにおける連携の意義と必要性

古来、海上あるいは陸上を通じて東南アジアの人びとの交流は行われてきたが、近年になって交通や通信が整備され、東南アジア諸国間の人的交流や情報交換は著しく活発になっている。とくに、保健医療分野においては、国際間の人的交流が活発化すれば、それに伴い感染症や種々の疾病がいとも簡単に国境を越えることになる。

元来、感染症に国境はない。従って、感染症対策は一国だけで完結するものではなく、絶えず地域全体の連携の視点から取り組む必要がある［中村二〇〇〇］。東南アジアにおいては、マラリア、デング熱、コレラ、腸チフス、日本脳炎などの熱帯感染症の浸淫地であった。近年は、ＨＩＶ／ＡＩＤ

Sや性感染症、結核も大きな課題である。陸路、海上、空路の交通網が整備され、労働者、観光客、地域住民が国境を通過する機会は激増している。とくに、東南アジアにおいては、国内だけに限局された感染症対策が成り立たなくなってきているといえる。

また、地域住民の健康増進をめざす保健活動には、医師・看護婦などの専門職だけでなく、プライマリヘルスケアの理念に基づいた住民参加が重要である。具体的には、住民参加によるヘルスボランティアの育成、保健所や県（ディストリクト）といった地域レベルでの人材育成、地域病院の整備などが必要になる。このような地域保健医療活動を円滑に実施するには、それを支えるコミュニティの存在が必要であるが、東南アジアの農村部においてはかなり共通点をもったコミュニティが存在している。したがって、一つの小地域での成功例を他国に応用することが可能であり、すでに種々のワークショップなどが開催されている。

医薬品においては、各国において医薬品認可基準が異なり、東南アジア諸国間においても連携は簡単ではない。しかし、予防接種ワクチンを例にとれば、数千万人規模の人口がないと自国生産しても採算が取れないといった事情があり、各国による共同開発の機運が高まっている。とくに、経済危機後、このような域内での相互の連携により、基本医薬品などの安定した供給をめざす方向性を模索しているところである。

保健医療サービスの重要な人材である医師や看護婦は、職能団体という性格上、世界的に見ても非常にドメスティックな存在である。各国において、医師や看護婦の教育方法や年限も異なり、資格認定の方法もさまざまである。例えば、日本に在住するアメリカ人医師といえども、日本での診療行為は許されず、日本人医師の免許はインドネシアでは全く通用しない。しかし、最近、アセアン諸国では、医師や看護婦に関する資格の相互認定を行い、域内での専門職の移動を認める方向で動きつつある。

また、東南アジアは、域内に種々の経済発展段階の国々を抱えているという特徴をもっている。ひとつの国での成功例が、他国にとっては有意義な先例となることが期待される。いわゆる南南協力プログラムを実行する条件に適合した地域であるということができる。例えば、エイズ対策においては、タイが九〇年代に実施したソーシャル・ワクチン対策（予防教育、コンドーム使用の徹底化、地域住民の啓発などを組み合わせた総合的パッケージ）などの成功例を他の東南アジアで応用する試みはすでに実施されている。また、マラリア対策においては、メコン・プロジェクトとしてメコン河をはさむ国々の協力によりマラリア対策に成功した例などがあげられる。ポリオは二〇〇〇年にアジア西太平洋地域において根絶宣言が出されたが、これも隣接する国々が同時にポリオ接種を奨めるという国際協力の賜物であった。

このように、地理的にも隣接しており、類似した風土と文化をもつ東南アジアにおいて、保健医療分野での連携の必要性はますます高まっているといえよう。

第四節　東アジアにおける地域連携

一九九七年のアジア諸国の通貨危機は、各国の保健医療政策の停滞や実際の保健医療供給の低下など、深刻な影響をもたらした。しかし、幸いなことにいくつかの国々における健康保険に関する長期的な方針に大きな影響を与えるものではなかった。また、一部の国々では医療従事者の増加や公営医療予算の削減により、従来の公営医療の枠組みでは抱えきれない「余剰な」保健医療の人材が生じつつある。この結果、都市部で民間クリニックが急増している国も少なくない。そして経済的に余裕のある都市部の中間層は、このような民間クリニックでハイテク医療を受けることも可能な状態になっており、将来の医療費高騰が一部では懸念され始めている。

その一方で農村部では、人々の現金収入は少ないままであり、民間クリニックの高額医療に全くアクセスできない人々も多数存在する。ヘルスセンターやヘルスポスト、地区の公立病院、地域の薬局などがこのような人々に対する主たる医療サービスの担い手であるという状況はあまり変わっていない。

このような状況下で、健康保険あるいは国民皆保険の実現に一歩でも近づくためには、まず都市部の産業労働者に対する健康保険の導入を早急に進めることが重要であろう。産業労働者に対する健康保険の導入は、国民一般に対する健康保険導入よりも導入コストが低く済む可能性が高く、また保険加入者（産業労働者）らの公的ならびに民間の医療機関への地理的アクセスも良好な場合が多い。他方で、農村部における医療供給体制を整備し、また地域の実状にあった効果的な保険料収納システムを考案することも急務である。なぜなら産業労働者と異なり、農村部の多くの人々においては給与から天引きのような保険料の効率的な収納方法は適用できず、また医療機関のほとんどない状況では健康保険に加入する自発的なインセンティブはあまり期待できないからである。

ところで日本と韓国は時期こそ異なるが、やはり上記のような複雑な状況下で健康保険の全国的導入を推進し、国民皆保険を実現した経験を共有している。したがって、地理的ならびに人口学的、社会経済的条件について共通点の多い東南アジア諸国における健康保険導入に対して、多くの知的インプットが可能であると思われる。また日本・韓国と東南アジア諸国における経済交流の歴史は古く、人の交流も少なくない。将来的には各国間の技術者や労働者の移動の可能性も皆無ではないと思われる。日本型あるいは韓国型の健康保険の経験が、東南アジア諸国に資するところは少なくないと考えられる。

第五節　日本の役割

東アジアでは、アジアのなかの先進国としてだけでなく、戦後の短期間に急激な健康水準の改善をなしとげた日本に対する期待は想像以上に大きい。わが国の乳児死亡率は一九五〇年には六〇・一（出生一〇〇〇人当り）と高かったが、九九年には三・四にまで減少し世界最高水準に達している。しかし、東アジアでは、文化、宗教、経済状況、交通手段、教育レベルなどの保健医療を取り巻く環境がわが国と大きく異なり、医師などの保健医療従事者の不足、医療施設や器具の貧弱さなど種々の問題を抱えており、日本の経験がそのまま現地で応用できるわけではない。

日本は戦後の貧しかった時代に、保健婦の育成、母子手帳の普及、学校保健の徹底などを精力的に行い、戦後の短期間で乳幼児死亡率を減少させ、寄生虫や結核などの感染症による死亡を減少させた経験をもっている。これらの日本の経験を途上国に直接に移転するのではなく、日本の経験を活かしつつ社会文化的背景の異なる途上国に応用する方策を追求することが重要である。

都市化と高齢化という戦後のわが国がたどってきた経緯と同様の問題が東アジアではすでに現実の課題となっている。東アジア諸国の専門家は老人保健やホスピスケアを欧米諸国で学んだ後、実践面では東アジアの先進国としての日本における保健医療政策に大きな関心を寄せている。高齢者、障害者、児童虐待、ターミナルケアなど家族関係が重要な要素である分野においては、いまやアジア的視点（Asian perspective）がキーワードである［中村一九九九］。ただ、私たちが心しておかねばならないのは、日本の地域保健医療の輝かしい成功の軌跡だけでなく、森永砒《ひ》素ミルク、胎児性水俣病、スモン病、大腿四頭筋短縮症などの影の部分をも謙虚に伝え、同じ轍を踏まないよう警告のメッセージを発することも求められている。

わが国が国民皆保険を実現したのは一九六一年のことであった。当時のわが国は高度経済成長の最中で、皆保険導入によって急増しうる医療費を吸収できる経済的余裕が十分に見込める幸運があったことは確かだが、それだけが成功の条件ではなかった。

わが国の皆保険実現を振り返ってみると、いくつかの好条件が整っていたことが成功への鍵だったことが判る（Kobayashi, 2000）。そのなかには必ずしも意図して整えた条件ではなく、たまたま幸運にも当時、存在したものもあった。第一に、皆保険に向けた強い政治的意志（political will）があったことが挙げられる。政府部内だけでなく、政治家や国民各層に皆保険に向けた広範な政治的合意が見られたことは、皆保険実現に必要不可欠なことであった。第二に「昭和の大合併」と呼ばれる市町村合併が幸いした。これにより多くの市町村の足腰が強化された。第三に皆保険に向けた段階的アプローチもよい結果をもたらしたと考えられる。一九三八年の国民健康保険法成立から数えて二三年間、五八年の国民健康保険法改正から数えて三年間、段階的に加入者を増やして行く方法が当時の日本には適していたように思われる。この間に、政府や市町村は公的保険の態勢を整備することができ、また国民も保険がどのようなものであるか、どのような恩恵をもたらすかを既に加入した人々から「学ぶ」ことができたと考えられる。

他方で意図せずに、たまたま整っていた好条件も忘れるべきではない。まず国民医療費総額が現在に比べるとかなり少なかったことが重要である（一九六〇年時点で国内総生産の三％）。当時、まだ医療機関数も少なく、高度な医療技術も普及しておらず、そして高齢者割合も低かった。その結果、保険料や補助金も現在に比べるとかなり低く、国民各層の皆保険に対する抵抗を最小限に抑えることが可能となった。また当時は高度経済成長の最中で、国民は健康を維持するための医療に対する大きな期待と、そのような医療を受けるだけの経済力を備えつつあった。さらに敗戦から復興に向けて国民の連帯感が強まっていた時期でもあり、国民皆保険はそのような連帯感の一つの表れであったかもしれない。

以上のようにわが国の皆保険導入の経験は、他の国にとって参考になる点が少なくないと思われる。しかし同時に、皆保険実現が当時の時代的背景に大きく依存していることからも判るように、わが国の皆保険実現が将来的な課題を当初から内包していたことにも留意すべきであろう。市町村を運営主体にしたことは当時としては当然のことであったが、戦後半世紀の間に状況は大きく変化し、市町村の人口規模も人口構成も大きく変化した。現在、多くの国民健康保険は国だけでなく他の健康保険からも多額の財政支援を受けており、その結果、わが国の健康保険制度はいずれの保険においても自律的かつ効率的運営が難しいという「構造的問題」を抱えるようになっている。さらに、高齢化の急速な進行や、近年の経済活動の低迷は健康保険制度に対する大きな逆風になっている。これらの問題解決に向けた制度改革が現在のわが国の大きな課題である〔Kobayashi, 1994 ; Ikegami & Campbell, 1998〕。

わが国や韓国から、他の東アジア諸国における健康保険制度確立に対する知的支援としては、理念的なものと技術的なものに大きく分けられるだろう。しかし、前者はホスト国の政治体制や社会・文化的背景に大きく依存しており、他国からの知的支援は微妙な問題を抱えており、直接的な知的支援は現実的ではないかもしれない。むしろ、ホスト国の政治家や政策担当実務者、学者などを介して、日本や韓国、あるいは他の国々では、どのような理念、理想、政治的合意に基づいて健康保険制度が構築されているかを効果的に伝える作業がまずなされるべきであろう。

世界銀行はこのような作業として、健康保険関連研究の推進、東アジアなど地域内交流の促進、政策関連セミナー・ワークショップの開催などを具体的に挙げている〔Saunders, 1990〕。そして、実際に世界銀行や世界保健機関などの主催により、このようなワークショップが台湾やインドネシアなどですでに開催されている。また、タイのチュラロンコン大学医療経済学センターでは、世界銀行の支援を受けてアジア地域の知的交流の場としての短期セミナーが、主として他の途上国からの参加者のために用意されている〔Centre for Health Economics, 2000〕。

技術的な支援は、ホスト国における健康保険制度構築に関して方向性がついてから行うのが効果的と考えられる。したがって、前述の知的支援の後に行うべきものである。具体的には、日本や韓国から健康保険実務者の派遣、あるいはホスト国の将来の実務者をわが国や韓国に招聘して、健康保険実務を研修してもらうことが重要であろう。とりわけ、健康保険の実務を行う都道府県社会保険事務所や社会保険庁の担当者、国民健康保険の実務を行う市町村の担当者、そして企業などでの実務に詳しい社会保険労務士らと、必要なら通訳を介して、情報交換を行えるような支援態勢を組めればいっそう効果的であろう。

日本からの知的支援について若干の補足を行うと、わが国の経験の強みと限界をふまえた支援を行うことが重要と思われる。例えば高齢化や高齢者介護の問題、職域や地域を中心にした健康管理や予防活動については、わが国の豊富な経験が役立つであろう。他方で近年、いくつかの先進国や途上国で導入されているマネジドケアや管理医療については、わが国はまだ十分な蓄積がなく、直接的な知的支援はあまり行えないと考えられる。

健康保険に関する国際的な財政支援の意義や効果に関しては、今のところ、一定した見解はない。アジアの通貨危機の際に見られた緊急援助的な保健医療に関する財政支援は、貧困層支援として効果的だったことが本研究会報告書でも指摘されているが、これは厳密に言うと健康保険制度に対する支援ではない。健康保険のコンセプトに近いものとして、薬剤回転資金（drug revolving fund：DRF）があり、これに対する初期投資、seed moneyとしての財政支援の意義については、肯定的な報告もあるが［武藤 一九九五］、健康保険一般に適用するにはまだ十分な証拠がないのが現状と思われる。

わが国の行うべき当面の知的支援としては、日本や韓国における健康保険に係わる歴史分析、制度設計、医療費推計などの知識やノウハウを、健康保険導入を予定している東アジアの国々の政治家、政策担当者、実務者などに効果的に伝えること、またお互いの国々の経験を分析し意見交換するような場を提供することが、きわめて重要と考えられる。

二〇〇〇年九月、東京において、総合研究開発機構（ＮＩＲＡ）の主催で開催されたワークショップ「Strengthening of Social Safety Net: Partnership for Health Insurance System in Indonesia, Thailand, Korea and Japan」は、まさにそのような意見交換の場の試みの一つであったと思われる。

第六節　グローバルな視点から見た域外との関係

東アジアにおける地域連携やそのなかでの日本の役割を考えるときに、国際機関や欧米先進諸国、国際NGOとの協調は必須条件といえよう。

一九九〇年代は、旧ソ連の崩壊とそれに伴う東西対立の構図がくずれ、地球規模のグローバルな課題が噴出した時代であった。九〇年の「子どものための世界サミット」（ニューヨーク）、九二年の「地球環境サミット（環境開発国連会議）」（リオデジャネイロ）、九四年の「国際人口開発会議」（カイロ）、九五年の「世界社会開発サミット」（コペンハーゲン）、「世界女性会議」（ペキン）など政府やNGO（非政府機関）を巻き込んだ国際会議が立て続けに開催された。これらの会議での重要な争点、すなわち、環境、人権、リプロダクティブ・ヘルス・ライツ、HIV／AIDS、開発などは、いずれも地球規模での健康問題と深く関連していた。

保健医療分野に関係する国際機関としては、WHO、UNICEF、UNFPA、UNAIDS、世界銀行などがあげられ、グローバルな視点から見た域外との関係を考える時に、これらの国際機関の役割は非常に大きなものがある。ここでは、とくに、WHOの地域区分にふれておく必要があろう。東アジアの多くの国はマニラにあるアジア西太平洋地域事務所が管轄しているが、インドネシア、タイ、ミャンマー、北朝鮮はニューデリーにある東南アジア地域事務所が管轄している。このようにWHOの地域区分が入り組んだものとなっていることが、東アジア全体の保健医療分野での連携強化を考えるときの阻害要因の一つになっていることに注意を喚起しておきたい。

また、国境なき医師団がノーベル平和賞を受賞したことで象徴されるように、国際的なNGOの活動は国の枠を越え、市民同士の連帯を可能にしている。東南アジアにおいては、国際NGOや地元のNGOが国際的な連携のもとで活発な活動を行っており、今後その役割はますます増大すると考えられる。わが国においても、保健医療分野の国際協力においてNGOの果たす役割が評価されるようになり、ODAとの連携が大きな課題となっている［HANDS, 2001］。今後は我が国のNGOもこれら国際NGOと肩を並べて保健医療分野のグローバルな連携に対して政策提言していくことが期待される。

現時点において、アジア通貨危機の保健医療分野に対する影響と回復の過程を総括できる時期ではなく、とくに、今回の調査の主舞台となったインドネシアにおいては、まだまだ暗中模索が続いている状況である（なお、原稿校正時の二〇〇一年八月にメガワティ大統領が就任した）。しかし、世界史の視点からみれば、今回のアジア通貨危機は決して未曾有の経験ではない。ラテンアメリカ、アフリカ、旧ソビエト連邦から独立した諸国など、さまざまな形の経済危機の中で、人びとの健康を守る活動が行われてきた。

今後、東南アジア諸国間のパートナーシップの構築を図るときには、東南アジアにおける今回の経験を他地域の人びとと共有するとともに、世界中ですでに取組まれてきた広域活動の成果に積極的に学ぶことも必要であろう。

なお、本稿は、NIRA研究報告書「保健医療分野における東南アジア諸国間のパートナーシップの構築――通貨危機に見舞われたインドネシアを手掛かりとして」（別途出版）の共同および分担執筆者である、東京大学大学院医学系研究科教授小林廉毅、国際協力事業団専門家佐藤善子、（株）国際テクノ・センター技術顧問四方啓裕、ＭＳＨ日本代表藤崎智子、ＨＡＮＤＳ事業部プログラム・オフィサー當山紀子および中村安秀の研究成果に基づき、研究会の主査である中村が、総論として書き下ろしたものである（二〇〇〇年一二月現在）。

【引用文献】

Centre of Health Economics［2000］Chulalongkorn University and the World Bank Institute. Flagship course on heath sector reform and sustainable financing. Bangkok: Chulalongkorn University.

Ensor T.［1999］Developing health insurance in transitional Asia. Social Science & Medicine 48: 871-879.

Ikegami N, Campbell JC.［1999］Health care reform in Japan: the Virtues of muddling through. Health Affairs 18 (3): 56-75.

Gani A.［1998］Proposed health sector adjustment to protect the health status of the poor and the vulnerable. Policy workshop, Health sector reform to minimize the impact of the economic crisis, Jakarta.

Garfield R, Santana S.［1997］The impact on the economic crisis and the US embargo on health in Cuba. Am J Public Health 87 (1): 15-20.

Health and Development Service（HANDS）［二〇〇一］「ＯＤＡとＮＧＯの連携協力強化へ向けて―保健医療分野における欧米の事例に学ぶ戦略」東京：ＨＡＮＤＳ

Kobayashi Y.［1994］Health care expenditures for the elderly and reforms in the health care system in Japan. Health Policy 29: 197-208.

Kobayashi Y.［2000］Overview of Japan's health insurance system: experience and future challenges. Paper presented in the Workshop entitled "Strengthening of Social Safety Net: Partnership for Health Insurance System in Indonesia, Thailand, Korea and Japan." Tokyo: National Institute for Research Advancement (NIRA), September 11.
国際協力事業団［一九九九］「第三次インドネシア国別援助研究会報告書」東京：国際協力事業団。
国際協力事業団［二〇〇〇］「第四次インドネシア国別援助研究会報告書」東京：国際協力事業団。
武藤正樹［一九九五］「途上国の薬剤回転資金に関する研究」『医療と社会』五（三）：三七―四六。
Musgrove P.［1987］The economic crisis and its impact on health and health care in Latin America and the Caribbean. Int J Health Serv. 17:411-441.
中村安秀、ソムアッツ・ウォンコムトオン［一九九八］「東南アジアの健康問題」食糧栄養調査会編『一九九八年版食料・栄養・健康』東京：医歯薬出版、一〇〇―一〇七。
中村安秀［一九九九］「公衆衛生に国境はない」『公衆衛生』六三（一〇）：六九〇―六九一。
中村安秀［二〇〇〇］「次の健康づくりの運動を」『外交フォーラム』一四七：一〇一―一〇五。
佐藤善子・中村安秀［一九九九］「インドネシア中部ジャワ州の経済危機下における栄養失調児の増加実態」『熱帯』三二：一六二―一六七。
Saunders MK.［1999］Analysis and summary of World Bank activity in health insurance. EDI Working Papers No. 480/010. Washington DC: Economic Development Institute of the World Bank.
UNAIDS［2000］Report on the global HIV/AIDS epidemic. Geneva: UNAIDS.
ユニセフ［二〇〇〇］『世界子供白書二〇〇〇』The state of the world's children. 東京：駐日ユニセフ事務所。
渡辺洋子・佐藤善子・中村安秀ら［二〇〇〇］「インドネシアにおける栄養失調児の対策――西スマトラの事例」『熱帯』三三：一二三―一二九。

第六章　東アジアにおける知的クラスターの創出と連携

権田　金治

第一節　技術革新拠点としての知的クラスター

近年、技術革新が連続的に引き起こされる拠点として、特定の地域が世界的に注目を浴びるようになってきた。ＩＣＴ（Information Communication Technology「情報通信技術」）革命のメッカとして有名な米国のシリコン・バレーをはじめ、バイオテクノロジーの技術革新拠点としてドイツ連邦政府が指定したビオレギオ三地域、電子・機械・デザイン産業の集積地であるイタリアのミラノ地域、自動車・機械産業拠点の英国・バーミンガム地域、バイオテクノロジー・ＩＣＴの技術革新拠点であるケンブリッジ地域、電子・輸送機械産業の集積地であるスペインのカタロニア地域、移動体通信産業拠点としてのフィンランドのオウル地域等々、最近注目を浴びているこれら多くの地域は、産業集積地域としてよりもむしろ新しい技術革新拠点（クラスター）として世界の関心を集めている。それでは、いま何故地域技術革新拠点なのであろうか。技術革新を連続的に引き起こす知的資源が地理的に集積しているこれらの地域は、これまでの産業集積地域とどこが違うのであろうか。

これまで、産業集積地域はしばしば「産業クラスター」と呼ばれてきた。集積によるメリットは生産性の効率化にあった。したがって、これまでの産業クラスターは主として製造業の生産拠点として集積が図られ、それが地理的な比較優位を生んできた。産業が何故集積立地するかについて、最初に理論経済学的に明らかにしたのがアルフレッド・マーシャルであった。マーシャルは産業が集積立地すると、そこに外部経済が生まれ（一般的には外部不経済も同時に生まれることが多いが）、生産性向上のための比較優位が生まれることを明らかにした。つまり、集積地域に立地すると、製造業は良質で安価な製品を安定的に生産することが可能になり、市場での競争力を確保することができるようになることを明らかにした。そのメカニズムについて詳細にふれることは他書に譲るが、経済政策のなかでも、産業立地政策が重視されるようになってきたのはこのためであった。日本の製造業がこれまで国際的に強い競争力を維持することができたのも、政府による国内産業の立地政策が功を奏してきたからといっても過言ではない。

ところが、近年注目を浴びている前述のクラスターは物財生産拠点というよりも、むしろ技術革新に繋がる「知」が効率的にして、しかも連続的に創出され続けている地域として関心が寄せられている。何故、これらの地域内で効率的な知的生産が行われているのか。残念ながら、いまのところそのメカニズムは明らかにされていない。しかしながら、これらの地域内から次世代をリードする技術革新の芽が次々と生まれてきていることだけは明らかである。その意味で、これらの地域はいわば、新しい知が創出される拠点となっているのである。そこで以下、これらのクラスターをこれまでの産業クラスターと区別して、「知的クラスター」と呼ぶことにしよう。クラスターについてはOECD諸国のなかでもそれぞれ異なった定義がされており、国際的に統一された見解はない。特に、「知的クラスター」については、著者が一九九九年一二月に開催された科学技術会議で始めて用いたものであるが、当時、明確な定義をして用いたものではない。その後、閣議決定された新科学技術基本計画で知的クラスターという言葉が用いられているが、そこでの定義も知のクラスターの本質を記述していない。のみならず、その後知的クラスターの創出に向けた政策が一部の省庁で先行する形でとられようとしているが、誤解を防ぐために、その内容は提案者の意図と全く異なった意味で用いられていることを指摘しておきたい。したがって、本書では、著者は改めて知的クラスターを「相互に共通の目的を有する人々による知的連携のための繋がり（ネットワーク）」とあえて定義しておきたい。

それでは以下、いま何故知的クラスターが世界の経済政策のなかで注目されるようになってきたのか、その背景について簡単に考察してみよう。問題はそれほど単純ではないので、ここではその主な原因となっていると考えられる二つの理由にかぎってふれてみたい。一つは、経済のグローバリゼーションによるものであり、他はＩＣＴ革命によるものである。この二〇世紀末に発生した二つの大きな波は世界の経済活動の動きを根底から変えようとしている。もちろん、両者は相互に密接に関連しているために、変化の原因と結果を明確に分離して考察することは基より困難であるが、これまで経済成長の原動力と考えられてきた技術革新のメカニズムそのものを質的にも量的にも、大幅に転換させようとしていることに問題の本質がある。

技術革新は研究・技術開発（RTD：Research Technology Development）活動によってのみもたらされてきたものではけっしてないが、ＩＣＴ革命は一方においてそれ自身も巻き込んで、技術革新を加速化しているだけではなく、最も重要なことは製造業のサービス化を急速に進展させていることにある。その結果として製造業は提供する工業製品を質的に転換させ、顧客の要求に従って新しい製品を開発し、それを迅速に市場に提供することが求められるようになってきた。経済のサービス化とは、このように時間に対する差別化を意味しているが、ＩＣＴ革命はこれを連鎖的に加速化する要因となっている。その結果、知的生産性の効率化が企業の競争力を支配するようになってきた。そのことが、企業における研究・技術開発体制の転換を誘発し、Ｒ＆Ｄのアウト・ソーシング（Ｍ＆Ａも含む）が主流となり、更に極端な例として知的所有権を無料で完全公開し、顧客と共同で開発するというオープン・リソースＲ＆Ｄが生まれ、想像もできなかった独創的な成果を上げるようになってきた。つまり、これまでのイン・ハウス型の研究・技術開発の時代から、外部資源を有効に活用するネットワーク型ＲＴＤの時代へと、知的生産体制は大幅に転換されることになった。

このことは、一見、経済のグローバリゼーションの進展によって、生産拠点が国境を越えて世界に分散立地するようになり、それらが相互にネットワーク化されてきたのと類似しているが、知的生産性に関しては、問題はそれほど単純ではない。ＩＣＴ革命は確かに、情報の分散処理を可能とし、人間の知的情報の交流を活発にしたが、それは必ずしも知の分散化を意味していない。電気通信メディアでは「明示化された知」（情報）しか伝えることができないために、明示化することができない市場ニーズや社会の動向を生のまま伝えることはできない。技術革新過程で最も重要なことは市場や社会の動向を適切に捕らえ、それを概念化することにある。この過程を誤れば、研究・技術開発はそれに基づいて行われるため、開発された製品や技術は当然のことながら市場に受け入れられないことになる。この概念化過程では状況の変化に合わせて、目的や意味をその都度自己生成することが求められるが、その前提となるのが状況の把握である。状況の把握は個人単独ではできない。市場や社会の動向といったグローバルな状況の変化の把握は、それに関心のある人々の間で、コンテキストが共有されることにより初めて可能となる。クラスターの重要性はこの点にある。企業が特定の地域に集積立地したり、相互に強いネットワークを形成することの意味は、コンテキストとしての空間（ネットワークとしての虚空間も含む）を共有化することにあり、それにより、市場や社会の巨視的動向（グローバル・ルール）を読むことにある。

旧来の産業クラスター内では、相互に製品を通じて連関して（外部経済を生み出して）いるが、知を創出するための知的連関は形成されていない。市場や社会のコンテキストはこの知的連関によって初めて読むことが可能となる。このことは、知はむしろ特定の組織や社会に集中する性質をもっていることを意味している。知は分散するのではなく、集中する性質をもっているのである。この知の集中こそがクラスター（かたまり）の本質なのである。ここに産業クラスターと知的クラスターとの本質的な相違がある。このことは、逆に言えば知的クラスターが形成されるためには、知的資源としての研究者・技術者が特定地域に地理的に単に集積していれば、それで良いということにはならないことを意味している。つまり、大学や研究所がいくら集積立地していても、そこに知的連関（クラスター）が形成されていなければ、技術革新を創出する知的クラスターとして機能しないことを意味している。知的創造は空間情報としてのコンテキストの共有と理解から始まるからである。

この知の創出のメカニズムと知的クラスターとの関係についてはここでは紙面の関係でこれ以上詳しくふれないが、一般に、このグローバル・ルールとしてのコンテキストを理解するためにクラスターが形成されるといった方がわかりやすいかも知れない。ここに、クラスター内でしばしば観測される、対話（ダイアローグ）を通じた集団的学習の重要性がある。シリコン・バレーのもつ地域の比較優位性は実にこの点にあり、それが地域社会の一種の社会インフラとしてビルト・インされていることに知的クラスターとしての競争力がある。このように、世界の地域経済圏の中心はすでに技術革新拠点としての知的クラスターに移りつつある。繰返すが、クラスターの本質は知の連関（ネットワーク）にある。それだけに、今後、競争力のある強いクラスター間では国際的な知のネットワーク形成が一段と加速的に強化され、高度化されて行くことが予測されている。知識経済社会の構築にむけた新たなグローバリゼーションの時代はすぐそこまできている。

第二節　東アジアにおける知的クラスター創出の可能性

それでは、東アジアの地域にこれらの新しい技術革新拠点としての知的クラスターを形成させることが可能なのであろうか。東アジアに視点を移して考えてみよう。知的クラスターが形成されるためには、その前提条件として、基本的な社会インフラの蓄積と整備が求められる。それらは、あえて要約すれば、①産業・社会基盤の整備②政府および民間部門での研究・技術開発投資のレベル、③大学等の核となる地域ＣＯＥ（Center of Excellence）の存在と集積、④サイエンス・パーク、インキュベータ等の技術革新を促進するための支援機関の有無、⑤人口集積も含めた産業の集積立地、⑥技術革新支援サービス産業の立地、⑦その他、研究・技術開発を促進・支援するための組織、社会的制度、仕組み、等々になろう。もちろん、これらの要件が全て満たされなければ、クラスターが形成されないということにはならないが、これらの諸要件についての東アジアにおける現状から以下簡単に考察してみよう。

一言で東アジアといっても、国や地域によって人口や産業の集積は極端に異なっている。また、クラスターを考える場合、極端に小さい国は例外としても、一般的には一国全体がそのままクラスターになることはありえない。特定の国の限定された地域に人や産業が集積し、地域のなかからクラスターは自律的に形成される。問題はそれをどのようにして定義し、計測するかにある。残念ながら現在までのところ、クラスターに関して、国際的に共通した定義も、したがってこれといった計測方法も開発されているわけではない。何故なら、空間的な集積があっても、それはそのままクラスターを意味しないからである。地理的に集積していることと、それがクラスターを形成していることとは必ずしも相互に必然な相関はないからである。ただ、クラスター形成のための必要最低限の条件として、ある程度の人口や産業の集積があげられる。逆を言えば、人口や産業の集積が全くない地域に、クラスターは形成されない。

こうしたことを前提に、東アジアを概観すると、概ね上記の条件を充たしていそうな地域が浮かび上がってくる。特に、ASEAN諸国では、首都圏域以外で上記条件を充たしている地域は見当たらない。その結果、ASEANでは、マニラ、バンコク、クアラルンプール、ジャカルタの四地域、NIEsではシンガポール、台北・新竹地域、ソウル・仁川地域、そして中国では、首都圏域の北京・天津地域、沿岸地域として香港・深圳・珠海・広州と上海地域、西方内陸部の西安・重慶・成都地域の合計一一地域を対象に知的クラスター形成の可能性を検討した。これらの地域は、上記要件①〜⑦のうち、①、③、⑤の成立要件は概ね充たしている。

さらに、これらの一一地域に匹敵するクラスターを日本にみるとすれば、上記①から⑦の要件から比較すると、東京を中心とした首都圏、静岡・名古屋を中心とした中部圏、京都・大阪・神戸を中心とした関西圏、そして福岡を中心とした北九州圏の四拠点となろう。このうち、人口集積からみると、わが国の場合、首都圏域だけで全体の二五％を占めており、中部・関西圏域で二五％となっており、この三地域で全体の五〇％強を占めている。また、研究者・技術者の集積では首都圏だけで全体の五〇％強を占めており、極端な一極集中の傾向を示している。ただし、大学や国立研究機関等の公的研究機関の研究者・技術者の数でみるかぎりでは、茨城県と宮城県が特異的な集積を示している。

問題は上記の東アジア地域の研究・技術開発のポテンシャル評価であるが、それらを計測・比較するための共通のデータは地域別には存在していない。そこで、国単位でその可能性を比較してみると、中国、マレーシア、タイ、フィリピン、インドネシアの五カ国ではＧＤＰ当りの研究経費比率が一・〇％以下となっている。自律的にして、継続的に技術革新が引き起こされるようになるための一つの目安として、一国の研究経費に占める民間部門の研究経費比率がある。ＧＤＰ比率が一・〇％以下の国では、平均して国費が六〇％を占めているが、一・〇％を超えると官民比率は逆転して民間部門の研究費が六〇％近い比率を示すようになる。一般にこの段階から、その国の産業に競争力がつき始め、技術革新による経済成長が見られるようになる。従って、現状ではこれら五カ国に民間主導型の自律的な技術革新地域の形成を期待することは困難ということになる。ただし、中国の場合、西方内陸部を除いて、いずれの地域でも民間部門の研究費投資は活発に行われており、技術革新地域形成の可能性は高い。それでも、これら五ヵ国ではあくまで官主導型のクラスター形成が中心になろう。ただし、現地進出の外国企業による研究開発投資がクラスター形成を促進させる可能性もあり、政府の政策と外資系企業との連携が成否を決定する鍵となろう。

一方、ＮＩＥｓ地域ではいずれもＧＤＰ当りの研究費比率は一・〇%を超えており、政府による研究・技術開発のための基盤整備も一通り終わり、すでに技術革新は民間主導型で進められている。特に、韓国の研究費は対ＧＤＰ比率で三・四四%（一九九四年）と日本（三・一七%、一九九八年）を追い越し、世界第一位になっている。官民比率では、政府がほぼ一六%に留まっているのに較べ、民間部門投資額は八四%で、これも日本の七九・四%を大きく引き離している。これに対して、シンガポールは、対ＧＤＰ比率は一・一三%と低く、官民比率は三一・四%対六二・五%で政府負担比率が依然高い。注目すべきことは、外国企業による投資額が三一・七%（日本は〇・三%）と極めて高いことである。このことは、日本からの企業も含め、多くの外国企業が同地域に立地していることを反影しているが、それだけ研究・技術開発環境が整ってきていることをうかがわせる。ちなみに、わが国から多くの企業が進出じているマレーシアでは、外国企業による研究費比率は一・八%に留まっている。これに対して、タイでは三・一%とシンガポールについで高いが、民間部門の研究費負担比率は、マレーシアが四三%であるのに比較して、タイは一二%と極端に低い。知的クラスターの形成はイノベーションの引き起こされる拠点の形成を意味しているが、その主体は当然、民間企業である。

したがって、地域に展開している企業の研究・技術開発力が知的クラスター創出の鍵となる。政府がいくら笛を吹いても、そこで踊りをする企業（踊子）がいなければ顧客（観衆）は集まらず、市場（演劇）は成り立たない。その意味からすると、上述したようにＡＳＥＡＮとＮＩＥｓの間には知的クラスター形成のポテンシャルに大きな開きがあることは否定できない。この点は東アジアの連携を具体的に考える際に、これらの諸国間ではむしろ一律な連携は取り難いことを示唆している。中国の場合、研究開発費の官民比率を示すデータがないために単純には比較できないが、中国内の上記四地域のイノベーション・ポテンシャルは極めて高い。いずれの地域も集積の規模も圧倒的に大きく、日本を含め東アジアの他の地域とそのまま比較できない。いずれの地域も政府が進める産業クラスター創出政策のための高新技術産業開発区に指定されており、産学連携によるベンチャー企業の排出をはじめ、新しい民間企業群が急速に生まれつつあり、ＮＩＥｓのクラスターを追い上げている。潜在的な市場規模も大きい上に、優秀な人材が豊富であることからも、近い将来中国のクラスターがＡＳＥＡＮＩＥｓとの中間に位置し、東アジアの目玉になっていくことは明らかであろう。

知的クラスターには、必ずしも世界的にレベルの高い教育機関や研究機関が域内に立地していることが必要条件になるとは言えないが、その逆は言えない。つまり、これらの知的社会基盤は知的クラスター形成の充分条件として整備されていることが望ましいが、それが当該地域の産業や社会と知を通じて密接に繋がっていなければ、クラスター形成の構成要因として機能しないからである。この点、知的クラスターの形成に成功しているほとんどの地域では、そこに立地しているＣＯＥは地域産業や地域社会と密接に連携しながら、知的ネットワーク形成のためのノード（結節点）の役割を果たしている。

こうした意味からすれば、ＡＳＥＡＮ、ＮＩＥｓのいずれの国々にあっても、知的クラスター形成の核になり得る研究機関の整備は量的にも、質的にも、ここのところ急速に進んでいる。特に、これらの国が力を入れているＩＣＴ関連では、シンガポールのＫＲＤＬ（Kent Ridge Digital Labs）や、タイのＮＥＣＴＥＣ（National Electronics and Computer Technology Center）、マレーシアのＭＩＭＯＳ（Malaysian Institute of Microelectronics Systems）、さらに韓国のＫＩＳＴ（韓国科学技術研究院）やＫＡ

ＩＳＴ（韓国科学技術院）などに所属するＩＣＴ関連研究機関などは世界のＣＯＥとして注目を浴びるようになってきている。また、バイオテクノロジー関連では、シンガポールのＩＭＢＣ（Institute of Molecular and Cell Biology）、タイのＢＩＯＴＥＣ（NCGEB: National Center for Generic Engineering and Biotechnology）、さらにハイテクとはいえないが地域色の強い伝統的なバイオテクノロジーとして、フィリピンの国際稲研究所（IRRI: International Rice Research Institute）などが挙げられる。

さらに注目すべきことは、これらの地域では、研究機関や大学を核として、地域技術革新を誘発するための仕組みとして考え出された、サイエンス＆テクノロジー・パークやインキュベータの開発が、産業基盤の整備と並行して進められてきていることである。もちろん、産業集積が進み、研究機関や大学が整備されれば、それだけで地域のなかから技術革新が生まれてくるかといえば、決して充分ではない。新たに創出された知識やアイディアを事業化に結びつけるためには、それらを既存の企業に移転するだけではなかなか成功しない。起業家精神に富んだ新鮮な人材を投入し、新市場の創出を積極的に試みる必要がある。サイエンス＆テクノロジー・パークはこうした目的を実現するために開発されてきたが、その機能や形態は複雑である。地域によって、歴史や文化が異なっているからであり、したがってそこでの知的資源の集積や賦存が異なるばかりでなく、地域技術革新の戦略も異なっているからである。そして、東アジアのそれぞれの国や地域は国家の競争力を賭けてイノベーティブな地域の創出に向けて動きはじめている。

その中核的拠点となっているのが、サイエンス＆テクノロジー・パークなのである。代表的な事例としては、韓国・大徳地域のサイエンス・シティー、台北・新竹地域の科学工業園区、タイ・バンコク地域のサイエンス・パーク、マレーシア・クアラルンプール地域のＭＳＣ（Multi-media Super

Corridor）とテクノロジー・パーク・マレーシア、インドネシアのPUSPIPTEK（国立科学技術センター）、さらに中国では高新技術産業開発区として全国五二カ所が指定され、サイエンス&テクノロジー・パークの開発が進められている。一ケ所の規模からすれば中国の高新開発区は圧倒的に大きい。前述の四地域はそれぞれの都市単位で大規模な高新開発区の開発を進めており、特に、首都圏域の北京、天津地区をはじめ、大連、上海、杭州、深圳、珠海、広州、西安、重慶、成都などいずれの地域もそれぞれ地域の実情にあった個性あるサイエンス&テクノロジー・パークの開発が進められている。いずれの地域でも、中国の場合は大学の果たしている役割が極めて大きく、産官学連携の基に、技術移転とベンチャー企業の育成が急速に進んでいる。

これらの拠点や地域がすでにクラスターを形成しているか否かは現段階では未調査のため不明であるが、概観してきたように産業や知的資源の集積度からして、知的クラスター形成の潜在的可能性は極めて高い。問題はこれらの地域では、すでに一通りの研究・技術開発基盤は整備されているだけに、クラスターの主役となる研究開発型中小企業が育っているかに懸かっている。そして、そこでの知識移転（Knowledge Transfer）を促進するための、ネットワークが一種の社会基盤として形成されているかにある。

第三節　東アジアにおける知的クラスター創出にむけた課題

さて、概観してきたように、東アジアには地域により温度差はあるものの、知的クラスター形成のための必要条件は一通り整っていることが判った。それでは、どうすればこれらの地域が連続的にイノベーションを引き起せる拠点として機能するのか、そのための十分条件について考えてみよう。すでに、東アジアには世界の生産拠点としての産業クラスターは数多く形成されている。しかしながら、産業はそれ自身の成長段階に合わせて空間移動することが知られている。今日、東アジアに点在している多くの産業クラスターはもともと先進工業諸国から転出してきた企業によって新たに形成されたものであり、当該地域のなかで生まれ育ってきた企業によるクラスターはいわゆる伝統地場産業の集積地域としてこれらとは別に形成されてきた。このことは、現在栄華を極めている産業集積拠点も、条件が変わればいずれ空洞化するか、衰退していくかの可能性を抱えていることを意味している。一方、東アジアには伝統産業による成熟クラスターも数多く点在するが、本書ではこうした成熟クラスターの再生と連携については、一応議論の対象から除外しておきたい。

クラスター研究をするうえで、こうした成熟クラスターの役割と機能について経済地理学的に研究することは極めて重要であり、そこで得られる知見が知的クラスターの開発的研究に役立つであろうことは想像にかたくない。のみならず、成熟クラスターが衰退していくメカニズムを解明することは、クラスターを創出するための政策を研究するうえで極めて有用であることも明らかである。それにも関わらず、本書で成熟クラスターを除外しているのは、クラスター形成のメカニズムがそれほどまで深く、複雑であるからに他ならない。少なくとも、クラスターは経済原理だけで生れ、成長してきているのではないことだけは明らかであるからである。その原点は、人はなぜ集い、空間を共有しようとするかにまで遡らなければならないからである。

一方で、今後の東アジアの協力・連携を相互依存関係の枠組みのなかで考えるとすれば、知的クラスターの創出と連携が重要な課題としてなお残されることは明らかであろう。少なくとも、経済のグローバリゼーションとＩＣＴ革命の進展は、好むと好まざるとにかかわらず、これまでの技術を通じての生産連携から、知を通じての創造連携を促進して行くことが予測されているからである。

そこで、こうした状況を踏まえて、知的クラスターの創出と連携について簡単に考察してみる。クラスター研究者の間では、もともとクラスターは自然に創出されるもので、人為的に開発されるものではないとする考えが根強くある。このことはクラスターが形成されるメカニズムがそれほど単純ではないことを意味している。そこで、域内から技術革新が引き起こされるための条件から考えてみよう。地域技術革新の主役が研究開発型のいわゆるハイテク中小企業であることはシリコン・バレーの例を挙げるまでもなくよく知られていることである。問題は東アジアにおける産業クラスター内には、一部の地域を除いてこれまで中小企業がほとんど育ってこなかったことにある。今日でこそ、アジアＮＩＥｓ諸国に研究開発型の中小企業が育ちはじめているが、日本がアジア地域に生産拠点としての比較優位を見いだそうとしはじめた七〇年代初頭には、それらの地域にも日本企業に部品を供給できるだけの中小企業は育っていなかった。逆をいえば、今日アジアＮＩＥｓが国際市場で競争力を身につけてきたのは、優秀な中小・中堅企業が育ってきたからに他ならない。

この点、ＡＳＥＡＮ諸国には一日の遅れがある。実際、前述したようにＮＩＥｓとＡＳＥＡＮの間にみられる研究費の官民比率の相違がこれを反映している。従って、第一段階ではまず下請け型であっても、進出外資系企業に部品を提供できるだけの力のある中小企業を域内に育成することから始めなければならない。問題はいかにして地元中小企業を育成するかにあるが、実はこれがＡＳＥＡＮ諸国のみならずＮＩＥｓにおいても一番困難な政策課題となっている。産業構造や資本構造が先進工業諸国型になっていないことに原因しているからである。新しい産業・社会インフラや安い労働力を提供することはできても、優良な中小企業の育成には社会における資本の流れや、市場構造を工業化社会にあった構造に転換しなければならないからである。そのためには、まだ幾分時間がかかると思われるが、政府による戦略的な中小企業育成政策が不可避である。これに成功すれば、第二段階はそれほど困難ではない。ただ、中小・中堅企業の育成を急ぐあまり、その手段としてサイエンス・パークやインキュベータに過度の期待を抱くことは誤りである。

もともと、インキュベータは中小企業開発センターとして七〇年代末にアメリカで考案されたものであるが、それ自身はアメリカでは成功しなかった。失敗の原因は入居企業に起業家としてのインセンティブが働いていなかったことと、資本構造が企業の創出に見合って準備されていなかったことにあるといわれている。問題は仮に、この二つの条件が東アジア諸国で充たされていたとしても、インキュベータそれ自身が一国の産業構造を変化させるだけの有効な手段になり得るかといえば、現在でもその答えはノーである。その最大の理由はイノベーションのメカニズムが未だに明らかにされていないことにある。実際、先進工業諸国にあっても、インキュベータがイノベーションを牽引するエンジンとして機能し、成功している国や地域は限られている。しかも、インキュベータから首尾よくハイテクベンチャーが生れたとしても、それがその後成長して当該産業の一翼を担うようになる確率は一〇〇〇分の一以下であるといわれているからである。それだけに、サイエンス・パークやインキュベータがＡＳＥＡＮ諸国でどのように活用されるべきかは現在でも未知数であると見るべきであろう。

ハイテクベンチャーの育成も重要であるが、むしろ、地域に展開する大学やＣＯＥが既存の中小企業の近代化や研究・技術開発支援を積極的に行うことにより、まず地域に展開している既存の中小企業の強化のための政策を実施することが肝要である。その上で、クラスター形成のための集積を図りつつ、イノベーション創出のための基盤造りを行うべきである。そのためには、地元の既存中小企業との産官学連携の強化こそが重要で、それを中心にイノベーションを支援するための社会基盤として、サイエンス・パークやインキュベータが機能するようなシステムの構築が必要となろう。残念ながら、現段階では少なくともＡＳＥＡＮ諸国に建設されているこれらの施設は十分機能しているとはいい難い。これらの機関が有機的に連携して、自立的な地域経済圏の形成に向けた、地域技術革新システム（ＲＳＩ）がいまだ構築されていないからである。重要なことは、イギリスではこのＲＳＩこそがクラスターそのものであると定義されていることである。

一方、中国の場合、前述の高新技術産業開発区にはオン・キャンパスのインキュベータのみならず、多様なインキュベータが地域の実情に合わせて創られており、ベンチャー企業の育成が熱心に行われているが、いわゆる既存の中小企業はほとんど存在していない。国営企業の下請けであっても、独立した民間中小企業ではないからである。もちろん、近年国営企業の合理化と併せて積極的に民営化がすすめられているが、その実態は必ずしも明らかではない。多くの場合、ストック・オプションで株を発行して社員にインセンティブを提供し、業績が上がった企業から株式公開に踏み切っているようであるが、ストック・オプションの配分方法や上場基準等は一般に明らかにされていない。したがって、今後中国に中小製造業がどのように育成されていくものか予測することは現時点では困難であるといわざるを得ない。

第四節　知的クラスターの形成における連携の重要性

知的クラスター創出政策の重要性は国家の競争力を支配する自立型地域経済圏の形成にあるといわれているが、その背後で意味するものは極めて深い。経済のグローバリゼーションの進展は、あらゆる意味で脱国境化現象を加速化しつつある。そして、これまでの国家や社会に対するアイデンティティや常識や既成概念を根本から変えつつある。冷戦構造の崩壊の原因が、もはや誰も規制することのできない国境を越えた情報の流れにあったことは記憶に新しい。恐れられていた越境データ・フローが現実のものとなったのである。情報だけではない。資本も、技術も、労働も、生産も国境を越えて自由に流れ始めている。この前世紀の末から始まったグローバルな流動化現象は、一見すると世界を集中から分散へ、統合から分権へと変えつつあるように見えるが、事実はどうなのであろうか。

確かに、情報や資本や、労働や生産は世界規模で流動化しているが、それは必ずしも意志決定にかかわる中枢機能の分散や分権を意味していない。実際、労働や生産は分散化しつつあるが、知識や資本はむしろいっそう集中化し、極在化する傾向にある。生産基地は分散化することができても、知的生産のための空間は分散化できないのである。グローバル化が進めば進むほど、創造空間としての「地域」が重要な意味を生みつつあるのはこのためである。技術革新が連続的に引き起こされる自立型地域経済圏の構築が国家の競争力を支配するといわれている所以である。

ここに東アジアにおけるクラスターの創出と連携の重要性の第一の理由がある。一方における分散と他方における集中が進むなか、国家の存立基盤を決定づけるクラスターの開発はすでに世界の重要な政策課題になっている。ただ、日本も含め東アジアにおいては、クラスター政策の重要性やその意義について、他の先進工業諸国と比べ、必ずしも十分理解されているとはいい難い状況にある。特にＥＵ諸国にあっては、分散のための統合が確実に実現しつつあるなかで、自立型地域経済圏の形成はＥＵ経済圏の将来を決定する極めて重要な政策課題となっているからである。広域にわたる経済統合が進めば進むほど、活動拠点の分散が重要になってきているからである。このことは、仮に将来東アジアに新たな広域経済圏を構築していくとすれば、関連する諸国の間で、ＥＵ同様国境を越えて、新たに分散のための地域の役割を模索しなければならないことを意味している。その際、自立型地域経済圏としてのクラスター形成に失敗すれば、広域経済圏の形成は困難になろう。広域経済圏は地域ごとに分散立地する競争力のあるクラスター間の相互補完的関係によって成り立つからである。

第二に重要なことは、クラスター連携は東アジア諸国の主権の尊重と平等を保障しつつ、地域ごとの多様性に基づいて、経済相互依存関係を深化するのに極めて有効な手段となり得る可能性を内在させていることである。元来、クラスターは地域固有の文化的、歴史的、地理学的諸条件によって、それぞれ異なった顔をもっている。クラスターが人為的に開発されるものではなく、自律的に創出されるものであるといわれる所以がこの点にある。日本の例でいえば、静岡県の浜松地域と新潟県の三条・燕地域は全く異なった歴史的経緯を経て形成されてきた。東アジアの前述一一地域でも同様で、それぞれ固有な文化圏を形成しながら、独自の経済発展をなしてきた。しかも、その多様性こそが東アジアの特色であるといっても過言ではなく、この多様性の維持を前提に、それぞれの国や地域の主権の尊重と平等を守りつつ、相互依存の関係を強めていくためには、国境を越えた地域間連携が最も現実的な対応であるといえよう。

特に、知的クラスターがイノベーションの創出拠点として機能していくためには、クラスター間での異文化の接触や交流が必要不可欠の条件であるといわれている。世界の都市の多くが、異文化の交差点に位置し、発展してきたように、またシリコン・バレーが多文化主義によって支えられているように、新しい知の創造とイノベーションの創出は多様性と異文化との接触による知的刺激のなかから生れてくることは改めて指摘するまでもないことであろう。生産拠点の立地は資本や富の分配論に直結するために、国際的な広域連携のための手段にはなじまない。例えば、工場の誘致の場合、誘致合戦に負けた国や地域は不利益を被る可能性があるからである。これに比べ、クラスター創出のための協力は、域内経済開発のための協力であり、資源分配のための協力ではない。さらに、クラスター間のネットワーク化と相互連携は知の創出と新しい市場創造のための連携であり、相互依存関係構築のための連携である点がこれまでの国際協力と基本的に異なる点である。

これまで、日本の東アジアの国や地域との協力はＯＤＡに代表されるように、どちらかといえば、一方通行の協力であった。いわゆる援助協力であり、イコール・パートナーとしての協力ではなかった。そのこと事体の善し悪しをここで議論する気はないが、援助大国日本が東アジアの国や地域の人々に信頼され、尊敬されているかといえば、誰でもが素直に答えられる問いではないことは明らかであろう。アジアＮＩＥsのみならず、ＡＳＥＡＮ諸国においても、日本への留学生の数は圧倒的に少ない。多くの学生は欧米への留学を望み、日本への留学を望まない。のみならず、日本へ留学してきても、あまり良い印象をもって帰国していないという。こうした状況にあって、知の移転を可能とする知的クラスター間連携の意味は上述したように極めて大きい。特に、異なった文化や異なった考えの人々が共に出会い、創造することをしばしば共創と呼ぶことがあるが、知的クラスター間の連携はこの共創の機会を提供しようとするものであるからである。このようにクラスター連携は、これまでの一方通行的な協力から、相互互恵の協力へと、その方向を大幅に転換させようとするものである。

最後に、クラスター連携の持つ地理学的な意味について考えてみよう。クラスターの成立要因はそこでの知識移転にあるといったが、この知識の移転には空間的近接性（プロキシミティ）が重要な役割を果たしているといわれている。もちろん、ここでいうプロキシミティとは人と人とが出会える距離で、空間的近さを意味しているが、なぜ知識移転に物理的な近さが重要なのか、そのメカニズムは解明されていない。その距離が歩いて行ける距離なのか、電車や自動車に乗って移動できる距離なのか、飛行機で一～二時間で行ける距離なのかも明確ではない。ただ、相互に意味的情報を伝えるのに、気軽に、しかも比較的頻繁に会える距離とでもいった方が良いのかも知れない。その意味からすると東アジアの全ての地域がこれに含まれるとはいえないが、少なくとも日本に近い距離に位置している地域とは国境を越えて、直接クラスターが形成される可能性がある。それが、環日本海なのか、東シナ海なのかは別としても、少なくとも遠距離に位置する欧米のクラスターとの連携では困難なことが、容易に実現する可能性はある。いわゆるネットワーク型のクラスターの場合、物理的な距離は差程問題にはならないが、空間的、地理学的な集積型のクラスターの場合には、物理的な距離はコンテキストを伝えるうえで重要な意味をもっているからである。

異文化との接触による知的創造はこれまでにも東アジア圏で歴史上繰返されてきたが、知的クラスターの連携が東アジアに新たに技術革新圏を形成させることはけっしてありえないことではない。その最も大きな理由は東アジア圏の「潜在的市場規模の大きさ」にある。クラスターのマネージメントで重要なことは域内からの市場創造であることはこれまでも述べてきたとおりであるが、市場のないところに技術革新は起らないからである。この意味でも近い将来、東アジアには知的クラスターが形成される可能性は極めて大きい。問題は、これまでのように単に輸出製品の生産拠点を提供する戦略から、まず域内で市場を掘り起こし、それを域内市場に提供しながら、同時並行的に世界市場に向けて輸出する戦略に構造転換できるか否かにある。外資系企業の力を借りながらも輸入代替から輸出指向への転換にほぼ成功してきた東アジア諸国は、今後は域内での新しい需要の創出に向けた努力を図るべき時代にきている。クラスターの創出政策はこうした構造転換に最も有効に作用することが予測されている。

第五節　知的クラスターの連携の進め方と課題

これまで述べてきたように、東アジアには生産拠点としての産業クラスターは形成されているが、それが技術革新拠点としての知的クラスターにどの程度なっているかは一部の地域を除いて現段階では不明確である。ただ、アジアＮＩＥｓとＡＳＥＡＮ地域とでは多少の格差はあるものの、少なくとも近い将来、それらの核として機能する可能性のある大学や地域ＣＯＥはいずれの地域にもほぼ整備されつつある。また、技術移転や企業創出のためのサイエンス・パークやインキュベータの技術革新を支援するための基盤整備も活発に進められている。更に、ＮＩＥｓの特定地域では明らかに知的クラスターと呼ぶに相応しいクラスターが形成されつつある。特に、台北・新竹地域、シンガポール、

図6−1　東アジアにおける研究開発分野の連携とステージ

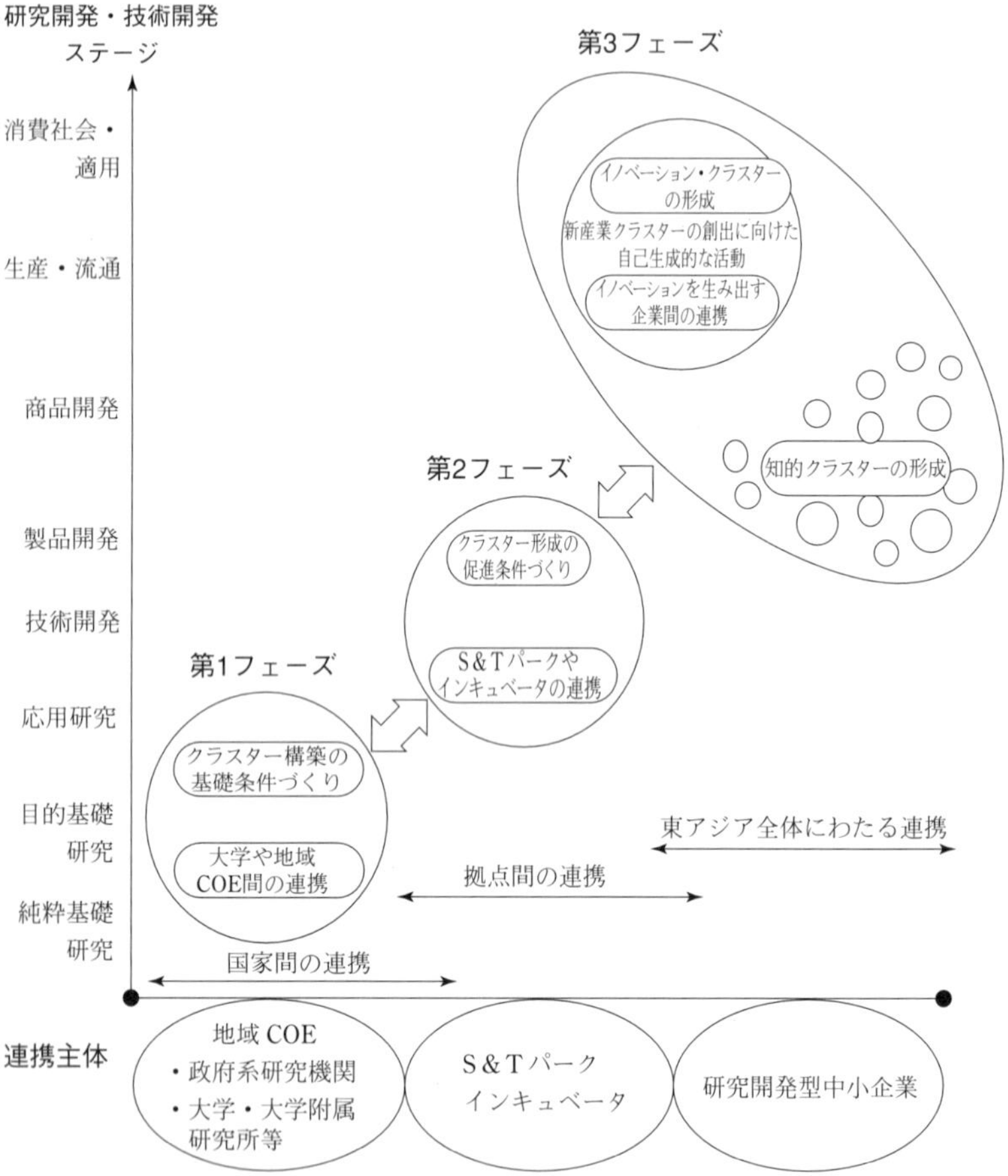
研究開発・技術開発
ステージ
消費社会・
適用
生産・流通
商品開発
製品開発
技術開発
応用研究
目的基礎
研究
純粋基礎
研究
第3フェーズ
イノベーション・クラスターの形成
新産業クラスターの創出に向けた自己生成的な活動
イノベーションを生み出す企業間の連携
知的クラスターの形成
第2フェーズ
クラスター形成の促進条件づくり
S&Tパークやインキュベータの連携
第1フェーズ
クラスター構築の基礎条件づくり
大学や地域COE間の連携
東アジア全体にわたる連携
拠点間の連携
国家間の連携
連携主体
地域COE
・政府系研究機関
・大学・大学附属研究所等
S&Tパーク
インキュベータ
研究開発型中小企業

韓国・大徳地域、中国の北京・天津地域や広州地域は既存の産業集積に加え、明らかに新しい技術革新拠点としての形態を整えつつある。ただ、これらの地域も元はといえば工業団地であったり、研究・技術開発拠点であったりして、ややもすれば、官主導の特別開発区からスタートしており、クラスターの主演者である研究開発型の中小企業が育っているとはいい難い。こうした状況を踏まえれば、具体的な連携は三つの異なったフェイズで開始されるべきであろう。

第一は大学や地域COEの研究・技術開発拠点レベルでの連携である。このレベルでの研究協力はすでに、基礎的な研究に限られているが二国間の政府協力でも実施されており、一応の実績はあげているが、バイラテラルな協力のために研究クラスターの形成に繋がっていない。のみならず、研究クラスターの形成を促進する立場からみると、これまでの研究協力には二つの点で問題があった。一つは、研究課題の選定に際して、地域産業のニーズをあらかじめ十分検討しておらず、したがって、はじめから研究プロジェクトに地元企業が参加していなかった。そのうえ、実用化に向けた明確な目標や期限がベンチ・マーキングされていなかったため、具体的に市場創造に繋がっていかなかった。いま一つは、研究課題に沿って研究資源が結集されていなかったことにある。協力連携の対象となった当該研究所に何ができるかが優先され、研究課題を技術革新に結びつけるためには、必要な研究資源を域内でいかに調達結集するかについての配慮がなされてこなかったことにある。

研究クラスターが形成されるためには、研究機関の間のネットワーク化だけでは十分ではなく、それらが知を通じて地域の産業とどの程度繋がっているかが重要な目安となる。いくら立派な大学や高度な研究所が立地していても、それらが地域の産業や社会と繋がりがなく、孤立していては知的クラスターは形成されない。一般に日本も含め、東アジアでは官（国家）の力が強いために、それによって設立された研究機関や大学は権威の象徴となってしまうことが多く、一般市民が気楽に付き合えるような機関になっていない。このため、高等教育・研究機関はクラスター形成の接着剤になり難くなっている傾向があるのは残念である。いずれにしても、こうした機関の壁を越えた研究クラスターの形成が東アジアにおける知的クラスター形成の第一歩になろう。そのためには、地域ごとに課題を設定し、その実現に向けて東アジアに展開しているCOEを結集する方法を模索する必要があろう。

第二フェイズはサイエンス・パークやインキュベータのレベルでの連携である。このレベルの協力連携は東アジアではAPECを通じてすでに始まっているが、個別機関ごとの連携から始まっている点では研究機関の連携と類似している。最初は研究・技術開発情報やマネージメント・ノウハウ等の交換から始めるのはやむを得ないが、サイエンス・パークやインキュベータの方がより川下に位置しているために、連携によるクラスター形成にはより直接的な効果が期待される。特に、インキュベータに入居している起業家の交換や、起業家連携による共同市場創造など、よりクラスターの形成を促進させるための相互乗り入れを実現させることが課題となろう。連携サイエンス・パーク間では相互に市場アクセスを可能としたり、就労ビザの取得を簡素化する等の課題はあるが、これらの問題が解決すればクラスター創出が促進されるだけでなく、東アジアでのクラスター広域連携が可能となろう。この場合最も重要なことは、東アジアにベンチャー企業の創出拠点が生まれることであり、それらを核に地域技術革新拠点としての新しい知的クラスターが創出されてくる可能性があることである。

第三はイノベーション・クラスター間の連携である。このレベルでの連携はそれぞれの地域にすでにある程度の知的クラスターが形成されていることが前提となる。すでに、欧米ではこの種の連携は活発に始まっており、空間的に離れた、国境を超えたクラスター間での連携が始まっている。のみならず、東アジアに点在する一部のクラスターでは欧米のクラスターと連携を開始している。当然のことながら、このレベルの連携ではすでに政府が直接的に関与する余地は少ない。基本的には研究開発型中小企業が主役を演ずることになる。目標はあくまで連携による知識共有と知識移転にあり、これまでのような技術移転にはない。知識移転には技術情報や研究情報は含まれるが、もっとも大切なことは人間の知には市場を創出するための目的や意味に関するコンテキストが含まれていることである。しかも知的連携はそのまま相互に協力することにより、共同で市場創造できることに最大のメリットがある。

　クラスター創出で最も重要なことは、いまその地域は何を必要としているかを充分理解し、把握することにあるといわれている。しかも、クラスターは時々刻々とダイナミックに変化し、状況の変化に鋭敏に反応して成長や衰退を繰返す性質をもっている。クラスターは空間的な広がりをもった自律的な自己生成システムである。それだけに、行政の無用な介入は時としてクラスターの崩壊に繋がることもある。それは道路の建設であったり、鉄道の敷設であったり、宅地の開発であったりすることもある。善かれと思って行ったことが、人の生活環境や流れを変え、クラスターを衰退させて来た事例は枚挙にとまない。クラスターは極めてフラジールな構造をしているのである。過って栄華を極めた地域が今は跡形も無く消え去った事例はあまりにも多い。逆に思わぬ施策がクラスターの形成を促進することもある。

　それでは、クラスターの競争力を決定づける要因には何があるのであろうか。これまでのクラスター研究から明らかなことは、第一に、開かれた開放的地域社会の構築にある。すなわち、労働や資本の流動性が高いこと、知的機会が豊富であること、人の交流が盛んであること、自由で公正な競争が保証されること、異文化を受け入れる素地があること、知的活動のための社会基盤が整っていること、等々が知的クラスター成立の必須の条件となる。第二は、起業家精神と人材育成のための教育システムにある。新しい試みを積極的に受け入れられること、失敗やリスクを評価し、許容できること、そして何よりも重要なことは、起業家精神は自然に生まれてくるものではなく、教育により育てられるものであることにある。そのため、直接人材の供給源となる高等教育機関だけではなく、初等教育から好奇心や独創性を育む教育が重要となる。さらに、イノベーションを後方から支援する人材や促進する人材の育成を担う専門教育や生涯教育機関の整備、そして大学院教育の拡充、等々、知識移転を促進させるための教育システムの確立が求められている。第三は市場の創出にある。新しいニーズの発掘と固有市場の形成が競争力を決定する最後の要因となる。そのためには、地域資源を統合（コヒージョン）し、地域の中から新たに比較優位を生み出すことが重要となる。ＩＣＴクラスター、バイオテクノロジー・クラスター、デジタル・コンテンツ・クラスター、金融クラスター等々、産業・技術分野が特化されているのもこのためである。

それでは最後に、クラスターの競争力を支配するこの三つの要因を考慮に入れて東アジアにおける連携を実際に実施しようとすると以下のような課題が残されていることが判る。拠点連携には三つのフェイズが考えられるとしたが、重要なことはいずれのフェイズの連携でも、上述の三つの要因がクラスター形成の成功を決定づけている。そこで第一の要因を考慮すると、入国管理や就労許可が厳しく規制されている国や地域ではこの点ですでに競争力のあるクラスターの形成から脱落することになる。つまり、東アジアにおけるクラスター連携を具体的に考えると、日本を含め、この第一の要因が最も大きな障害となることが予測される。すでに、マレーシアのマルチメディア・スーパー・コリドー（ＭＳＣ）で知られるサイバー・ジャヤでは、ＩＣＴクラスターの創出に向けた特別自由開放区ができており、日本は台北、シンガポールに比較してもこの点では大幅に遅れをとっている。クラスター連携を本気で提案するのであれば、まず日本から開放的社会の構築に向けた事例を示す必要があろう。すでに、東アジアへの技術移転の時代が一通り終わっているとすれば、そして知識の共有化を通して共同で開発する時代に入っているとすれば、開放的社会の構築に向けた動きが遅れれば遅れるほど、今後はむしろ東アジアから孤立化していく恐れがあることを指摘しておきたい。

第二の問題は教育システムの問題である。原則はあくまでそれぞれの地域がそれぞれの歴史と文化に沿った、クラスター創出に向けた固有の教育システムを構築すべきであろう。ただ、クラスター連携の視点からみると、留学生の果たす役割は大きい。シリコン・バレーと台北・新竹との連携に良い事例をみることができる。研究・開発・生産のそれぞれのレベルで両地域が密接な連携を維持している理由の一つに、産業構造やビジネス環境が相互に極めて類似していることが挙げられている。しかし、そうした社会的構造に類似性が生まれた原因は人と人との密接な繋がりと交流にある。クラスターは究極的にはこの人と人との繋がりによって形成されているものであり、国家や制度が介入できるものではない。台北からシリコン・バレーに留学した場合、彼らの多くは卒業後も現地に残り、就職してビジネス経験を数年積んでから帰国する。こうした人々が両地域を強く結び付けているのである。この点、日本の現状の制度では留学生は卒業後すぐに帰国しなければならないことになっているため、社会人としての日本経験をすることなく帰国を余儀なくされるのである。東アジアの連携を考えるとかけがえのない資源を浪費しているといえよう。

そして最後は固有の市場創出に関わる問題である。東アジアの最大の魅力は多様性と潜在的な市場規模にあることはすでに指摘したとおりである。したがって、地域ごとに、地域資源を統合し、固有の市場を掘り起こすことにより比較優位を生むことは差程困難なことではない。バイオ、ＩＣＴ、電子・機械、アパレル、家具、繊維、デジタル・コンテンツ、等々東アジアで形成可能なクラスター分野は多い。確かに、解決すべき課題も山積しているが、相互の繁栄のための基本戦略さえ合意すれば、連携のためのシナリオはすでに出来上がっている。

第六節　日本の役割

グローバリゼーションの進展は新しい国際秩序の形成を模索しつつ、脱国境化に向けて国や地域の分散と統合を繰返している。製造業は生産拠点を地球規模で分散化し、それらをネットワーク化することにより、競争力を確保しようとしている。そしてICT革命は経済の知識化とサービス化をいっそう加速しようとしている。こうしたなかにあって、日本は自らが位置し、所属している東アジアのために、いま何をし、これから何をしなければならないのであろうか。一般に物理的、地理学的に位置しているというだけで周囲との連携が必要であるという理論にはならない。のみならず、隣接しているだけに歴史的にも、文化的にも一種のわだかまりがあり、かえって遠隔地との連携よりも難しい側面があることも否定できない。

日本と東アジアの歴史を振り返ってみれば、少なくともここ一〇〇年の間に相互の関係は大きく変わってきた。歴史認識の問題に立ち入る気はないが、避けて通ることのできない不幸な時代があったことは事実である。東アジアの連携を考える際に、出発点をどこに置くかによって連携へのあるべき姿は変わってくる。もちろん、いつまでも過去にこだわっていては新たな進展は期待できないが、冷戦構造が崩壊した今日、状況は大きく変わりつつある。東アジアにあって、少なくとも日本が西側諸国を代表する支援大国であった時代は終わっているからである。これまでのような東アジアにおける対極と緊張の構造はなくなっているからである。同時にそのことは日本への期待もこれまでとは質的にも量的にも大きく変わりつつあることを意味している。東アジアがすでに米国、欧州に次ぐ第三の経済圏に成長しつつあることは明らかであり、そのなかでの日本の果たすべき役割が問われているのである。新しい相互発展のために、東アジアの国や地域との間でイコール・パートナーシップの確立が求められているのである。そのためには、これまでのような、一方的な援助や協力ではなく、過去の不幸な時代を明確に清算し、相互の繁栄のための新たな信頼関係を構築すると同時に、相互に開かれた社会の構築に向けた努力を早急に開始すべきであろう。そのうえで、東アジアの発展のためのシナリオと目標をつくり、それを実現するための長期的な視野に立った連携戦略を策定する必要がある。

東アジアにおける知的クラスターの創出と連携が、新たな協力連携を構築していくうえで、有効に機能するであろうことはすでに述べたとおりである。そして繰返すが、クラスターの連携の目的は知識の共有と双方向からの知識移転にあり、それによる市場創造にある。そのためには相互繁栄のためのイコール・パートナーシップの確立が鍵となるが、そのための社会的・制度的基盤整備が国に求められているのである。これまで、日本は技術移転や科学技術協力のために、指導、研修、共同研究等々各種のプログラムを政府のみならず民間部門でも数多く実施してきた。そしてそれらが、東アジアにおける産業の競争力強化や生活の質的向上に寄与してきたであろうことは事実であろう。しかしながら、こうしたやり方は冷戦構造が崩壊し、ＩＣＴ革命の波が押し寄せている時代にはすでに馴染まなくなっているといったら言い過ぎであろうか。すでに研究・技術開発を取り囲む国際的な競争環境は大きく変わりつつあり、しかも東アジア諸国における科学技術レベルも格段に向上している現状にあって、一方的な援助や研究協力は一部の特定の研究者、技術者にとって有用であっても、技術革新を域内から連続的に創出してゆくための社会システムの構築に適合しているとは言い難いからである。

のみならず、膨大な自己負債を抱える経済大国日本が、今後も援助大国であり続けることができるという保証はすでにない。その時、東アジア諸国は日本に何を期待するのであろうか。ＩＣＴ革命に代表されるインターネットでも、日本人の語学力の低さが壁となり国際社会での信頼や競争力を著しく下げているといわれている。すでに、国際共通言語になりつつある英語力はアジアのなかでも下から数えられる位置にいる日本、自国に入るものには高い障壁を設け入国規制をしている日本、外国人を受け入れない日本の社会制度や地域社会。このままいけば日本はいつのまにか東アジアのみならず、世界から孤立して行く可能性があるといったら言い過ぎであろうか。明治維新を外圧による第一の開国とすれば、いまの日本は内からの第二の開国、すなわち「平成の開国」をする時代にさしかかっているのかも知れない。そのためには、議論は多々あるかも知れないが、二一世紀に向けて脱国境型自由国家の構築に向けて、知的労働者の移民受け入れ、英語の準公用語化、雇用と資本の流動性の向上、関税の撤廃、出入国の自由化、教育・文化における多文化主義の受容、等々第二の開国論を真剣に議論すべき時代がきている。

本稿は、総合研究開発機構委託研究「東アジアにおける研究開発拠点ネットワークの構築」における討議にもとづいて、当研究会の主査を務めた著者の責任においてとりまとめたものである。本研究会に委員として御参画いただいた、尾藤隆 関西学院大学総合政策学部教授、橋本久 政策研究大学院大学教授、三上喜貴長岡科学技術大学教授、柿崎文彦 文部科学省科学技術政策研究所主任研究員、また、研究会を主催していただいた（株）都市学研究所の方々に改めて、感謝の意を表したい（二〇〇〇年一二月時点）。

【参考文献】

洞口治夫『日本企業の海外直接投資――アジアへの進出と撤退――』東京大学出版会、一九九二年。

中川信義『イントラ・アジア貿易と新工業化』東京大学出版会、一九九七年。

中村雅秀『アジアの新工業化と日本』青木書店、一九九七年。

法政大学産業情報センター・岡本義行『日本企業の技術移転――アジア諸国への定着――』日本経済評論社、一九九八年。

谷浦孝雄『アジアの工業化と直接投資』アジア経済研究所、一九八九年。

三上喜貴『ASEANの技術開発戦略』日本貿易振興会、一九九八年。

丸山恵也・佐護譽・小林英夫『アジア経済圏と国際分業の進展』ミネルヴァ書房、一九九九年。

マイケル・E・ポーター『競争戦略論Ⅰ』、『競争戦略論Ⅱ』ダイヤモンド社、一九九九年。

大阪市立大学経済研究所・奥村茂次『アジア新工業化の展望』東京大学出版会、一九八七年。

科学技術庁科学技術政策研究所編（権田金治、他）『「分散と集積」日本の製造業にみる構造変化』大蔵省印刷局、一九九九年。

権田金治「知：時間と空間の中で」『日本型イノベーションスタイルの革新』北陸先端科学技術大学院大学、二〇〇〇年。

OECD "Boosting Innovation : The Cluster Approach." OECD PROCEEDINGS, 1999.

K. Gonda "Information Society and Emerging Space in Terms of Regional Innovation.", 4th RESTPOR '98

Conference,21-24 November, 1998.

k. Gonda "Spatial Mobility of Industries and Clustering.", 2nd Annual Conference, The Challenges of Mature and Emerging Cluster, The Competitiveness Institute, 10-912 November, 1999.

K. Gonda "Dynamics of Clustermg and Emerging Knowledge in Terms of Regional Innovation.", 5th RESTPOR Conference Proceeding, September,2000.

K. Gonda "Role of Space and Mechanisms of Emerging Knowledge in Cluster.", 3rd Annual Conference of TCI, October,2000.

K. Gonda and F. Kakizaki "Knowledge Transfer in Agglomerations : A regional Approach to Japanese Manufacturing Clusters.", OECD, 2001.

J. Yoshizawa, Y. Oyama, T. Yamamoto,and K.Gonda "Comparative Studies on Science and Technology Parks for regional Innovation throughout the World.", NISTEP Report No. 38, 1996.

L. J. .LeBlanc, R.Nash, D. Gallagher, K. Gonda and F.Kakizaki "A Comparison of US ahd Japanese Technology Management and Innovation.", Int. J. Technology Management, Vol. 13, Nos. 5/6, 1997.

第七章　市民から見た欧州統合――統合過程と市民意識の変化

廣田　功

はじめに

通貨統合反対を表明した二〇〇〇年秋のデンマークの国民投票のように、最近ではEUの政策や制度に対する市民の態度が話題となることは珍しくない。しかし市民の積極的な態度表明は、半世紀に及ぶ欧州統合の歴史のなかで比較的新しい出来事に属する。欧州統合は長い間すぐれて「エリート主導の事業」であったのである。

九〇年代初頭に「市民の欧州」の問題が表面化する直接の契機は、ユーロ誕生を導いたマーストリヒト条約であった。「欧州市民権」の概念を明示したことによって、この条約は市民の登場を促す一因となるが、この時点で「市民の欧州」や「市民と欧州の接近」の必要が強調されるようになったことには、以下のような要因も関連していた。

第一に、八〇年代末までほぼ持続的に上昇してきた欧州市民の統合に対する態度は、九〇年代に入ると転換を示した。賛成の減少と反対の増加が見られ、なお広範な「弱い賛成」が見られるものの、「強固な賛成と反対が拮抗する」という新しい状況が現れた。

第二に、冷戦解体・ドイツ（再）統一とともに、社会主義への対抗という欧州統合の要因の一つが再検討を余儀なくされた結果、「欧州とは何であり、それに所属することはいかなる意味をもつのか」という「欧州アイデンティティ」の問題があらためて提起された。

第三に、通貨統合への参加条件として導入された「安定基準」に伴う緊縮政策が市民生活を直撃し、ＥＵに対する市民の関心が高まった。

第四に、条約によって開かれた統合の段階的飛躍は、一部の市民のなかに、国民国家・国益と超国家・欧州の間のバランスが、今後後者に傾くのではないかという不安を生んだ。

以上のような「市民の欧州」をめぐる関心の高まりをうけて、本稿では、欧州統合の歴史を振り返り、統合の歴史に市民はどのように関わってきたのか、「市民の欧州」と「エリートの欧州」はどのような関係にあったのか、統合の進展とともに統合に対する市民の意識はどのように変化したか、などを明らかにすることを通じて「市民の欧州」が統合過程で占めた位置と役割を検討することである。

第二節　欧州統合の要因と市民の意識

1　第一次大戦と「欧州意識」の誕生

(1)「パン・ヨーロッパ運動」

今日のEUに直接繋がる欧州統合の動きが始まるのは、一九五〇年代初頭のことであるが、欧州の統一を説く思想や運動の起源は第一次大戦後に遡る。第一次大戦のはるか前から、何人かの思想家が欧州統一を説いているが、それは個人が想い描く「夢の欧州」にとどまり、社会思想や社会運動にまで発展することはなかった。

「欧州内戦」を意味する第一次大戦はこの状況を大きく変え、統合の歴史に新たな段階を画した。悲惨な大戦の結果、戦争の再発防止と平和の維持が大きな課題として登場した。またロシアに革命が勃発し、社会主義国が誕生した。大戦を境にアメリカが政治的経済的力を強め、これと対照的に欧州の力が衰えを示し、欧州の衰退や没落が明らかとなった。これらの変化を背景に、平和の維持と米ソに対抗する欧州の再興の手段として、欧州統一が必要であるという意識（これを「欧州意識」と呼ぼう）が、欧州諸国の一部の指導者（政治家、企業家、知識人など）を捉えた。欧州統一の思想は個人のレベルを超えて広がり、一九二〇年代の社会思想・社会運動の一つとなった。第一次大戦とともに、統合は「夢」の段階から「必要」の段階に移行したのである。

オーストリア生まれのクーデンホフ・カレルギー男爵は、著書『パン・ヨーロッパ』（一九二三年）のなかで、米ソの支配に対抗して欧州が指導的役割を保持するために、統一が必要であると説いた。翌年、ウィーンを本部として、「欧州合衆国」の建設を掲げる「パン・ヨーロッパ同盟」が誕生し、各国に支部が結成された。そこには著名な指導者が名前を連ねた。彼は排外的ナショナリズムの波にのまれた世論の獲得は困難であると考えて意識的に各界エリートのなかに浸透することを狙った。しかし「欧州合衆国」が与える響きとは異なり、カレルギーは、「国民国家の解体」に反対の立場を表明していたことに注意しなければならない。

(2)　「経済的欧州」と「欧州思想」の諸潮流

カレルギーは、この時代の欧州統一思想の草分けであったが、彼によってそれを代表させることは、その多様性や豊かさを看過するものである。実際には、メンバーが重複する「狭いサークル」ではあるが、実務家や知識人を結集したいくつかの民間団体が欧州レベルのネットワークを形成し、一九二〇年代末には「欧州主義の流行」が見られた。

政治的色彩の濃い「パン・ヨーロッパ」運動に対して、アメリカ経済の躍進に危機感を抱く財界人やエコノミストを中心に、欧州の経済的統一を目指す運動が誕生した。例えば自由貿易を通じた経済的統一を掲げる自由主義の立場から、「欧州関税同盟」の運動が結成された。この運動は、政治的統一を困難とみなして経済的統一の思想を普及することを考えた。その場合、アメリカの経済力の鍵を「大きな国内市場」の存在に見い出し、欧州の経済発展のためにそれを模倣した「大市場」の創出を説いたことが注目に値する。

一方、実業家出身のフランスの政治家ルシュールは、競争力の弱いフランス産業界がドイツ製品のフランス市場進出に脅威を感ずることを考慮し、自由貿易による統一という自由主義的政策を補完する方法を模索した。その結果、ルシュールは独仏和解の前提条件として生産者の経済的紐帯を創出することを重視し、国際連盟の監督のもとに国際カルテルを結成することによって、基礎的生産物（石炭・鉄鋼など）の市場の組織化を掲げる「生産者の欧州」の構想を提案した。ルクセンブルグの鉄鋼業者メイリッシュが設立した「独仏委員会」も、独仏の経済的和解を訴えた。これらの運動は力点を経済分野に移すことによって現実的可能性を強め、二〇年代後半の「国際鉄鋼カルテル」や「関税引き下げ」運動に結実した。

また二〇年代の統一を求める動きは経済に限定されてはいなかった。ILOの初代事務局長を務めたフランスの社会主義者トマは、ILOを基盤として労働時間や有給休暇など欧州レベルの社会的条件の調和を実現することを目指し、「社会的欧州」の先駆的形態を提案した。またこの時代には欧州統一を支持する著作、雑誌の刊行が相次ぎ、多くの知識人が執筆し、「欧州統一を支持する真の知識人運動」が展開された。

(3)　「ブリアン・メモ」と欧州主義の絶頂

二〇年代末〜三〇年代初頭、フランス首相ブリアンが国際連盟を舞台に提唱した構想は、二〇年代の「欧州思想」の「総合」であると同時に、第二次大戦後の構想に繋がる新たな展望を切り開いた。いわゆる「ブリアン・メモ」（三〇年五月）は、自由貿易・関税引き下げにとどまらず、「商品・資本・人間の移動の漸進的自由化による欧州の生産と交換の合理的組織化」と「（労働時間、社会保険、退職年金などの）社会政策の調和」を提案し、関税同盟を越える「経済同盟」の構想を発表した。またメモは「政治的同盟」を提案することによって、欧州統一における政府の活動の重要性を指摘したのである。

欧州統一を目指す欧州主義は、三〇年代初頭に絶頂を迎えるが、大恐慌とともに高揚した排外的ナショナリズムの煽りを受けて後退した。欧州の政治的統一を掲げる「パン・ヨーロッパ」主義は、非現実性を露呈した。しかしナショナリズムとの対決は、欧州思想の全面的敗北を意味せず、より現実主義的な欧州思想を鍛える機会となった。その結果、近隣国家間で「経済統合優先」に基づく「地域的協商」の「中核」をまず結成し、それを起点に段階的に統一を進めるという「地域主義」の構想が登場した。これは第二次大戦期のベネルクス関税同盟を経て、五〇年代のＥＣＳＣに繋がる構想の一つの源流となる。

両大戦間の欧州統一の思想は、結局実現されずに終わるが、エリート層のなかに平和の確保と欧州の再生を実現する手段として欧州統一を必要とみなす「欧州意識」が誕生し、欧州レベルのネットワークが結成されたことは画期的であった。またこれらの運動を基盤として、次第に重点が「経済的欧州」に移り、より現実的な構想が提起されるに至った。しかし市民の運動への参加はみられず、また指導者の側も市民との結びつきを意識的に追求することをしなかった。「欧州意識」はなおエリート層に限定されており、ここにこの時期の欧州主義の根本的弱点があった。

2　第二次大戦以後の「欧州意識」の広がり

(1)　第二次大戦中の「欧州思想」

一九三〇年代に衰えた欧州主義は、第二次大戦とともに、新たな担い手を獲得した。ナチス・ドイツに対するレジスタンス運動やナチスに占領された国の亡命政権を担い手として、欧州統一の思想・運動が新たに展開されたのである。これはドイツによる欧州支配をめざすヒトラーの「新欧州」構想への対抗として提起され、大恐慌とともに衰退した欧州主義の再生をもたらした。レジスタンスや亡命政権の欧州主義は「連邦主義」を主流とし、ナショナリズム・国民国家を攻撃した点で、二〇年代の思想とは異なる。それは排外的ナショナリズムが第二次大戦に帰結したことへの反省の当然の帰結であった。この特徴は、四四年七月ジュネーブに集まった各国のレジスタンス運動が採択した「欧州レジスタンス宣言」に見ることができる。

各国の亡命政権も戦後構想の一環として欧州統一問題を検討し、連邦主義的な構想を提唱した。たとえば「フランス解放委員会」において、後に「欧州の父」となるジャン・モネは、「国民主権を基礎に国家が再建されれば平和はありえない」と述べていた。しかしレジスタンス・亡命という苛酷な条件の下で、戦時下の欧州主義もエリートの範囲を超えることはできなかった。逆に、欧州統一の思想がヒトラーによって汚されたために、レジスタンスの中では「反欧州」の意識が強まりさえしたのである。

(2)　第二次大戦後の「欧州運動」

終戦とともに、欧州統一は新たな段階を迎えた。二度の戦争は欧州を疲弊させ、平和への希求はますます強まった。欧州の衰退は加速し、米ソ超大国の力に対抗して衰退を阻止することは差し迫った課題となった。さらにし冷戦によってソ連から西欧社会を防衛する課題も加わった。

戦争で疲弊した国が、これらの課題に単独で対処することは不可能であった。いまや欧州レベルの協力と統一の必要は、市民にも広く意識され、「欧州意識」は広く市民の共有するところとなった。一九四七年、アメリカが「マーシャル・プラン」（欧州復興援助計画）を発表し、欧州の復興と統一に乗り出したことも、二〇年代とは異なる条件であった。こうして第二次大戦後、戦争の回避、欧州の没落阻止、共産主義に対する防衛という「三つの拒否」あるいは、平和の確保、欧州の再興・繁栄、自由・民主主義の確立という「共通の未来」をつくるために、欧州主義に対する共感は次第に広がっていった。

四六年九月のチューリッヒでのチャーチル演説は、平和と繁栄のための欧州諸国民の統一と独仏和解を世論に訴え、欧州統一運動の再開のきっかけとなる。彼によって発せられた世論への訴えは、欧州統一思想の普及を目的に設立された多数の「欧州運動」に引き継がれた。「欧州運動」のなかでは、レジスタンス運動の「連邦主義」を継承し、国家主権の制限による「欧州合衆国」の建設を提案する「連邦主義者」と国家主権の尊重を基礎に主権国家の協力・連合を説く「連合主義者」が対立し、政治的にもさまざまな党派が混在していたが、四八年五月、ハーグで第一回「欧州運動集会」が開催された。チャーチルを名誉議長として組織された集会は、欧州全域から各界（議員、産業家、労組指導者、学、作家など）の著名人八〇〇名を結集し、欧州統一を支持する「巨大な世論運動」の存在を示すことをめざした。「連邦主義」と「連合主義」、自由主義者と国家介入主義者の対立から、集会の決議は妥協的なものとなったが、集会は欧州問題の重要性を世論に知らせる重要な契機となった。

(3)「欧州運動」の統一と市民への訴え

四八年一〇月、欧州運動は統一され、欧州統一のための政治・経済問題を研究して解決策を提案すること、情報を提供し世論を動員すること、市民の「欧州意識」や欧州への「帰属意識」を発展させることを目的に大会や講演会を開催した。「欧州運動」の活動は多岐に及び、そこから「欧州審議院」(四九年五月発足)が生まれた。経済分野では自由主義者が「人、物、資本の自由な移動」を提案し、後にローマ条約で実現される共同市場の基本構想を提示し、国家介入主義者は二〇年代の「生産者の欧州」の構想を引き継ぎ、欧州機関の監督のもとにカルテルを結成することを提案して「石炭鉄鋼共同体」ECSCの構想を準備した。

市民の観点から重要なことは、「欧州運動」が社会や文化・教育に関する取り組みを提案したことである。四九年二月のブリュッセル大会は、「人権憲章」草案を起草した。五〇年七月にはローマで「社会会議」が開催され、社会政策の大綱が決定された。文化・教育面では、四九年一二月ローザンヌで「文化会議」が開催され、文化協定の締結と学生・教師の交流を提案し、これを受けて翌年には「欧州文化センター」と「欧州カレッジ」が設立された。「欧州運動」が、このように市民生活や市民の欧州アイデンティティの育成に関わる広範な領域に活動を広げていたことは注目に値する。

「欧州運動」のなかでは、イギリス保守党の影響を受けて、国家主権に固執する「連合主義」の立場が強かった。その結果、「欧州運動」は、五〇年代から始まる国家主権の部分的な放棄を伴う「超国家的」統合の流れを支配することはできなかったが、市民に対する宣伝の分野では大きな影響をもった。この運動を通じて、多くの市民が欧州統一の思想を耳にする機会を得た。またその訴えは、悲惨な戦争を体験し、平和を求める市民の切なる願いに方向を示した。運動の欧州統一の思想が、多くの市民に受容された最大の理由はここにあった。

3　「超国家的統合」の開始と市民意識

⑴　「シューマン・プラン」と市民意識

五〇年五月、フランス外相シューマンがモネの意向を受けて「シューマン・プラン」を発表し、独仏和解と石炭・鉄鋼部門の共同管理の構想を提唱したことから、今日まで続いている欧州統合が動き出した。そこで市民がこの動きをどのように受け止めていたかについて、フランスの世論調査を手がかりにみてみよう。

四七年九月に実施された欧州統一問題に関する最初の世論調査は、「欧州統一のための努力」について、賛成六一％、反対一〇％、無回答二九％の割合を示した。その後、ローマ条約調印の時期まで、欧州統一に関するフランス世論の状況に大きな変化は見られない。賛成の割合はほぼ一貫して過半数を上回り、反対の割合は一〇％程度にすぎず、「欧州統一の原則に対する国民の安定した支持」が示された。（表7―1）

しかしフランス市民が高い支持を示したのは、欧州統一の原則に対してであり、具体的な形態や内容に対してではなかった。例えば彼らの多数派は欧州統一を支持しながら、シューマン・プランに対

表7−1　欧州統一に対するフランス人の態度

（単位：%）

	賛成	反対		賛成	反対
1947年 9月	61	10	1955年 1月	64	13
48　3	64	21	55　2	49	15
50　3	56	12	55　12	45	12
50　10	65	16	56　5	53	14
51　9	55	16	56　12	67	7
54　9	62	9	57　9	70	13
54　11	63	9	57　12	55	9

出所：*Sondages*, 1958, N0.1 et No.2, p.30.

して懐疑的であった。プラン発表からほぼ一年後の世論調査では、プランを「良いこと」と答えた者は、「悪いこと」と答えた者を上回るが、全体のごく少数にすぎず、多数派は「解らない」と答えている（**表7−2**）。

この調査が示すように、世論は欧州統一に対して原則的同意を与えながら、個々の具体的な統一の動きについては動揺を示していたのである。とりわけ独仏和解が急速に進展し、しかもそれがイギリスの参加を伴わなかったことに市民は大きな不安を抱き、それが彼らの「曖昧な態度」を規定していた。

(2)　独仏関係とフランス市民の意識

フランスの世論は、まず独仏関係の進展について不安を抱いた。シューマン・プランとECSCは、欧州の平和の鍵を独仏和解に求め、そのために両国の経済的利益の共同を実現することをめざした。しかしモネの意図とは異なり、独仏和解に向う動きは、市民から共感よりも不安感もって迎えられた。

またイギリスが参加しなかったために、ECSCは「小欧州」と呼ばれた六カ国（独・仏・伊・ベネルクス三国）で出発するが、イギリスの不参加は市民の不安を強めた。フランス世論は、独仏

表7−2　「シューマン・プラン」に対するフランス人の態度（1951年6月）

（%）

「シューマン・プラン」について聞いたことがありますか	
聞いたことがある	70
このプランを「良いこと」と思いますか，「悪いこと」と思いますか	
「良いこと」と思う	16
「悪いこと」と思う	7
「わからない」	47
聞いたことがない	30

出所：*Sondages*, Mars 1952, p.759.

関係について矛盾した態度を示した。開始されたばかりの和解政策に対して、五〇年二月の調査では、反対（三五％）が賛成（二九％）を上回った（無回答が三六％）。「ドイツに対して国民のなかに存在する怨念と不信は、強調しすぎることはあり得ないであろう。三度の戦争の想い出はなお強く残っており、そこにこそフランス人の集合意識の基本的条件がみられる」。これはローマ条約調印前の世論調査のコメントであるが、このようなフランス人の意識状態こそ、独仏和解を本質とする欧州統合の実現にとってまず乗越えなければならない「心理的障害」であった。

実際、五〇年代半ばの世論調査は、フランス人がドイツの「危険性」に対してなお大きな不安を抱いていたことを示している。市民のかなりの部分は依然としてドイツを危険な国家とみなし、それゆえ長期的な独仏和解の見通しの評価については、可能、懐疑的、無回答の割合がほぼ拮抗した。（表7−3・表7−4）。しかし彼らは和解そのものに反対ではなかったし、それが不可能と考えていたわけでもない。懐疑主義は、和解の期待を妨げるものではなく、五四年の調査では、半数以上のフランス人が和解に賛成を表明している（表7−5）。前述の五〇年の調査と比較すれば重要な変化であり、ＥＣＳＣの結成など統合が実際に動き出すにつれて、ドイツに対する不安が徐々に薄らぎ、

表 7－3　フランス人のドイツ観

1. 今日，フランスにとってドイツの危険性はあるか（1954年7月）(%)

危険性がある	38
軍事的危険性がある	22
経済的危険性がある	19
政治的危険性がある	13
危険性はない	36
無回答	26

2. 次の国はフランスにとって危険性を示すか（1955年2月）

	Yes	No	無回答
ソ連	40	25	35
ドイツ	30	31	39
USA	18	48	34
イタリア	4	60	36
イギリス	3	63	34

出所：*Sondages*, No.3 1957, pp.52-53：1 の数字は複数回答.

表 7－4　独仏和解の可能性いついての意見（1954年7月）

長期的な独仏和解が可能と思うか　(%)

	全体	男性	女性
可能	29	36	23
不可能	32	30	34
無回答	39	34	43

出所：*Sondages*, No.3, 1957, p.66.

表 7－5　仏独和解和解に対する賛否（1954年7月）

現在、仏独和解に賛成ですか、反対ですか　(%)

	全体	男性	女性
賛成	54	62	47
反対	23	22	24
無回答	23	16	29

出所：*Sondages*, No.3, 1957, p.67

市民の意識が少しずつ変化したことを窺わせる。しかし五五年の調査を見るかぎり、ＥＣＳＣの設立は世論に劇的な変化をもたらさず、ＥＣＳＣに対してドイツの経済的脅威の増大を感じる意見もなお根強い。とはいえそれが「欧州合衆国」への第一歩を踏み出し、欧州における戦争の危険を少なくしたことを評価する意見は多かった（表7－6）。

このようにフランス市民は、独仏和解の実現に懐疑的ではあったが、統合の進展とともに徐々に和解を受容していった。しかし彼らはすべての領域の和解に均等に同意したわけではない。まず経済領域から始めることが最も抵抗が少なく、文化・技術の領域がこれに続き、逆に、政治、金融、軍事の領域においては抵抗が強かった（表7－7）。とくに軍事的協力に対する抵抗は非常に強く、それは五四年八月にフランス国民議会が「防衛共同体」ＥＤＣ条約の批准を否決する背景となった。

独仏の軍事協力に対する市民の強い反対を背景としたＥＤＣ条約の否決は、政治統合をにらんで統合の領域を早期に拡大することを意図したモネらの「連邦主義」の構想にブレーキをかけた。ＥＤＣ挫折後の数ヵ月間の中断を経て、五五年六月の「メッシナ会議」を契機に統合に向けた動きが再開する。しかし再開後の活動は経済分野を優先させ、「共同市場」の実現をめざすローマ条約と「経済共同体」ＥＥＣに帰結する。

(3)　経済統合優先と市民意識

こうして欧州統合は、経済統合を優先した現実路線をたどり、それとともに政治家や実務家タイプのエリートの主導性が強まった。この選択は、市民の観点からどのように評価すべきであろうか。一般には、ローマ条約による経済統合優先は、知識人や市民の欧州統合に対する関心の低下を招き、エ

表7－6　ECSCに対する評価

1. ECSCによって何が生じると思われるか

	生じる	生じない	無回答	ECSC知らない
欧州合衆国への第一歩	46%	7%	21%	26%
欧州諸国間戦争の危険の減少	37	15	22	26
対米独立の強化	31	15	28	26
仏を犠牲にした独の復興	31	15	28	26
欧州諸国の生活水準向上	22	21	31	26
失業	20	24	30	26
仏の独立喪失	22	25	27	26
欧州問題に対する米の支配強化	16	26	32	26

2. ECSCは全欧州諸国の利益に役立つか一国の利益に役立つか

	全体	男性	女性
全欧州諸国の利益	40%	48%	21%
ドイツの利益	7.5	11	4
アメリカの利益	2.5	4	1.5
別の国の利益	1.5	1	2
無回答	22.5	21	23.5
ECSCを知らない	26	15	38

3. ECSCはドイツの経済力に対してどんな影響をもたらすと思うか

	全体	男性	女性
ドイツの経済力をより危険にする	20%	27%	13%
ドイツの経済力を危険でなくする	17	21	12
何も変えない	15	20	11
無回答	22	17	26
ECSCを知らない	26	15	38

出所：*Sondages*, No.2, 1955, pp.31-35.

表7－7　仏独和解を進める分野（1954年7月）

どの分野から仏独和解を開始すれば良いと思うか　（%）

	第1位	第2位	第3位	第4位	第5・6位	無分類
経済	38	15	10	4	2	31
文化	14	15	13	12	13	33
技術	8	19	17	12	11	33
政治	6	10	7	10	29	38
金融	2	6	13	20	21	38
軍事	5	4	4	6	40	41

出所：*Sondages*, No.3, 1957, p.68.

リート主導の統合路線を定着させたと考えられている。

前述のように、欧州統合の基礎は、「三つの拒否」に基づく未来の共有にあったが、市民レベルで見た場合、統一支持の最大の理由は、「統一が平和ならびに近隣諸国との和解を促進する」ことへの期待であり、「米ソへの対抗ブロックの形成」や「経済拡大の手段」といった理由は、はるかに低かった。したがって経済統合優先は、市民の関心や期待と乖離しているようにもみえる。しかし問題はそれほど単純ではない。経済統合が市民にとって比較的抵抗が少なかったことは先に指摘した。

さらに統合に対する市民の支持が情熱を欠いていたことをどのように評価するかの問題がある。「欧州統一は世論の広範な部分の潜在的期待にこたえる遠い目標であるが、いずれにせよそれは集合意識の中心にはない」。一九五〇～六〇年代の世論調査は、加盟六ヵ国国民の関心について、「国内問題の優位、欧州問題のマージナルな位置、対外問題における植民地問題の優位」を繰り返し指摘した。市民にとって欧州統一は将来の夢にすぎなかった。彼らの最大の関心は、賃金、生活費、雇用、住宅など日々の生活に直結する内政問題であり、対外政策は関心の中心にはなかった。また一般に関心が低い対外問題のなかでも、欧州統一問題は、とくに関心が低かった。

当然のことながら、影響や効果が捉え難いこの問題に対して、市民の情熱は掻き立てられず、大半の市民が支持を表明しても、欧州統一は街頭運動や集会などの大衆運動の目標とはならなかった。

(4)　エリートと市民

このような市民の「集合意識」を前提にすれば、統合の進展にとって、理想の実現に献身する少数の「欧州創設者」のイニシャチブは不可避であった。しかし彼らエリートの役割をいかに強調するとしても、彼らが市民から遊離していたとみなすことは一面的であろう。EDCの例が物語るように、世論から遊離しすぎた決定は挫折を余儀なくされる。実際、エリートにとって、世論の状況は、彼らが選択した道をどこまで進みうるかを知るうえで重要な指針であった。とくにモネは、世論の重要性を強く意識していた。独仏中軸の統合の方向を決断した時、欧州の平和のために漠然とであれ統一を願う世論は、彼には主権と国益に固執する国家よりも「ヨーロッパ的」に映った。ECSCの構想は、「欧州統一の道において先行する世論」の期待にこたえるというモネの意図を反映していたのである。

欧州市民の統合に対する態度は、後に、「具体的内容を欠如した原則に対する支持」と特徴づけられ、「寛容なコンセンサス」と呼ばれるようになるが、エリート主導の統合は、最初からこのような市民の同意に基づいて展開されたのである。漠然とした統一の望みに止まり、情熱を欠いた消極的な支持にすぎなかったとしても、第二次大戦前の状況と比較すれば、市民の支持は大きな変化を意味した。

⑸　欧州主義の「理性的性格」

近年のEU加盟国の世論調査は、職業や所得、さらにとくに教育程度が市民の統合に対する態度を規定する要因であることを明らかにし、欧州主義が情緒的というより「理性的」な特徴をもっていることを指摘している。このような傾向は、すでに初期の調査でも明瞭であった。統一や独仏和解に対する支持・関心は、労働者・農民で低く、逆に専門職や商工業者で高く、さらに受けた教育程度に比例して上昇してゆく傾向が見られる（表7‐8）。

またフランス市民がドイツやドイツ人に関してもっている知識・情報の程度についても、教育程度によって顕著な差異がみられる。この事実は、相互交流によって相手国についての知識・情報をもつことの重要性を示唆している。六二年のEC六カ国の調査は、「情報量に比例した支持の上昇」を指摘し、とくに「外国旅行と統一賛成の態度との間の正の相関」を確認し、「旅行の発展が一部の住民階層の教養不足を補うことによって、欧州統一の試みに対する支持を広げ深めることができる」と結論している（表7‐9）。

⑹　市民意識の地域的差異

統一のパートナーに関する情報や知識が、市民の意識に影響を与えたことは、市民の態度の地域的差異からも窺うことができる。ドイツとの国境地帯に位置する東部のアルザス地方は、対独感情の点で他の地域と顕著な違いを示した。この地域は、すでに一九五四年の調査で、ドイツの危険性を否定する市民が多数派を占めた唯一の地域であった。また「ドイツ人の心性は変化した」、「良いドイツ人

表7−8　欧州統一問題に対する文化・教育程度の影響

1. 欧州統一に対する賛否（1955年）　（%）

	賛成	反対	無回答
農業従事者	58	11	31
労働者	55	19	26
職員・官吏	70	13	17
商工業者・専門職	79	8	13
教育程度			
初等教育	56	14	30
高等初等教育	69	15	16
技術教育	71	14	15
中等教育	79	10	11
高等教育	83	11	6

2. ドイツやドイツ人を知ることに関心があるか（1955年）

	関心がある	関心がない
年齢層		
18−24歳	62	32
25−34	46	42
35−44	40	48
45−54	38	52
55−64	33	50
65歳以上	27	60
職業		
農業従事者	38	48
労働者	55	37
職員・官吏	52	38
商工業者・専門職	35	53
金利生活・年金生活者	25	55
教育		
初等教育	28	57
高等初等教育	48	40
技術教育	54	35
中等教育	57	34
高等教育	74	20

表7－9　過去10年間の外国良好の影響（1962年）

（%）

	統一の努力を非常に支持する		欧州について頻繁に考える	
	旅行経験者	未経験者	旅行経験者	未経験者
ドイツ	63	44	55	37
ベルギー	35	23	34	23
フランス	40	21	47	30
イタリア	63	31	19	10
オランダ	65	56	49	34

出所：*Sondages*, 1963, No.1,p.39.

と悪いドイツ人を区別する」、「ドイツ人は好戦的ではない」、「独仏和解に賛成する」、「独仏両国は持続的に理解しあえる」などの項目について最も高い割合を示し、親独的な態度において他の地域にははるかに先行した。またECSCに対する支持が極めて高く、反対はほとんどなかったことも特徴的である（表7－10）。

これらの態度の背景としては、一九世紀以来両国にまたがる「地域経済圏」が発展し、それを基盤として労働力、技術、資本、経営方法などの交流が展開していたこと、一八七一～一九一八年の間ドイツの領土であったことなどの歴史的理由から交流や相互理解が進んでいたことに加えて、「欧州審議院」や「欧州議会」など欧州機関が設置され、統一の進行を肌で感ずることができたことを指摘できよう。この地域の先進性は、九二年のマーストリヒト条約の国民投票でも示され、賛成は全国最高の六五・五八％に達し、全国平均の五〇・五％をはるかに上回った。

(7)　イギリスの不参加と市民意識

欧州統一を願いながら、フランス市民が独仏和解を中軸とする統合の進展に対して不安を抱いた原因は、ドイツに対する不安だけではない。ＥＣＳＣからＥＥＣに至る初期の統合にイギリスが参加し

表7－10　対独感情の地域的な差異（1954年）

現在フランスにとってドイツは危険か

	アルザス	ロレーヌ	北部	ノルマンディー	中部	パリ	他地域
危険である	23%	39%	35%	28%	42%	53%	38%
危険ではない	56	36	42	45	35	31	33
無回答	21	25	23	27	23	16	29

ドイツ国民は好戦的か

好戦的である	43	55	51	46	52	50	51
好戦的ではない	40	32	32	32	29	33	26
無回答	17	13	17	22	19	17	23

ヒトラー以後ドイツ人の心性は変化したか

変化した	42	32	34	37	26	33	30
変化していない	36	41	37	35	43	36	35
無回答	22	27	29	28	31	31	35

良いドイツ人と悪いドイツ人の違いを認めるか

認める	74	66	66	58	67	70	59
認めない	16	34	24	30	30	23	31
無回答	10	6	10	12	3	7	10

独仏は持続的に理解しあえるか

理解しあえる	39	37	33	39	27	35	27
理解しあえない	27	34	36	22	42	32	32
無回答	34	29	31	39	31	33	41

和解政策に対する賛否

賛成	74	48	50	68	58	63	51
反対	16	33	27	17	19	20	24
無回答	10	19	23	15	23	17	25

ECSCに対する賛否

賛成	49	18	12	21	17	22	24
どちらかと言えば賛成	12	18	19	28	20	20	21
どちらかと言えば反対	5	6	9	3	7	7	7
反対	2	14	14	7	6	16	7
無回答	32	44	46	41	50	35	41

出所：*Sondages*, 1958, No.1 et.

なかったことが、市民の不安のもう一つの原因であった。一九五〇年に外国に対する好感度の調査が開始されて以来、ＥＥＣ発足後に至るまで、イギリスは一貫してフランス人が最も好感を抱く国であった。五一年の調査は、ドイツとソ連に対する警戒心を示す一方、イギリスとアメリカに対する好感を示したが、この傾向は五〇年代半ばから後半にかけても揺らぐことはなかった。またイギリスは同盟国として最も信頼でき、フランスにとり危険が最も少ない国とみなされていた（表7―11）。

このような意識状況のもとで、イギリスが不参加のまま統合が進行することに市民は大きな不安を隠さなかった。五四年のＥＣＳＣに関する調査は、イギリスの不参加を容認する者に比較して、加盟を希望する者がはるかに多いことを示した。加盟を希望する者は、とくにＥＣＳＣを「ドイツの経済力を抑える手段」とみる人の間で高かった。この事実に基づいて、調査は「ドイツを危険と思わないこととイギリスの加盟の願望とが肩を並べているように思われ、それらが欧州統合に対する期待に並存して現れている」、とコメントした。ドイツとの和解を願いながら、ドイツの脅威と危険に対する不安を拭いきれない市民にとって、イギリスの参加は不安を和らげる重要な要素とみなされていたのである。

⑻　国民国家と統合

統一の原則を支持するに至っていたとはいえ、欧州市民の支持は積極性と情熱を欠いていた。また彼らは統合の内容・形態や進め方について具体的なイメージをもっていない。したがって統一を確信する少数の欧州主義者のエリートの主導権は、不可欠であった。

エリートを担い手とする欧州統一への動きは、まず民間ベースの「欧州運動」を基盤として展開さ

表 7－11　フランス人のイギリス観

1. イギリスに対する意見

(%)

	非常に良い	良い	平均的	悪い	非常に悪い	無回答
1954年 11月	9	32	29	11	2	17
55　1	8	36	31	4	1	20
55　6	7	25	36	7	1	24
55　8	8	37	31	7	2	15
55　12	6	29	39	7	1	18
56　5	7	30	34	7	1	21
56　12	5	34	34	10	2	15
57　5	5	37	34	7	1	16
57　12	2	20	40	16	3	19

2. 戦争の場合，以下の国をどれくらい信頼できるか

	大いに	ある程度まで	全然できない	無回答
ドイツ				
1952年 9月	9	33	36	22
55　12	6	32	33	29
56　12	21	32	19	28
57　12	18	33	16	33
イギリス				
1952年 9月	46	34	7	3
55　12	39	43	7	20
56　12	42	38	7	13
57　12	19	45	13	23
アメリカ				
1952年 9月	64	19	7	10
55　12	36	35	9	20
56　12	29	49	7	15
57　12	24	44	9	23

3. 次の国の中で，どの国がフランスにとって危険と思うか（1955年2月）

	危険	危険はない	無回答
ソ連	40	25	35
ドイツ	30	31	39
アメリカ	18	48	34
イタリア	4	60	36
イギリス	3	63	34

出所：*Sondages*, 1958, No.1 et 2.

れたが、冷戦激化とマーシャル・プランを契機に、統一の課題は、アメリカの支持を受けながら、次第に政府活動の次元に移り、欧州統一は各国の外交政策上の目標となった。この結果、高級官僚が欧州主義者のエリートの重要な構成部分となるとともに、欧州統合の課題は、各国の国益と緊密に結びついていった。

欧州統合を国民国家を超える試みとして捉え、ナショナリズムと国民国家の対立面だけを強調する見方があるが、このような見方では現実の統合の過程は説明できない。近年の統合史研究が明らかにしたように、レジスタンスや「欧州運動」の連邦主義者の立場とは違って、現実の統合は二度の大戦によって危機に瀕し、正当性を喪失した国民国家の再建ないし「救済」の手段として機能した。各国はそれぞれが抱える再建の課題に対応して、「国益」と両立する形で統合に関与した。

しかし「国益」の理解は、立場や利害の違いによって一様ではないし、また各国の「国益」はしばしば対立した。その結果、国家主権のあり方、自由競争（市場）と規制・保護（国家）の関係、米ソや植民地との関係、中軸国や参加国のあり方、活動領域やプライオリティなどの問題をめぐって、国家間はもとより国内でも深刻な対立がみられた。国家主権の制限を伴う狭義の欧州統合の制度化は、経済領域を基盤にECSC設立を起点に進められるが、これと並行して、政府間協力の形態をとる欧州統一の機関として、経済の領域では「欧州経済協力機構」OEEC、政治・文化の領域を中心に「欧州審議院」、軍事の領域ではブリュッセル条約に基づく「西欧同盟」が相次いで結成されたことも、こうした対立の反映であった。

「欧州という建物」は事前に作成された設計に沿って整然とした形で完成されたわけではなく、その時々の状況のもとで衝突する国益の「調整と妥協」を通じて「寄木細工」的につくられたのである。

また統合の制度化の過程が、何度も前進と後退を繰り返し一直線に進行しないことも同一の事情に起因するものであった。欧州統合の思想が政治統合を究極目標として誕生しながら、実際の統合が経済統合から開始された理由も、この領域では国家主権の委譲について相対的に抵抗が小さいというプラグマチックな判断が関係していた。

第二節　域内交流の進展と市民意識の変化

1　独仏交流の進展

(1)　欧州統合の推進力としての独仏中軸

一九五八年のEEC発足による共同市場の創出とともに、域内関税は段階的に撤廃され、共同体域内の貿易の拡大や共通政策の実現を通じて加盟国相互の経済的依存関係が急速に強まっていった。しかし加盟国間の交流の発展は、経済分野に限られたことではなかった。経済的依存の発展と並行して、もともと市民にとって抵抗感が少ない社会・文化領域の交流が発展していった。これらの分野の交流は、市民の日常生活と密接に結びつき、それだけに加盟国の国民の相互理解を深め、市民意識の変化に重要な影響をもった。

欧州統合の実現にとって、独仏関係の改善は鍵であった。これまでの統合の歴史において、独仏中軸は常に統合の帰趨を決定してきた。それゆえ経済的依存関係はもとより、社会的文化的交流についても、両国間の発展はとくに目覚しかった。

(2) 経済的依存関係の緊密化

一九五八年のＥＥＣ発足以来、加盟六ヵ国は、関税・数量制限の撤廃と対外共通関税の設定により、域内における貿易の拡大を追求した。その結果、五〇年代末から七三年の石油ショックにかけて、域内の輸出入は域外をはるかに上回る伸びを示し、域内経済の依存関係が強まった。六ヵ国の域内輸出比率、輸入比率は六〇年代初頭の三〇％台前半から、七三年にはそれぞれ四〇％台後半と五〇％台前半に上昇した。

六ヵ国経済の依存関係が発展するなかで、独仏経済の相互依存はとくに強まった。五七〜七〇年の間に両国の貿易は四倍に増加した。五八年にはドイツはフランスの最大の輸入先となり、さらに六一年には最大の輸出先となった。次いで六二年には、今度はフランスがドイツの最大の輸出先かつ輸入先となり、独仏間に特別の通商関係が定着した。フランスの貿易総額において旧植民地を中心する「フラン圏」諸国が占める割合は、六〇年には輸出三〇・一％、輸入二二・六％であったが、ＥＥＣ結成による域内貿易の拡大とともに急速に低下し、六四年には輸出入ともドイツに追い抜かれ、七三年には輸出五％、輸入三・五％にまで低下した。

しかもこの変化には、重要な質的変化が伴っていた。この時期の域内貿易の拡大は、資本財・製品部品を基盤とする「水平型分業」（産業内貿易）の拡大に支えられていた。フランスは「共通農業政策」の恩恵を受けて農産物・農産物加工品の域内輸出を拡大すると同時に、産業内貿易の拡大を受益して資本財や部品の域内輸出も拡大したが、この特徴はとくに対独貿易に妥当した。この結果、域内における依存関係の強化につれて、フランス経済の歴史的課題であった産業構造の高度化が大きく進行した。

もっとも独仏の経済関係は、この時期に突如発展したものではない。五〇年代以後の依存関係の深まりは、一九世紀末以来、二度の戦争の時期を除いて、徐々に形成されてきた関係が復活したという側面をもっていた。しかし五〇年代には新しい特徴も見られる。この時期までは、民間企業のイニシャチブが経済関係の推進力であったが、新たに政府レベルで「経済的接近政策」が推進され、官民一体の依存関係の強化が追求されたのである。言い換えれば、欧州統合への動きに合わせて、独仏経済関係は初めて政治的支柱を獲得したのである。五五年の「独仏通商協定」の締結、五七年の「独仏商業会議所」の設立は、経済関係の発展に対する政治的意思の現れであった。

経済関係の緊密化は貿易の発展だけでなく、投資や労働力の分野でも展開された。ドイツ資本のフランス進出は国境地帯で活発に展開され、九〇年代半ばにはロレーヌ地域全体で一五〇社のドイツ系企業が進出し、モーゼル県では雇用の五〇％がドイツ系企業によって提供された。国境地帯では労働力の移動も活発で、九五年にはロレーヌ地域で二万人の労働者が、またアルザス地域では三万五千人の労働者が、国境を越えてドイツに働きに出かけた。こうした「地域経済圏」を基盤とする依存関係の発達が、一九九二年のマーストリヒト条約に関する国民投票において、アルザスが最も高い賛成を示し、代表的な構造不況産業である鉄鋼業の中心地帯にも関わらず、ロレーヌ地域も高い賛成を示したことの一因であった。

(3)　文化交流と歴史教育の改善

統合の進展と並行して、欧州内部の社会的文化的交流も深まった。「欧州審議会」は、とくにこの分野の協力に力を入れ、「和解の第一段階」と位置づけた五〇年代には、欧州共通の文化的価値（自由・人権・民主主義など）への帰属感を高めること、戦争を招いた狂信的ナショナリズムの復活を防止することを重点課題とし、歴史・地理教育の改革や大学教育の「相当性」に関する協定の締結を追求した。ここから「欧州文化協定」（一九五四年）が生まれた。さらに「相互認識の第二段階」と位置づけた六〇年代には、教育課程、教育方法、教員養成などの比較研究に取り組んだ。

「欧州文化協定」と並行して「独仏文化協定」が結ばれ、語学教育の普及、教育の「相当性」の評価、大学間協定の締結、「歴史家専門会議」の設置と「将来における偏見回避」をめざした歴史教科書の検討などが取り組まれた。五〇年から開始されていた歴史教科書の改善は、六六年に一応の完了をみるが、この作業を通じて史実の誤りや敵対的な歴史観が是正された。この教育を通じた過去の克服は、戦間期の欧州主義が偏狭な愛国心に阻まれた歴史に照らせば、その重要性は明白であろう。

(4)　青少年の交流

ド・ゴール大統領とアデナウワー首相の間で締結された「独仏友好条約」（一九六三年）をうけて交流はさらに深められ、とくに青少年の交流と両国市民の相互理解をめざす取り組みが強化された。その結果、両国の教育相、青少年・スポーツ相（ドイツの場合は州の担当相）の「定期協議」が制度化されるとともに、「独仏青少年オフィス」が設立された。

オフィスは自ら交流計画を実施すると同時に、民間団体の交流を支援した。その結果、「姉妹市町村」協定、学生交流、スポーツ交流、語学研修などさまざまな形態の交流が飛躍的に拡大した。五〇年に誕生した「姉妹市町村」協定は、六〇年代初頭に二五〇件に増加していたが、オフィス設立以後締結が刺激され、九六年には約一八〇〇件に達した。公私のさまざまな交流計画を通じて、初年度の六四年には既に年間五五〇〇件の交流の機会が組織され、延べ二五万人の青少年（一四～三〇歳）が交流した。交流の中心は当初学生であったが、次第に外国旅行の体験に恵まれない勤労青少年（失業者を含む）を対象とする計画に取り組み、三ヵ月間相手国に滞在する「職業資格研修」の制度も設置された。六三年から九五年の間、オフィスは一七万五千件以上の交流計画を支援し、五〇〇万人以上の青年がこの計画に参加した。ちなみに九五年の参加者内訳は、学生七七％、勤労青少年二一％、失業者二％である。

(5)　「社会的接近」の発達

社会的な視点から統合史の研究を進めるドイツの歴史家ケルブレによれば、五〇年代初頭の欧州諸国間の社会的対立や閉鎖性は強く、社会史的にみるかぎり統合は将来性がなかった。工業化・都市化の程度、教育水準、生活水準、社会的政治的価値体系など、どの指標をとっても、ECSC六カ国の間でさえ、差異は顕著であった。逆に、域内の社会的差異を縮小し、「社会的接近」を強めたのは、統合の過程であった。統合開始段階の社会的な差異は、統合に伴う差異の縮小を可能にすることによって、統合の推進力の一つとして作用した。

戦前には、戦争を通じてしか外国を経験する機会をもたなかった市民は、旅行を通じて外国を体験することができるようになり、市民の相互理解が進んだ。五〇年代末から本格化した経済成長による所得の伸びと有給休暇日数の延長にともなって、六〇年代から外国への観光旅行が増加したが、欧州市民の場合、とりわけ域内諸国向けの旅行の割合が高く、九〇年代半ばの外国旅行先の約九割を域内諸国が占めている。なかでもフランスは欧州最大の旅行者受入国であったが、フランスを訪れた旅行者のなかでドイツ人の割合は最も高かった。一方、フランス人の旅行は、自国の豊かな観光資源のために国内の割合が高く、外国旅行は九〇年代半ばでも宿泊総日数の一割強にすぎない。しかしフランスの場合も、九〇年代には外国旅行の伸びが国内旅行をはるかに上回り、旅行先の七割近くが域内であった。旅行と並んで、国際結婚、外国留学、外国語の修得、消費財の交流も進んだ。こうした一連の社会的交流の、市民の相互理解を促進した。

(6)　社会的ネットワーク

欧州統合は政治家や官僚の政治的意思によって進められた。しかしそれを受容する土壌が市民の側に存在したことを見過ごしてはならない。経営者団体、労働組合、農業団体、消費者団体など各種の職業団体は早くから交流を行った。「欧州運動」のネットワークは存続していた。ＥＤＣの挫折後、ＥＣＳＣの初代総裁を辞任したモネは、五五年に「欧州合衆国運動」を結成し、欧州レベルで政界、財界、官界、労働界など各界の指導者のネットワークをつくった。「欧州運動」と同じく、これもエリートの運動という限界を免れないが、モネの意図はエリートの結集にあったわけではない。「諸国家の連合」ではなく「諸国民の連合」をめざすモネにとって、究極目標は欧州市民の意識変革であり、エリートへの働きかけは、「エリートを媒介とした市民への働きかけ」の手段であった。

以上簡単に見たように、ＥＣＳＣやＥＥＣの発足を契機とする経済統合の制度的な発展と並行して、社会文化的交流の多様な回路が発展し、欧州市民の和解と相互理解に寄与した。公式の欧州機関の活動と、多様な形態の民間レベルの交流が並存し、市民の「欧州意識」が強まり「欧州アイデンティティ」の醸成が進んだのである。

(7) 多様性に基づく「未来の共有」

欧州の外から見れば、欧州ではもともと経済と社会の発展段階や構造が比較的類似しており、キリスト教、ギリシャ・ローマ文化、啓蒙思想などの文化的起源を共有していた結果、統合が可能となったと考えやすい。たしかにアジア諸国の経済、社会、文化の多様性に比較すれば、類似性は否定できないが、これが直ちに統合を容易にしたとは言えない。

「古い文化的共通性」が、欧州統一の思想や運動を生み出したわけではなかった。統一の思想は、二度の戦争に起因する平和への希求と欧州没落の回避を基礎として、「新しい未来」共に創造するという意識の共有を基礎にしていた。歴史的にみても、文化的共通性は、欧州諸国民の対立や戦争の防止に有効ではなかったし、第二次大戦後、それがドイツに対する不安や警戒心の緩和に貢献したわけでもない。後者の点では、統合の進展と社会的交流に伴う相互理解の深化が有効であった。しかも先の交流計画が強調したように、相互理解の意味は、共通性の発見よりも「相互の違いの確認」にあった。その意味で、近年の統合史研究の成果が指摘するように、文化的共通性という「過去の共有」ではなく、多様性を包摂した「未来の共有」の方がより重要であった。

2　独仏和解と市民意識の変化

(1)　一九六二年の六カ国世論調査

五〇年代半ばのフランス市民は、対独和解を望みながら、その実現には長期間を要するとみていた。それは和解に対する期待と現実のドイツに対する不信感という矛盾した態度の表れであった。統合と相互交流の進展は、この意識にいかなる影響を与えたのでだろうか。

六二年、ＥＥＣ六カ国を対象に欧州統合に関する調査が初めて実施された。この調査は、「数年前、とくにＥＤＣをめぐる討論の時に提起されたような独仏問題は今では過去のものとなり、欧州六カ国のパートナー間の不信、敵意、恐怖、対立心は欧州建設の重大な障害ではなくなり、市民感情が統一にブレーキをかけるように関与する恐れは過ぎ去った」、とコメントした。次に、フランス市民の対独感情の変化について見てみよう。

(2)　「独仏友好条約」と市民意識の転換

前述のように、フランス市民の対独不信は次第に改善されつつあったとはいえ、ＥＥＣ結成直前の五七年末まで、根強く続いていた。ただしすでにドイツを「全然信用しない」人の割合が急速に低下していたことは注目に値する（表7-12）。しかし決定的な変化は、六〇年代に生じた。この点で決定的であったのは、六二年九月のド・ゴール大統領の訪独と六三年一月の「独仏友好条約」の締結であった。訪独直後の調査では、緊密な友好関係の相手国としてドイツ（四〇％）がイギリス（二五％）

表7－12　フランス人のドイツ観

1. ドイツに対してどのような意見を持っていますか　(%)

	非常に良い	良い	平均的	悪い	非常に悪い	無回答
1954年 11月	1	8	23	22	9	37
55　12	1	10	36	21	6	26
57　12	1	13	30	20	6	20

2. ドイツを信用しますか

	大いに信用する	ある程度信用する	全然信用しない	無回答
1954年 11月	6	32	33	29
56　12	17	32	34	28
57　12	18	33	16	33

出所：*Sondages*, 1958, No.1.

を上回り、五〇年半ばの状況との大きな変化を示した。また世論は友好条約に好意的評価を与えた（六一％が「望ましい」と評価し、五四％がド・ゴールの対独政策を「承認」した）。その後、ドイツに対する市民のシンパシーは変動を示すが、ドイツは「最良の友好国」の位置を占め続け、逆にイギリスは五〇年代半ばまでの位置を二度と取り戻すことはなかった。

(3)「独仏パートナーシップ」の確立

七〇年代には両国の経済状況の違いが影響し、ドイツの経済的脅威から対独不信は一時増加傾向を示したが、八〇年代に入ると再び信頼感が高まり、ドイツを「最良の友好国」とみなすフランス人の割合は五割前後に達した。ドイツがフランスの「特別のパートナー」と呼ばれ、フランス人の「ドイツ贔屓」が語られるようになったのはこの頃であった。「EDCの論争から三〇年後、フランス人はついに独仏共同の軍事防衛の原則に関して、七％の反対に対して、六三％が賛成を示すほどにドイツ贔屓になった」。八三年の世論調査のコメントは、このように過去三〇年の市

表7－13　最良のパートナー国

(%)

	フランス側の最良の相手		ドイツ側の最良の相手	
	1983	1988	1983	1988
西ドイツ	48	54	53	67
U.S.A.	33	35	77	57
イギリス	16	21		

出所：*Etat de l'Opinion*, 1990, p.145.

民意識の変化を指摘した。

しかも注目すべきことに、彼らの「ドイツ贔屓」は、ドイツを「経済的、政治的にフランスより強い」とみなしたうえでのことである。このような劣等感は、一昔前であれば相手に対する不安感を呼び起こし、統合のブレーキとなったであろう。相手の優位を認めながら、統合に脅威を感じない意識状態にまで到達したこと、この事実こそ、この間に生じた市民意識の変化の大きさとそれに基づいた友好関係の強さを物語っている。

しかし相手に対する意識が変わったのはフランス人の側だけではない。ドイツ人のフランスに対する友好感情も並行的に高まり、八〇年代末にはドイツ人にとり、フランスはアメリカ合衆国に代わって最も親密なパートナーの地位を占めるに至った（表7－13）。

第三節　市民意識の現状と欧州統合の課題

1　市民意識と「欧州アイデンティティ」

(1)　「マーストリヒト」後の市民意識の逆転

マーストリヒト条約以後、欧州統合はエリート主導という過去の方法を修正し、市民や世論の要求により前向きに対応することを要求されている。八〇年代末まで、欧州問題は内政問題に比較して市民の大きな関心の的ではなかったが、九〇年代に入って事情は一変した。いまや欧州はEU加盟国の政治生活の主要な争点の一つとなった。

八〇年代末まで欧州市民は統合に対して高い支持を示した。八〇年代には支持率は上昇を続け、七〇%にまで迫った。しかし欧州全体でみると、九一年を転換点として支持は下降線をたどり、九〇年代半ばには五割を割り、その後若干持ち直したが、今もなおかつての高い支持を回復するに至っていない（図7-1、図7-2）。一方、八〇年代初頭に二〇%近くに達していた反対は、その後下降線をたどったが、九〇年代には傾向が逆転し、九〇年代半ばには再び二〇%に迫った。しかもEUに対する「強い支持」と「強い反対」に限定すると、賛成と反対の幅は狭まり（九四年の調査では二四%対一八%）、漠然とした広い支持のうえで、賛成と反対の「固い核」が対峙するという状況が生まれた。

(2)　「欧州アイデンティティ」の必要

これらの調査結果は、五〇年代と比べて、市民意識があまり変化していないことを示しているようにも見える。しかしこの表面的な類似性の背後には、重要な変化が潜んでいた。すなわち五〇～八〇年代の間は、欧州に対する市民の関心が極めて低いのに対して、九〇年代にはそれが逆に高いという変化が生じていた。いかなる立場であれ、現在の市民の態度は、以前に比較してより積極的な態度表明であった。

第一段階が欧州市民の「和解」、第二段階が「相互理解」にあったとすれば、いまや統合は第三段階に入っており、市民の観点から欧州に帰属することの積極的意味が問われている。初期の統合が、

図 7－1　EU(EC)加盟に対する賛否

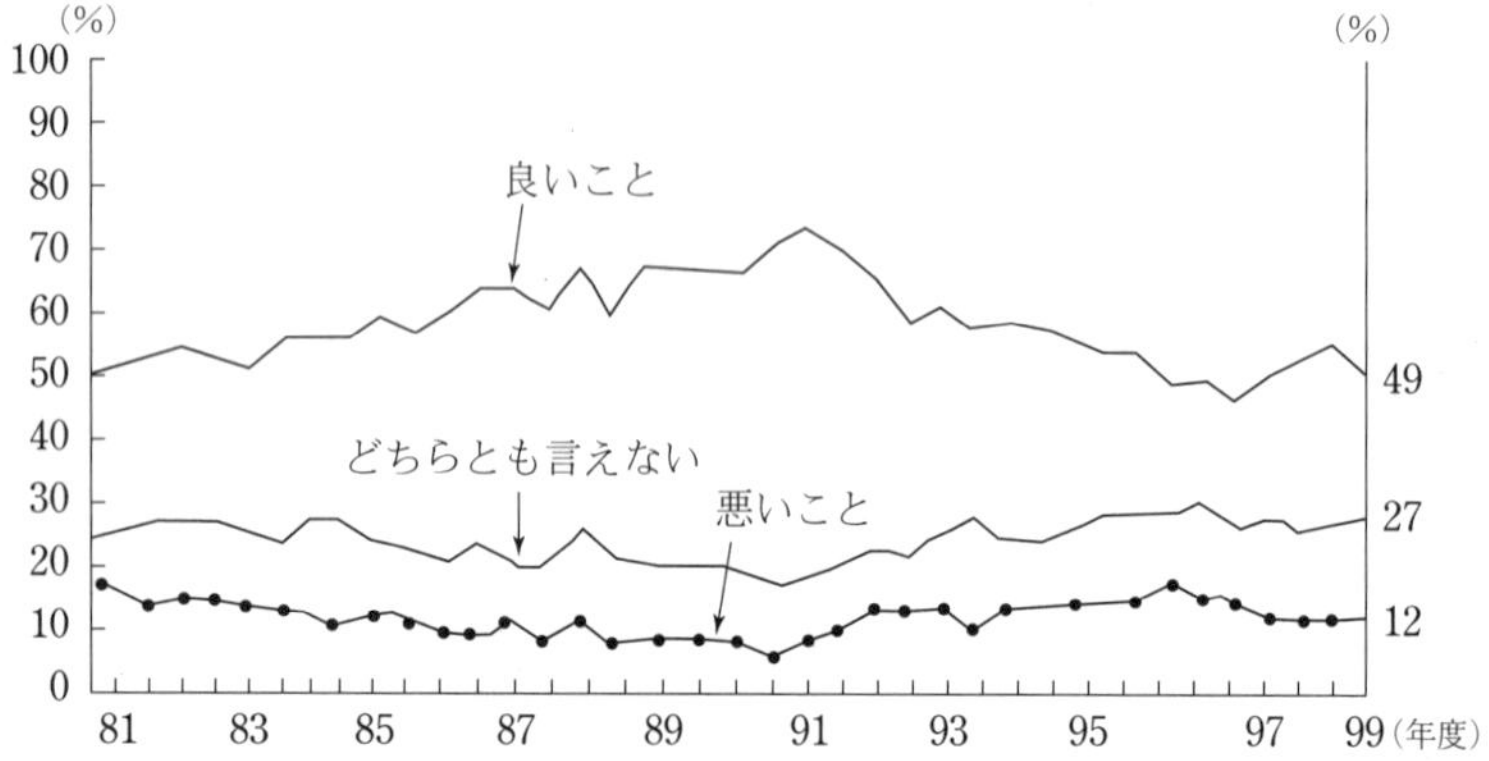

図 7－2　EU(EC)加盟の利益

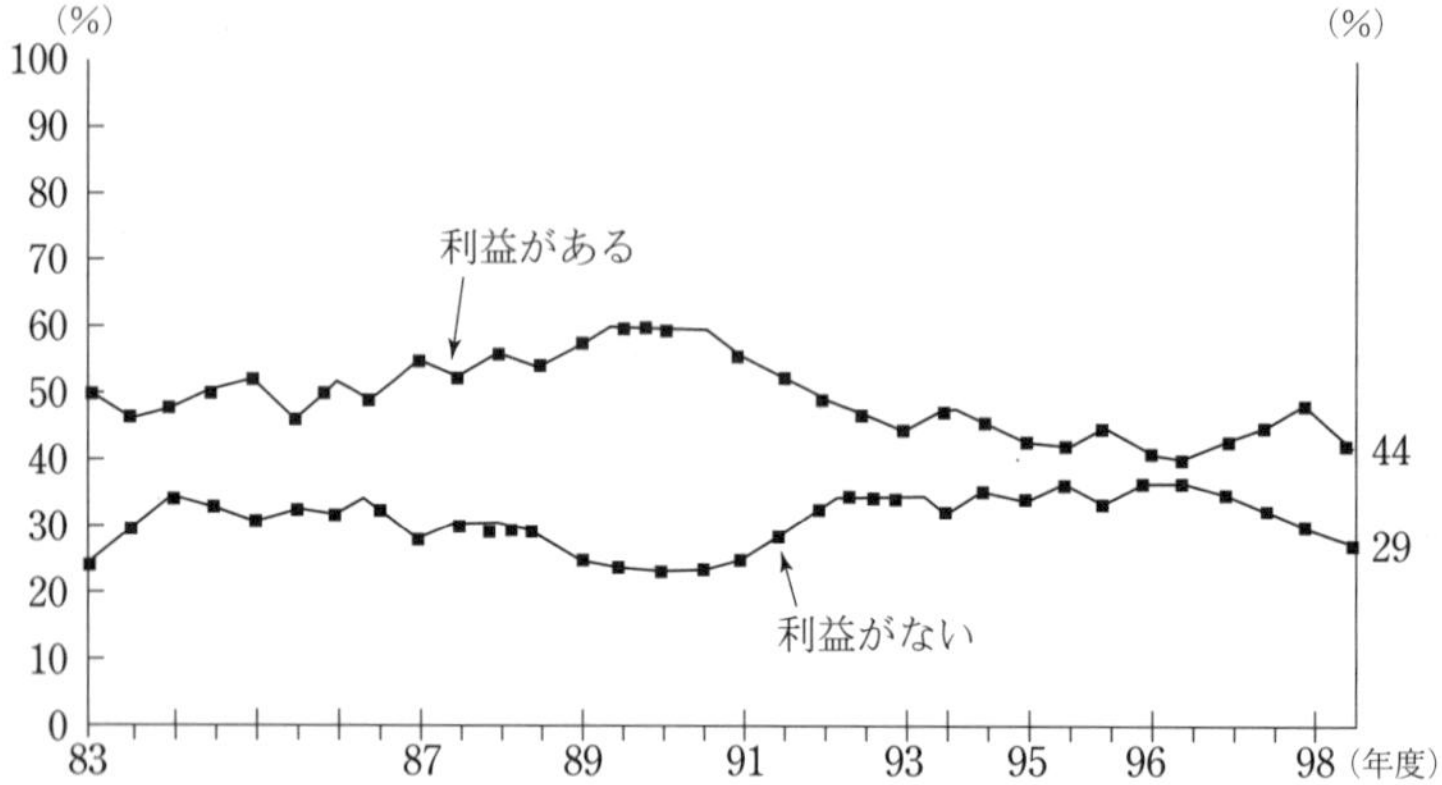

出所：B.Cautrès, D.Reymié (èd.), L'opinion européenne. pp.214-215.

「三つの拒否」という消極的要因に依拠していたとすれば、今日の課題は統合された欧州に積極的な実体を与えることである。

経済統合によってアメリカとの経済的格差が縮小し、ソ連崩壊・冷戦解体が起こったことによって、初期の統合要因の二つは内容が変わった。平和の維持についても、「ドイツ問題」はもはや鍵ではない。したがって市民が、欧州に帰属することに積極的な意味と内容を実感できること、換言すれば、「欧州アイデンティティ」の確立が要請されている。

(3)　欧州市民とアイデンティティ

それでは欧州市民は、現在ＥＵに対して、どの程度、帰属意識を抱いているのだろうか。この点についてＥＵが定期的に発表している世論調査から見てみよう。

しばしば国民国家と欧州統合が対立的に捉えられるのと同様に、国民国家への帰属意識（国民的アイデンティティ）と欧州への帰属意識（欧州アイデンティティ）は対立すると考えられやすい。両者が対立する場合、国民国家への帰属に誇りをもつ市民は、欧州への帰属意識が弱く、欧州アイデンティティが弱いことになるだろう。

しかし八〇年代以来の調査では、国民的アイデンティティと欧州アイデンティティの間の「構造的対立」は否定され、「高い国民的誇り」を基準とする「強い国民的アイデンティティ」は、かえって「欧州アイデンティティを刺激する切り札となる」ことが指摘されている。

ＥＣの調査は、一九八二年に初めて「国民的誇り」が欧州への帰属意識に与える影響を調査した。八二年と九四年の調査を比較すると、「非常に誇りをもつ人」の割合は四一％から二八％に大きく減少したが、逆に「かなり誇りをもつ人」は三五％から四〇％に増加し、両者の合計は、七六％から六八％に僅かに減少したにすぎない。一方、「国民的誇り」と「欧州（統合）への支持」の間の負の相関は強くない。ここから国民的アイデンティティと欧州アイデンティティーは、対立よりも共存の関係にあることが想像できよう。

同様のことは別の調査からも指摘できる。九四年のフランスの調査は、近い将来のフランスと欧州への帰属意識に関連して、「もっぱらフランス人とみなす」、「フランス人かつ欧州人とみなす」、「欧州人かつフランス人」、「もっぱら欧州人とみなす」の四種類に分類した。その結果、それぞれの割合は、三二％、四六％、一一％、八％を示した（無回答は三％）。また帰属意識の違いとＥＵへの支持との関係については、「もっぱらフランス人とみなす」グループとそれ以外のグループの間でＥＵに対する支持率に顕著な違いがみられるが、欧州への帰属意識を示す三つのグループの中ではＥＵ支持率に大きな違いはみられず、むしろ「もっぱら欧州人とみなす」グループの支持率はいくぶん低かった（**表7-14**）。

⑷　二つのアイデンティティの共存

一方、九七年にはＥＵ全体を対象に、「国民的誇り」と「国民および欧州への帰属意識」の関連について調査が行われた。それによれば「国民的誇りの強さ」が低くなるにつれて、「もっぱら国民と見なす」割合が低下し、逆に「欧州人とみなす」割合が上昇する傾向を示した。しかし「国民的誇りをもたない人」になると、かえって「もっぱら国民とみなす」割合が上昇し、「欧州人とみなす」割合は低下する傾向を示した（**表7-15**）。ここから国民的誇り・国民的アイデンティティは、強すぎる

表7－14　フランス市民帰属意識とEUへの支持（1994年）

（%）

帰属意識	もっぱら国民	国民と欧州人	欧州人と国民	もっぱら欧州人	無回答
	32	46	11	8	3
EU支持率	35	73	78	72	

出所：Brechon et Cautrès, *Les enquêtes eurobaromètres*, p.127

表7－15　国民的誇りと帰属意識（1997年）

	もっぱら国民	欧州人（同時に国民）	無回答
非常に誇りをもつ	54	43	2
どちらかといえば誇りをもつ	43	55	2
あまり誇りをもたない	38	58	4
全然誇りをもたない	40	50	10
わからない	36	51	13
全　　体	45	52	4

出所：*Eurobaromètre*, No.47.

とEUへの帰属意識・欧州アイデンティティと対立するが、逆に欠如している場合には、かえって欧州アイデンティティの成立を阻害する傾向があると推測することができよう。

九七年の調査によれば、「国民的アイデンティティだけをもつ」市民の割合は、EU平均で四五％であり、欧州アイデンティティ（「国民と同時に欧州人」とみなす者と「もっぱら欧州人」とみなす者の合計）をもつ市民の割合は、五二％を占めている。統合が半世紀を経過した今日の時点で、この割合を高いとみるか低いとみるかは、見解が分かれるだろうが、欧州アイデンティティをもつ人の大半が、今なお国民と欧州という二つのアイデンティティを共存させており、しかもこのグループでEUに対する支持率がもっとも高い事実は、注目すべきことである。この意味では、「欧州を通じた国益の追求」という「開かれたナショナリズム」を主張し、国民国家と欧州の両立をめざして統合を進めてきた政治家や官僚の立場は、欧州市民のアイデンティティの意識状態に合致していた。

国家と欧州という二つのアイデンティティの共存に基づく「開かれたナショナリズム」は、ナショナリズムの求心力の弱体化を意味する。このナショナリズムの新しい型は、伝統的な排他的ナショナリズムに固執する人々から、国民的アイデンティティの喪失の不安を指摘されるが、他方では、国民国家の枠内に隠されていた地域的個性の再評価を刺激する。欧州統合の進展とともに、地域の自立化や地域アイデンティティの再確認の動きが見られるのも不思議ではない。しかしこのような動きを国民国家とナショナリズムの解体とみなすことには、慎重でなければならない。これまでの統合の歩みや現段階の市民意識に照らすならば、それはむしろナショナリズムの変容と捉えるべきであろう。

2　「欧州主義」の強化

(1)　欧州アイデンティティの弱さ

しかしながら欧州アイデンティティを持つ人が少ないとはいえない。問題は、このアイデンティティが国民的アイデンティティほどの強さをもちえていないことにある。国民的アイデンティティは、各国の市民がそれぞれ独自に共有する言語、文化、歴史・地理など、いずれも明瞭かつ具体的であるが、欧州アイデンティティの場合、大半の人が共有する欧州独自のアイデンティティの要素はなお明瞭ではない。

キリスト教、ギリシャ・ローマ文化、自由・民主主義、ヒューマニズムなど、西欧の伝統的な文化や価値観が、欧州アイデンティティの共通要素であるという人もいるだろう。しかしこれらの要素は、現在、どこまで欧州アイデンティティの強力な基礎となりうるだろうか。これらの要素は歴史的には欧州に起源をもつとはいえ、今ではその大半は世界の多くの国で共有されている。また現在のＥＵ加盟国には住民の三・五％に達する一三〇〇万人のイスラム教徒が居住している。これらの現実の前で、古い共通の文化的基盤をもってアイデンティティの存在を容易に語ることは楽観的すぎよう。

マーストリヒト以後、統合の進展に対して国民的アイデンティティの喪失の不安感を煽り立てる反対派の攻勢の前に、欧州主義が守勢に立たされている理由の一つは、欧州アイデンティティがなお不明瞭なことにある。近年、このような状況を前にして、市民の欧州の観点から、欧州アイデンティティ確立の必要が強調され始めている。「市民と欧州の接近」をめざすとしても、市民が欧州の実体を実感できないかぎり、彼らの欧州に対する帰属意識は強固ではありえない。いかにして強固な欧州アイデンティティを確立することができるか。ここにＥＵの今後を左右する鍵の一つがある。

前述のように、「欧州審議会」はすでに発足当時から欧州アイデンティティ育成の課題を掲げていたが、ＥＣも七三年の「コペンハーゲン宣言」で欧州アイデンティティの定義を行い、それを確立するための活動に乗り出した。これは欧州アイデンティティの確立が、統合の進展に伴って自動的に成長するのではなく、意識的な政策によって初めて可能となることが自覚された結果である。近年の「欧州市民権」、「欧州社会憲章」、「欧州社会モデル」をめぐる動きは、欧州アイデンティティの実体化を志向する具体的活動の一つであるが、その到達点はなお十分に透明とは言えない。

(2)　統合と多様性

欧州アイデンティティの確立に関わる重要な問題の一つは、統合と多様性の関係である。統合反対論の根拠の一つは、統合によって国民的個性やアイデンティティが失われることへの不安である。しかし統合は、差異の消滅や画一化と同一ではない。

むしろ統合は多様性を基盤に初めて成立する考えであり、それゆえ統合の過程でも多様性の維持が重視されてきたのである。異質な社会や文化をもつ諸国民が、共通の利害や目的のために結びつくことが統合の原基的な意味であった。ケルブレがいうように、差異や多様性は、かえって統合の「有利な前提条件」とみなすことができる。異なる社会や国民が交流するから、統合は人々の生活を豊かにし洗練させることができるのである。

統合とは一つの支配的な文化、価値観、制度に画一化することを意味するものではない。統合は「収斂」の機能をもち、差異を縮小させるが、それは差異の消滅や画一化と同義ではない。「一つのヨーロッパ社会」に関するケルブレの指摘も、加盟国の社会が同じになるという意味ではなく、それらの間の差異が縮小し類似性が高まるという意味である。ＥＵが、効率性の観点から見れば非合理な「多言語主義」の立場を堅持するのも、このような多様性に対する配慮の現れに他ならない。

また近年、「社会的欧州」や「欧州社会モデル」の確立を説くことによって、多くの知識人がふたたび欧州統合に積極的に「参加」し始めたことも、グロバリゼーションによって欧州の重視する多様性原理が否定されることへの危機感が背景にある。多様性は、欧州統合の阻害要因ではなく、その推進力であることを忘れてはならない。

(3)　理性的欧州主義の補完要因

欧州アイデンティティの弱さは、欧州主義の弱さを意味する。先に見たように、統合の初期、統合に対する情熱の欠如が弱点として指摘された。この弱点は、今日でも基本的に克服されていない。動員力を誇示する反対運動に比較して、賛成運動は劣勢であり、統合が市民の情熱をかき立てないことに基本的な変化は見られない。労働者・農民の支持が低く、逆に専門職や管理者層の支持が高いこと、支持率と教育レベルとの間の相関が高いことは、今日でも看取される。したがって今なお統合支持が、「情緒的行動」よりも「理性的行動」であるという特徴に変化はない。マーストリヒト条約に関するフランスの国民投票は、この事実を再確認したし、ユーロ導入に関する各種の調査も同様であった。

しかし同じ農民層といっても、地域によって態度には大きな違いが見られる。たとえばフランス最大の農業地帯であり、六〇年代まで統合反対が強い地域に属した西部のブルターニュ地域は、今日ではEUに対して高い支持を示す地域の一つになっている。この特殊性には歴史、政治、宗教などいくつかの要因が絡んでいるが、一つの要因はこの地域の農業が欧州統合の進展に対応して域内市場向けに再編成され、変貌を遂げたことである。ここでは統合の進展に伴う経済的依存関係の緊密化が、教育水準の影響を緩和した。

前述のように、統合の初期、一般に旅行が教育・文化程度の不足を補完し、国境地帯の社会文化的交流や依存関係は相互理解を促進し、統合支持を高めることに寄与したが、同じことは今でも指摘できる。統合に関する態度を規定する要因はさまざまであるが、最も重要なことは相互理解と利害の共有であり、これはさまざまな手段によってつくりだされる。教育がその重要な手段の一つであることは否定しえないが、その影響も他の手段によって補うことは可能である。欧州主義の「理性的性格」を認めるとしても、教育水準の影響を絶対的に捉えるべきではない。

第四節　欧州統合の歴史的経験が語るもの

近年アジアでも地域的な経済・通貨統合が話題になっている。最後にこのことを念頭におきながら、半世紀にわたる欧州統合の歴史的経験について、いくつか重要な点を纏めておこう。とはいえあらためて指摘するまでもなく、欧州統合の開始と展開は、現在のアジアとは異なる特殊な歴史的要因に規定されており、欧州の経験はアジアがそのまま模倣しうる「統合のモデル」ではありえない。しかし欧州の歴史的経験は、アジア固有の条件のもとで地域統合を着想する場合の参考にはなるであろう。

第一は、エリートの役割の問題である。欧州統合が、少数の政治家や官僚の強力な政治的意思によって推進されたことは疑いない。この意味では、欧州統合は、エリート主導で行われた。しかしこの側面だけを強調することは、市場を通じた経済的依存関係の深化だけを強調するのと同様に、一面的である。また市民が、広い意味で統合を受入れる態度であったか否かが重要な役割をもったことも軽視できない。自動的に統合に帰結するものではないことは、一九世紀末から第一次大戦前の歴史が示している。逆に、両大戦間期には政治的意思の担い手は出現したが、経済的依存関係は後退し、しかも市民は偏狭なナショナリズムに毒されていた。一九五〇年代には、経済的依存関係はふたたび強まり、市民の態度も変化していった。エリートの強力な意思は、この二つの条件と相俟って初めて結実したのである。

第二は、統合の基盤の問題についてである。古い文化的基盤の共有が、統合を容易にしたとは言えるかもしれない。しかしそれは不可欠の条件ではなかった。共通の文化的基盤は、自動的に統合の思想を生み出したわけではない。統合は、二度の大戦を契機とする欧州の危機を前に、新しい未来を共有するという意思によって初めて誕生した。統合に対する市民の意識変化も、二度の大戦の悲惨な体験を経て実現され得たのである。

第三は、統合と多様性の関連の問題についてである。統合は多様性を消滅させるものではなく、逆に多様性に基づいて進むものである。多様性は統合の阻害要因どころか、前提条件であった。それ以上に、多様性がなければ統合自体が無意味であったと言えるかもしれない。統合は多様性を基礎に生み出されただけでなく、統合に伴う収斂も支配的な制度や文化への画一化を強制するものではなく、多様性の尊重を原理としていた。

第四は、社会的文化的交流の役割についてである。経済統合優先の路線がとられた結果、もともと統合思想に含まれていた社会的文化的側面は、公式政策の次元では、後景に追いやられた。これらの側面があらためて重視されるのは、近年の「市民の欧州」の問題が日程に上ってからである。しかしこのことは、経済分野以外の交流が行われなかったことを意味するものではない。実際には、社会的文化的交流は、官民協力のさまざまなネットワークや地域経済圏を基盤に、統合の初期から着実に発展していった。これらの活動は、域内市民の和解と相互理解を促進し、エリートが主導する統合の進展と相俟って、市民意識の進化を支えた。

最後に、国民的アイデンティティと統合の関連についてである。欧州統合は、国民国家や国益の否定によって実現されたのではない。国益を体現する政治家や官僚が推進主体であったことが、この事実を物語るだけではない。市民意識のレベルでも、国民的アイデンティティと欧州アイデンティティは共存し、国民国家と欧州は二律背反の関係にはなかった。もちろん戦後の状況のなかで、国益の追求の仕方が変化し、「欧州を通じた国益」がエリートの目指すところとなった。したがってナショナリズムや国民国家の変容については指摘しなければならない。しかし統合は国民国家やナショナリズムの否定ではない。

【参考文献】

J.Andrew et al.(ed.), Why Europe ? Problems of culture and identity, vol.1, 1999.

M.-T. Bitsch, W.Loth et R.Poidevin, (sous la direction de), Institutions européennes et identités européennes, 1998.

G.Bossuat, L'Europe des Français, 1998.

G.Bossuat, A.Wilkens(sous la direction de), Jean Monnet, l'Europe et les chemins de la Paix, 1999.

P.Brechon et B.Cautres(sous la direction de), Les enquêtes eurobarometrès, 1998.

B.Cautrès, D.Reynie(sous la direction de), L'opinion européénne, 2000.

D.Cohn-Bendit, H.Guaino, La France est-elle soluble dans l'Europe ? 2000.

G.-F. Dumont, Les raciness de l'identité européenne, 1999.

G.Flynn(ed.), Remaking the Hexagon: the New France in New Europe, 1995.

R.Frank, "Les contretemps de l'aventure européenne", Vingtième siecle, no.60, 1998 .

J.Gillingham, Coal, Steel and the Rebirth of Europe, 1945–1955, 1991.

R.Girault, G.Bossuat(sous la direction de), Europe brisée, Europe retrouvée, 1994.

R.Girault(sous la direction de), Identité et conscience européenne au XXe siecle, 1994.

L.Leblond, Le couple franco-allemand depuis 1945, 1997.
A.S.Milward, The Reconstruction of Western Europe, 1945–1951, 1986.
———, The European Rescue of the Nation State, 1992.
Y.Muet, Le débat européen dans l'entre-deux-guerres, 1997.
E. du Réau(sous la direction de), Europe des élites ? Europe des peuples ?, 1998.
F. de la Serre, Ch. Lequesne(ed.), Quelle Union pour quelle Europe, 1998.
A.Wilkens(éd.), Les relations economiques franco-allemandes1945–1960, 1997.
大西健夫・岸上慎太郎『ＥＵ統合の系譜』早稲田大学出版部、一九九五年。

清水貞俊『欧州統合への道』ミネルヴァ書房、一九九八年。

廣田功・森建資『戦後再建期のヨーロッパ経済—復興から統合へ』日本経済評論社、一九九八年。

廣田功「両大戦間期フランスのヨーロッパ統合構想」秋元英一・廣田功・藤井隆至編『市場と地域』（日本経済評論社、一九九三年、所収
近藤孝弘“ドイツ・フランス歴史教科書改善の歴史、『東京大学教育学部紀要』第三〇巻、一九九〇年。

渡辺尚編著『ヨーロッパの発見』有斐閣、二〇〇一年。

H・ケルブレ（雨宮昭彦・金子邦子・永岑三千輝・古内博行訳）『ひとつのヨーロッパへの道』日本経済評論社、一九九八七年。

E・モラン（林勝一訳）『ヨーロッパを考える』法政大学出版局、一九九八年。

T・ゾンマー（加藤幹雄訳）『不死身のヨーロッパ—過去・現在・未来—』岩波書店、二〇〇一年。

おわりに

今日の日本は閉塞感が漂っている。バブル経済の後遺症に悩み、グローバリゼーションに戸惑い、急速に進展するであろう高齢化に怯える、こうした日本に対して、その将来を悲観する見方も強い。

本書は、東アジアにおける共通通貨誕生の可能性を視野に入れつつ、その中での日本のあり方を探り、今後日本が目指すべき方向を導出したものである。日本の将来について徒に悲観する必要はない。むしろ、これを長期的・広域的に捉えるならば、今日の日本は新たな飛躍を前にした転機にたっているといえよう。日本が、東アジアにおける経済共生を追求し、東アジア回廊の形成に向けてその歩みを進めていくならば、持続的な経済発展、相互の往来・交流の活発化、安定した平和を通じて、人々の生活がより豊かなものになっていくとともに、ややもすれば画一化をもたらすグローバリゼーションのなかに埋没することなく、こうした世界のなかにあっても魅力的な輝きを放つという新たな日本経済の姿を披露することができよう。

もちろん、東アジア回廊の形成については種々多数の課題があろう。その一方で、本書が、日本の目指すべき方向についての議論の高まりに、また、今後東アジアで重層的にはりめぐらされていくことになろう国境を越えたネットワークへの日本人の参加にささやかなりとも寄与することができたならば望外の喜びである。さらに、本書が、こうした日本人を含めて、東アジアの人々にその共有する二一世紀を描く時の参考としてささやかなりとも利用していただくことができたならば、これまた、望外の喜びである。

最後に、東アジアの人々の相互理解・相互信頼の深まり、東アジア回廊の形成を祈念して結びとしたい。

なお、「はじめに」、「第Ⅰ部」、そして、この「おわりに」は、総合研究開発機構ＥＡｓｉａ研究チームとして、服部高明、生駒良雄、大平信、小館央、武田大介、多田智和、中井康貴、中島啓之、湯浅楠勝が執筆した。また、本書の編集には、宮田普子も加わった。改めて、今次研究に御参画していただいた有識者の方々に心より感謝の意を表したい。

総合研究開発機構（略称NIRA）は総合研究開発機構法に基づく政策指向型の研究機関であり，独自の視点から研究，基礎情報を提供しています．NIRAは，世界の平和と繁栄，人類の健康と幸福を求めて，現在の経済社会及び国民生活の諸問題の解明のため総合的な研究開発を行なっています．
http://www.nira.go.jp

東アジア回廊の形成——経済共生の追求

2001年9月25日　第1刷発行

定価（本体2500円＋税）

編著者　NIRA・EAsia 研究チーム
発行者　栗原　哲也

発行所　株式会社日本経済評論社
〒101-0051　東京都千代田区神田神保町3-2
電話03-3230-1661　FAX03-3265-2993
E-mail : nikkeihyo@ma4.justnet.ne.jp
URL : http://www.nikkeihyo.co.jp
装幀・鈴木弘
印刷・シナノ　製本・協栄製本

ISBN 4-8188-1373-7

「NIRAチャレンジ・ブックス」の刊行にあたって

二一世紀を迎えてヒト、モノ、カネ、情報のグローバル化が一層進展し、世界的規模で政治・経済構造の大変革が迫られています。冷戦構造崩壊後の新しい世界秩序が模索されるなかで、依然として世界各地で紛争の火種がくすぶり続けています。国家主権が欧州連合のような地域統合によって変容を余儀なくされる一方で、文明、民族、宗教などをめぐる問題が顕在化しています。二〇世紀の基本原理であった国民国家の理念と国家の統治構造自体が大きな試練を受けています。他方、わが国は、バブル崩壊後の長期経済停滞に加えて、教育、年金、社会保障、経済・財政構造などの分野で問題が解決できないままに新世紀を迎えました。わが国のかたちと進路に関する戦略的ビジョンが求められています。

人々の価値観が多様化するなかで諸課題を解決するには、専門家によって多様な政策選択肢が示され、良識ある市民の知的でオープンな議論を通じて政策形成が行われることが必要です。総合研究開発機構（NIRA）は、産業界、学界、労働界などの代表の発起により政府に認可された政策志向型のシンクタンクとして、現代社会が直面する諸問題の解明に資するため、自主的・中立的な視点から総合的な研究開発を実施し、さまざまな政策提言を行って参りました。引き続き諸課題に果敢にチャレンジし、政策研究を蓄積することが重要な使命と考えますが、同時に、より多くの人々にその内容と問題意識を共有していただき、建設的な議論を通じて市民が政策決定プロセスに参加する道を広げることがいま何よりも必要であると痛感しております。「NIRAチャレンジ・ブックス」はそうした目的で刊行するものです。この刊行を通して、世界とわが国が直面する諸問題についての広範囲な議論が巻き起こり、政策決定プロセスに民意が反映されるよう切望してやみません。

二〇〇一年七月

総合研究開発機構理事長　塩谷　隆英